剩餘價值理論導讀

《上冊》

北京大學經濟系《資本論》研究組 編著

再版前言

為紀念馬克思忌辰一百週年（1983年），山東人民出版社於20世紀80~90年代出版了《資本論》研究叢書（共計24種），這是當年中國理論界和出版界的一件盛事，於光遠、孫冶方、薛暮橋、陳岱孫和陶大鏞等學界老前輩擔當顧問，中國經濟界著名領導人和學者許滌新特為叢書作序。《〈剩餘價值理論〉導讀》（原名《〈剩餘價值理論〉釋義》）即是其中之一，由北京大學經濟系《資本論》研究組編寫，於1985—1993年分三冊出版。

本書力求闡明馬克思《剩餘價值理論》這部重要遺稿的基本論點及其在馬克思經濟思想發展中的重要地位。我們所依據的版本是中共中央編譯局編譯、人民出版社出版的《馬克思恩格斯全集》第26卷（第一分冊1972年，第二分冊1973年，第三分冊1974年）；為閱讀或查找方便，本書也相應地分作上、中、下三冊，並採用了該版本的全部標題及相關符號。

本書的編寫是在陳岱孫教授指導下進行的。當時正值「文革」浩劫終結不久，在理論上正本清源、撥亂反正尚是一項艱鉅而繁重的任務；正確解釋和領會馬克思這部遺稿的內涵和精神，不僅具有重要的科研價值，而且具有重要的政治意義。當年教學研究因「文革」而荒疏多年，加之缺乏新的參考資料，時間又十分緊迫，編寫組面臨不少困難，但經大家同心協力，分工合作，多次研討修改，終於在預定期限內拿出了這項具有長久科學價值的成果。

時光荏苒，歲月如梭，當年眾人合作攻關之場景尚歷歷在目，未曾想繼陳岱孫教授於1997年仙逝之後，參與寫作的金以輝、徐淑娟、周元和周勤英教授亦先後辭世，實令人深以為憾。此次重新出版，為不煩勞業已年高的弓孟謙和靳蘭徵兩位教授，我索性越俎代庖，將全書（包括他們兩位撰寫的部分在內）加以掃描和整理，對全書文字和論述做了訂正。為了更恰當地反應本書幫助或指導讀者閱讀原著的宗旨，特將原書名之「釋義」更改為「導讀」，但對全書內容未做任何實質性改動。這個版本的文責當然在我，熱誠歡迎專家學者和廣大讀者不吝批評指正。

當年各位編寫者的分工如下：

晏智杰：全書緒論、總的評論、第一章、第三章（第8~11節）、第四章（第5~20節）、第六章、原第一冊附錄（第8~10節，第13節），第八章、第十九章、第二十章。負責修訂第一冊文字。

弓孟謙：第二章、第三章（第1~7節）、第五章、第七章、第十章、第二十二章、第二十三章、第二十四章、原第三冊附錄。

靳蘭徵：原第一冊附錄（第1~7節，第11~12節），第九章、第十三章、第十四章、原第二冊附錄、第二十一章。

周元：第四章（第1~4節）。

徐淑娟：第十一章、第十二章。

周勤英：第十五章、第十六章。

金以輝：第十七章、第十八章。

本次再版，由晏智杰整理和審定。

晏智杰

於北京大學

目　錄

全書緒論 ----16
　　一、《剩餘價值理論》的歷史 ----16
　　（一）馬克思 1861—1863 年手稿 ----16
　　（二）恩格斯的設想 ----18
　　（三）從《剩餘價值學說史》到《剩餘價值理論》----20
　　二、《剩餘價值理論》的研究對象、方法和結構 ----20
　　（一）研究對象和範圍 ----20
　　（二）研究方法的特點 ----21
　　（三）《剩餘價值理論》的結構 ----22

剩餘價值理論
（《資本論》第四卷）
上冊

［總的評論］ ----28

［第一章］詹姆斯·斯圖亞特爵士
　　　　［區分「讓渡利潤」和財富的絕對增加］----30

［第二章］重農學派 ----34
　　［(1) 把剩餘價值的起源問題從流通領域轉到生產領域。把地租看成剩餘價值的唯一形式］----35
　　［(2) 重農學派體系的矛盾：這個體系的封建主義外貌和它的資產階

級實質；對剩餘價值的解釋中的二重性］----41
　　［(3) 魁奈論社會的三個階級。杜爾哥對重農主義理論的進一步發展；對資本主義關係作更深入分析的因素］----44
　　［(4) 把價值同自然物質混淆起來（帕奧累蒂）］----50
　　［(5) 亞當‧斯密著作中重農主義理論的因素］----50
　　［(6) 重農學派是資本主義大農業的擁護者］----53
　　［(7) 重農學派政治觀點中的矛盾。重農學派和法國革命］----56
　　［(8) 普魯士反動分子施馬爾茨把重農主義學說庸俗化］----56
　　［(9) 對重農學派在農業問題上的偏見的最初批判（維里）］----57

［第三章］ 亞當‧斯密----59
　　［(1) 斯密著作中兩種不同的價值規定：價值決定於商品中包含的已耗費的勞動量；價值決定於用這個商品可以買到的活勞動量］----61
　　［(2) 斯密對剩餘價值的一般見解。把利潤、地租和利息看成工人產品的扣除部分］----66
　　［(3) 斯密把剩餘價值的概念推廣到社會勞動的一切領域］----69
　　［(4) 斯密不懂得價值規律在資本同雇傭勞動的交換中的特殊作用］----70
　　［(5) 斯密把剩餘價值同利潤混淆起來。斯密理論中的庸俗成分］----71
　　［(6) 斯密把利潤、地租和工資看成價值源泉的錯誤觀點］----74
　　［(7) 斯密對價值和收入的關係的看法的二重性。斯密關於「自然價格」是工資、利潤和地租的總和這一見解中的循環論證］----75
　　［(8) 斯密的錯誤——把社會產品的全部價值歸結為收入。斯密關於總收入和純收入的看法的矛盾］----78

[(9) 薩伊是斯密理論的庸俗化者。薩伊把社會總產品和社會收入等同起來。施托爾希和拉姆賽試圖把這兩者區別開來] ----80

[(10) 研究年利潤和年工資怎樣才能購買一年內生產的、除利潤和工資外還包含不變資本的商品] ----83

[(a) 靠消費品生產者之間的交換不可能補償消費品生產者的不變資本] ----84

[(b) 靠消費品生產者和生產資料生產者之間的交換不可能補償全部社會不變資本] ----87

[(c) 生產資料生產者中間資本同資本的交換。一年生產的勞動產品和一年新加勞動的產品] ----92

[(11) 補充：斯密在價值尺度問題上的混亂；斯密的矛盾的一般性質] ----94

[第四章] 關於生產勞動和非生產勞動的理論 ----96

[(1) 資本主義制度下的生產勞動是創造剩餘價值的勞動] ----97

[(2) 重農學派和重商學派對生產勞動問題的提法] ----99

[(3) 斯密關於生產勞動的見解的二重性。對問題的第一種解釋：把生產勞動看成同資本交換的勞動] ----102

[(4) 斯密對問題的第二種解釋：生產勞動是物化在商品中的勞動] ----107

[(5) 資產階級政治經濟學在生產勞動問題上的庸俗化過程] ----114

[(6) 斯密關於生產勞動問題的見解的擁護者。有關這個問題的歷史] ----116

[(a) 第一種解釋的擁護者：李嘉圖、西斯蒙第] ----116

[(b) 區分生產勞動和非生產勞動的最初嘗試（戴韋南特、配第）] ----118

[(c) 斯密對生產勞動的第二種解釋的擁護者——約翰・斯圖亞特・穆勒] ----121

[(7) 熱爾門・加爾涅把斯密和重農學派的理論庸俗化] ----122

[(a) 把同資本交換的勞動和同收入交換的勞動混淆起來。關於全部資本由消費者的收入補償的錯誤見解] ----123

[(b) 在資本同資本交換的過程中不變資本的補償問題] ----127

[(c) 加爾涅反駁斯密時的庸俗前提。加爾涅回到重農學派的見解。比重農學派後退一步：把非生產勞動者的消費看成生產的源泉] ----130

[(8) 沙爾・加尼耳關於交換和交換價值的重商主義觀點。把一切得到報酬的勞動都納入生產勞動的概念] ----132

[(9) 加尼耳和李嘉圖論「純收入」。加尼耳主張減少生產人口；李嘉圖主張資本累積和提高生產力] ----135

[(10) 收入和資本的交換。簡單再生產條件下年產品總量的補償：(a) 收入同收入的交換；(b) 收入同資本的交換；(c) 資本同資本的交換] ----139

[(11) 費里埃。費里埃對斯密的生產勞動和資本累積理論的反駁的保護關稅性質。斯密在累積問題上的混亂。斯密關於「生產勞動者」的見解中的庸俗成分] ----144

[(12) 羅德戴爾伯爵，把統治階級看成各種最重要生產勞動的代表的辯護論觀點] ----147

[(13) 薩伊對「非物質產品」的見解。為非生產勞動的不可遏止的增長辯護] ----150

[(14) 德斯杜特·德·特拉西伯爵,關於利潤起源的庸俗見解。宣稱「產業資本家」是唯一的最高意義上的生產勞動者] ----151
[(15) 對斯密關於生產勞動和非生產勞動的區分的反駁的一般特點。把非生產消費看成對生產的必要刺激的辯護論觀點] ----155
[(16) 昂利·施托爾希對物質生產和精神生產相互關係問題的反歷史態度。關於統治階級的「非物質勞動」的見解] ----157
[(17) 納騷·西尼耳宣稱對資產階級有用的一切職能都是生產的。對資產階級和資產階級國家阿諛奉承] ----159
[(18) 佩·羅西對經濟現象的社會形式的忽視。關於非生產勞動者「節約勞動」的庸俗見解] ----163
[(19) 馬爾薩斯主義者查默斯為富人浪費辯護的論點] ----167
[(20) 關於亞當·斯密及其對生產勞動和非生產勞動的看法的總結性評論] ----168

[第五章] 奈克爾 [試圖把資本主義制度下的階級對立描繪成貧富之間的對立] ----171

[第六章] 魁奈的《經濟表》(插入部分) ----174
[(1) 魁奈表述總資本的再生產和流通的過程的嘗試] ----175
[(2) 租地農場主和土地所有者之間的流通。貨幣流回租地農場主手中,不表現再生產] ----176
[(3) 資本家和工人之間的貨幣流通問題] ----178
[(a) 把工資看成資本家對工人的預付的荒謬見解。把利潤看成風險費的資產階級觀點] ----178
[(b) 工人向資本家購買商品。不表現再生產的貨幣回流] ----179

[(4)《經濟表》上租地農場主和工業家之間的流通] ----180
[(5)《經濟表》上的商品流通和貨幣流通。貨幣流回出發點的各種情況] ----181
[(6)《經濟表》在政治經濟學史上的意義] ----183

[第七章] 蘭蓋[對關於工人「自由」的資產階級自由主義觀點的最初批判] ----185

附錄 ----189
[(1) 霍布斯論勞動,論價值,論科學的經濟作用] ----191
[(2) 歷史方面:配第對於非生產職業的否定態度。勞動價值論的萌芽。在價值論的基礎上說明工資、地租,土地價格和利息的嘗試] ----193
[(3) 配第、達德利·諾思爵士、洛克] ----202
[(4) 洛克,從資產階級自然法理論觀點來解釋地租和利息] ----205
[(5) 諾思,作為資本的貨幣。商業的發展是利率下降的原因] ----207
[(6) 貝克萊,論勤勞是財富的源泉] ----209
[(7) 休謨和馬西] ----210
[(a) 馬西和休謨著作中的利息問題] ----210
[(b) 休謨,由於商業和工業增長而引起的利潤和利息的降低] ----211
[(c) 馬西,利息是利潤的一部分。用利潤率說明利息的高低] ----211

[（d）結束語]----212
[（8）對論重農學派的各章的補充]----212
[（a）對《經濟表》的補充意見。魁奈的錯誤前提]----212
[（b）個別重農主義者局部地回到重商主義的觀點。重農主義者要求競爭自由]----214
[（c）關於價值不可能在交換中增值的最初提法]----215
[（9）重農學派的追隨者畢阿伯爵對土地貴族的贊美]----215
[（10）從重農學派的觀點出發反駁土地貴族（英國的一個匿名作者）]----217
[（11）關於一切職業都具有生產性的辯護論見解]----218
[（12）資本的生產性。生產勞動和非生產勞動]----219
[（a）資本的生產力是社會勞動生產力的資本主義表現]----220
[（b）資本主義生產體系中的生產勞動]----221
[（c）在資本同勞動的交換中兩個本質上不同的環節]----223
[（d）生產勞動對資本的特殊使用價值]----224
[（e）非生產勞動是提供服務的勞動。資本主義條件下對服務的購買。把資本和勞動的關係看成服務的交換的庸俗觀點]----225
[（f）資本主義社會中手工業者和農民的勞動]----227
[（g）關於生產勞動的補充定義：生產勞動是物化在物質財富中的勞動]----228
[（h）非物質生產領域中的資本主義表現]----228
[（i）從物質生產總過程的角度看生產勞動問題]----229
[（j）運輸業是一個物質生產領域。運輸業中的生產勞動]----229
[（13）《資本論》第一部分和第三部分的計劃草稿]----230

全書緒論

《剩餘價值理論》是馬克思 1861—1863 年《政治經濟學批判》手稿的主要部分。馬克思在這裡圍繞剩餘價值理論，廣泛考察了資產階級經濟學家的各種理論和觀點，並且闡發了自己的理論，其中有些是新的理論發現。《剩餘價值理論》連同手稿的其餘部分的寫作，為《資本論》做了重要準備，是馬克思經濟學說形成過程中的一個重要階段。認真研讀馬克思的這部書稿，具有重要意義。

一、《剩餘價值理論》的歷史

《剩餘價值理論》的寫作和出版，經歷了一個漫長而曲折的過程。

（一）馬克思 1861—1863 年手稿

馬克思 1861—1963 年《政治經濟學批判》手稿，是作為 1859 年出版的《政治經濟學批判》（第一分冊）的直接繼續而寫的，由 23 本筆記組成，共計 1472 頁。其中的理論部分（主要是第 Ⅱ—Ⅴ 本筆記），後經馬克思重新修改和補充，形成了《資本論》第一卷的內容。手稿的其餘部分，包括第 Ⅵ—ⅩⅤ、ⅩⅧ 和 ⅩⅩ—ⅩⅩⅢ 本筆記，即《剩餘價值理論》的部分，馬克思未能來得及重新加工。

構成《剩餘價值理論》的這部分手稿，寫於 1862 年 1 月到 1863 年 7 月，它最初是作為「資本的生產過程」這一篇的理論史部分而寫的，而「資本的生產過程」又是馬克思當時計劃寫作的篇幅龐大的《政治經濟學批判》的一部分。關於這個寫作計劃，根據《政治經濟學批判》（第一分冊）的序言

（1859年），1858—1862年的通信以及1861—1863年手稿中所談的計劃，可列表如下：①

馬克思1858—1862年擬訂的《政治經濟學批判》計劃：

資本

（序言：商品與貨幣）

  A. 資本一般

    1. 資本的生產過程

      ①貨幣到資本的轉化

      ②絕對剩餘價值

      ③相對剩餘價值

      ④絕對剩餘價值和相對剩餘價值的結合

      ⑤剩餘價值理論

    2. 資本的流通過程。

    3. 資本的生產過程和流通過程的統一，或資本和利潤。

  Б. 資本的競爭

  В. 信用

  Г. 股份公司

土地所有權

雇傭勞動

國家

對外貿易

世界市場

對於1859年出版的《政治經濟學批判》（第一分冊），馬克思只完成了序言部分——「商品與貨幣」。當他開始寫1861—1863年手稿時，按照上面的計劃，從貨幣轉化為資本這一章開始，在第Ⅱ—Ⅴ本筆記中，相繼研究了資本生產過程的各個問題。從第Ⅵ本筆記（1862年1月）開始，馬克思從正面論述自己的學說轉而敘述剩餘價值理論史。他打算以這一歷史敘述作為「資本生產過程」這一篇的終結，就像在《政治經濟學批判》（第一分冊）中以「關於商品分析的歷史」結束商品章，以「關於流通手段和貨幣的學說」完成貨幣章一樣。

---

① 轉引自馬克思：《剩餘價值理論》（《資本論》第4卷）第一分冊，1954年俄文版第Ⅳ頁。

然而，隨著寫作的進行，所涉及的範圍大大超出了最初的設想。對資產階級經濟學家關於剩餘價值理論觀點的分析，不可避免地要涉及他們對利潤和地租的看法，而這些看法又同他們的價值論有聯繫。另外，為了批判分析前人的理論，必須有正確的理論與之相對立，或以對問題的正確分析為基礎。可是，除了價值論（在1859年出版的《政治經濟學批判》第一分冊中）和剩餘價值論的某些基本點（在第Ⅰ—Ⅴ本筆記中）以外，有關資本流通過程及其同資本生產過程的統一的研究，馬克思還沒有系統地進行。依照計劃，馬克思準備在寫完《剩餘價值理論》，即結束了「資本生產過程」這一篇之後再寫。而現在，即在寫作《剩餘價值理論》時，馬克思就不能不對有關的問題，包括原先準備以後再談的問題，進行正面的研究，結果把政治經濟學的幾乎所有基本範疇都包括進去了。

研究的進展，促使馬克思改變了原先的設想。首先是逐漸形成了把全部材料分為資本的生產過程、流通過程以及兩者的統一這樣三部分，並冠以《資本論》這一名稱的想法①。依照先前的計劃，以上三部分僅構成「資本一般」這一部分。現在則想把全部材料都歸入「資本一般」的範圍內，因為馬克思在寫作過程中，愈來愈感到上述三部分的劃分具有決定性意義。至於「剩餘價值理論」，這時還是準備作為關於「資本的生產過程」的附題。② 但不久，當手稿即將寫完的時候，馬克思終於明確地產生了應有單獨一卷從「歷史方面」說明政治經濟學歷史發展的想法。馬克思在1863年5月所寫的第ⅩⅩⅡ本筆記中對配第所作的不限於剩餘價值論的詳細評述即是明證。

後來，馬克思對《資本論》前三卷重新進行了加工，並於1867年出版了《資本論》第一卷。對《剩餘價值理論》，馬克思設想把它作為《資本論》的「歷史部分」「歷史批判部分」「歷史文獻部分」和《資本論》第四卷。③ 但一直未能對這部分手稿進行整理和加工。

（二）恩格斯的設想

馬克思逝世後，恩格斯為整理出版《資本論》第二、三卷作了大量工作，

---

① 參閱1862年12月28日馬克思致庫格曼的信。
② 參閱1863年1月馬克思所擬的資本論計劃草稿（附錄：《資本論》第一部分和第三部分的計劃草稿）。
③ 關於這一點，可參閱馬克思的下列信件：1863年8月15日致恩格斯，1865年7月31日致恩格斯，1866年10月13日致庫格曼；1867年4月30日致邁耶爾以及1877年11月3日致肖特等。

並於1885年和1894年分別出版了這兩卷。與此同時，恩格斯也很重視《剩餘價值理論》，認為它有重要意義；並且在1884—1885年的通信和為《資本論》第二、三卷所寫序言中，一再提到他準備以《資本論》第四卷的形式出版《剩餘價值理論》這份手稿。①

恩格斯起初設想，把《剩餘價值理論》中的有關部分吸收到《資本論》第二、三卷中，然後把餘下的部分編成第四卷，以避免重複。恩格斯在為《資本論》第二卷所寫的編者序中曾指出：《剩餘價值理論》是馬克思1861—1863年手稿的主體部分，「這一部分包括政治經濟學核心問題即剩餘價值理論的詳細的批判史，同時以同前人進行論戰的形式，闡述了大多數後來在第二卷和第三卷手稿中專門的、在邏輯的聯繫上進行研究的問題。這個手稿的批判部分，除了許多在第二卷和第三卷已經包括的部分以外，我打算保留下來，作為《資本論》第四卷出版。這個手稿雖然很有價值，但是能夠用於現在出版的第二卷的地方並不多」②。

恩格斯原以為可以用於《資本論》第三卷的地方會有許多，在編輯第三卷時可以吸收進去，同時又可減少理論史（第四卷）中的重複。然而，在著手整理《資本論》第三卷手稿後，恩格斯發現，對它進行重大改編是困難的，而如果重新寫過，就不會是馬克思的著作了。「沒有別的辦法，我只好當機立斷，盡可能限於整理現有的材料，只作一些必不可少的補充」③。於是，《剩餘價值理論》中的有關部分也就沒有並入第三卷。

為整理《剩餘價值理論》手稿，恩格斯在編輯《資本論》第三卷過程中，從1889年起就指導考茨基辨認馬克思的筆跡，並把《剩餘價值理論》手稿謄寫出來，然後由他自己審閱並根據其他手稿加以補充。恩格斯希望，在他的指導下，能有盡可能多的受過足夠訓練的人學會識別馬克思的字跡，他不無憂慮地寫道：「要知道，我一離開人世（這每天都可能發生），這些手稿就會成為

---

① 參閱恩格斯的下述信件：1883年5月22日致勞拉·拉法格（這裡恩格斯第一次提到《剩餘價值理論》手稿），1884年2月16日和3月24日致考茨基，1884年8月22日致伯恩斯坦；1885年4月23日致丹尼爾遜，等。
② 恩格斯.《資本論》第二卷序言［M］// 馬克思恩格斯全集：第24卷. 北京：人民出版社，1972：4.
③ 恩格斯.《資本論》第三卷序言［M］// 馬克思恩格斯全集：第25卷. 北京：人民出版社，1972：9.

看不懂的天書,任何人看這些手稿都會猜測多於真懂。」①

恩格斯一直抱有親自編輯出版第四卷的想法。1895年4月10日,在給斯蒂凡·鮑威爾的信中,恩格斯還預計自己能有機會完成這一甚為重要的任務。但四個月後,恩格斯與世長辭了。

(三) 從《剩餘價值學說史》到《剩餘價值理論》

恩格斯逝世後,考茨基受委託整理馬克思的《剩餘價值理論》手稿,他於1905—1910年,以《剩餘價值學說史》為名,分三卷相繼出版,到1923年共出了五版。這是馬克思這一遺稿最早的也是幾十年間唯一的版本,曾被譯成多種文字流傳於世。

《剩餘價值學說史》的出版,對宣傳和擴大馬克思主義的影響起了重要作用。還在它問世之初,便引起了馬克思主義者的熱烈反響;它所包含的極其豐富的理論遺產,為無產階級革命鬥爭增添了新的思想武器。作為馬克思這一遺著的編者,考茨基的功績是無可置疑的。

蘇聯馬克思列寧主義研究院於1954—1961年出版了馬克思這一遺稿的新版本,名為《剩餘價值理論》(《資本論》第四卷)。隨後又作為《馬克思恩格斯全集》第二十六卷,分三冊出版(1962—1964年)。據新版編者說,這個版本是在長期周密準備工作的基礎上,按照馬克思的手稿,作為《資本論》第四卷編輯出版的。並且全書的結構和內容、章節的劃分和標題以及名詞術語等,都完全符合原稿;少許的改動,除了純技術性的以外,也都遵照馬克思本人的有關提示。

本書所要解釋的,就是這個新版本。

二、《剩餘價值理論》的研究對象、方法和結構

(一) 研究對象和範圍

關於《剩餘價值理論》的研究對象和範圍,恩格斯在《資本論》第二卷序言中曾指出:「《剩餘價值理論》……包括政治經濟學核心問題即剩餘價值理論的詳細的批判史,同時以同前人進行論戰的形式,闡述了大多數後來在第

---

① 恩格斯.《致康拉德·施米特》1890年4月12日 [M] // 馬克思恩格斯全集:第37卷. 北京:人民出版社,1972:380.

二卷和第三卷手稿中專門的，在邏輯的聯繫上進行研究的問題。」

馬克思也曾指出，他在這份手稿中所進行的「歷史的評論」是要指出，「一方面，政治經濟學家們以怎樣的形式自行批判，另一方面，政治經濟學規律最先以怎樣的歷史路標的形式被揭示出來並得到進一步發展。」（第一分冊第367頁，註：書中引文均為中央編譯局編譯、人民出版社1972—1974年出版的《馬克思恩格斯全集》第26卷版本，為查閱方便，直接在引文後標註頁碼，全書同）應當注意的是，馬克思在這裡所作的考察，無論是對學派演變還是對理論發展的考察，事實上都是圍繞著政治經濟學核心問題——剩餘價值問題進行的，也就是說，考察的是剩餘價值理論史以及與此相關的學派發展史，而不是一般的經濟學史。在這個研究中，一方面，歷史的考察和理論的發揮是緊密結合的，並且是在歷史考察進程中，不時地引申、發揮或闡述自己的理論觀點的。這為《資本論》做了重要準備，但在寫法上顯然不同。另一方面，因為它以剩餘價值的理論和歷史為對象，所以又可以把它看作《資本論》前三卷的繼續和完成。它們之間有著一種銜接和連貫的關係：前三卷研究資本主義經濟運動的規律，其中最根本的就是剩餘價值規律，第四卷研究資本主義經濟規律在資產階級經濟學家著作中的反應的歷史。在這裡，馬克思首先感興趣的是，某個經濟學家在剩餘價值問題的研究上作過哪些貢獻，處於何種地位。

（二）研究方法的特點

馬克思為自己規定的上述任務決定了這份手稿在研究方法上的特點。首先，歷史的研究和理論的闡述緊密交織在一起。材料的安排和寫作，總的來說是遵循著歷史的年代順序，但也有不按時間先後，而按各個人的理論（或某人的某一方面理論）在學說史上的地位來安排的（例如對魁奈《經濟表》的評述就放在論述亞當·斯密之後）。此外，歷史的敘述往往被理論觀點的發揮所中斷，這在當時是不可避免的。

其次，馬克思在分析經濟學說發展時，十分注意指明它的客觀歷史條件，指明資產階級政治經濟學從產生、發展到古典階段，而後又走上庸俗化道路，是一個不以人的主觀願望為轉移的客觀歷史過程，是資本主義社會經濟發展和階級鬥爭發展的必然結果。

最後，馬克思非常注意進行歷史的比較和對照。他既把自己的理論觀點同

資產階級經濟學家的觀點相對照,又把資產階級經濟學家之間(尤其是庸俗經濟學家同古典經濟學家)的觀點加以比較,從而鮮明地揭示出剩餘價值理論史上的是非曲直和發展變化。

瞭解了以上各主要特點,將會有助於領會馬克思所研究的內容。

(三)《剩餘價值理論》的結構

一方面,《剩餘價值理論》以一個簡短的「總的評論」開始。馬克思在這裡指出,「所有經濟學家都犯了一個錯誤:他們不是就剩餘價值的純粹形式,不是就剩餘價值本身,而是就利潤和地租這些特殊形式來考察剩餘價值。」(第一分冊第7頁)這一評論在很大程度上指明了《剩餘價值理論》的特殊結構。《資本論》前三卷是在闡述了純粹形式的剩餘價值以後才上升到它的特殊的表現形式——利潤和地租等。但資產階級經濟學家們,包括其中最優秀的代表者在內,都始終沒有抽象出「剩餘價值」這個最普遍的範疇。因此,馬克思在《剩餘價值理論》中不得不從他們所探討的利潤和地租這些特殊形式入手,探討其中所包括的剩餘價值理論的因素,評論他們在政治經濟學的這個核心問題上的貢獻和不足。

另一方面,剩餘價值論同價值論直接相關,資產階級經濟學家們大都依據自己對商品價值的某種理解,去解釋資本主義社會中的分配關係,解釋勞動的和非勞動的收入。因此,考察剩餘價值理論的發展不能不涉及價值理論。這樣,在《剩餘價值理論》中,對剩餘價值理論的考察,往往同價值論以及其他的理論交織在一起。不過,基本的線索和中心問題仍是剩餘價值論。

在解釋剩餘價值問題上,資產階級經濟學家們碰到了兩個關鍵性問題。這兩個問題歸根到底涉及剩餘價值的起源、本質和變動的規律。一個是怎樣理解價值規律同勞動與資本相交換後產生剩餘價值這個表面矛盾?另一個是怎樣理解價值規律同平均利潤率規律的矛盾?這是資產階級及古典經濟學家不能解決的兩個難題。正是這兩個問題,構成了《剩餘價值理論》的核心內容和基本線索。在《剩餘價值理論》中,第一分冊特別同上述第一個問題有關,而亞當·斯密是評論的重點;第二分冊則特別同第二個問題有關,李嘉圖是評論的主要對象;第三分冊,則圍繞著這兩個問題,揭示了古典經濟學體系解體和庸俗政治經濟學形成的過程。

《剩餘價值理論》各分冊的結構是怎樣的呢?

第一分冊從重農學派開始，這是因為重農學派把剩餘價值起源問題從流通領域轉向生產領域，從而把政治經濟學的研究向前推進了一大步。這一點，由於同時代的詹姆士·斯圖亞特爵士仍然堅持重商主義立場而顯得更加突出，因此在重農學派之前，馬克思用不多的篇幅對斯圖亞特進行了評述。不過，馬克思還指出，斯圖亞特由於區分了絕對利潤和相對利潤，確認來自讓渡的利潤並非財富的絕對增加，從而對重商主義觀念作了合理的表述，為從生產領域探討價值增值的源泉留下了餘地。從這個意義上說，斯圖亞特的學說又是重農學派的先導。另外，馬克思又指出了重農學派的局限性，他們的資產階級傾向和封建外觀的矛盾，以及他們對剩餘價值起源的二元論觀點。

打破重農主義的局限，確認一般勞動是商品價值的源泉，並試圖以此為基礎，分析資本主義社會各階級收入的關係，探索資本主義制度下生產性勞動和非生產性勞動的界限，等等，這是英國產業革命前夕工場手工業時期的偉大政治經濟學家亞當·斯密的歷史功績。在亞當·斯密那裡，政治經濟學第一次形成一個大體完整的體系。馬克思用了大量篇幅詳盡地分析了亞當·斯密的觀點。

馬克思在肯定亞當·斯密歷史功績的同時，又指出他的歷史的和階級的局限性。儘管他把一般勞動視為價值源泉，把地租和利潤都視為剩餘價值，比重農主義前進了一大步，但也沒有概括出剩餘價值這個範疇，而把它同利潤（和地租）相混同。這就使他在解釋勞動與資本的交換時不得不放棄勞動價值論而轉向「收入價值論」。但是，斯密以其自相矛盾的學說反應了一個客觀歷史的過程：價值規律在勞動與資本交換的條件下發生了否定自身的轉化。這又是富有歷史感的斯密的一個功績。

與剩餘價值問題密切相關的生產勞動問題在第一分冊佔有很大比重。馬克思分析了斯密在這個問題上的兩重性觀點。又評述了資產階級經濟學家圍繞斯密的觀點展開的激烈爭論。與此同時，馬克思逐漸確立了自己的看法。馬克思在這個問題上的論述是對《資本論》前三卷的重要補充。

考察了生產勞動問題以後，馬克思又回到了重農主義，專門評述魁奈的《經濟表》。這是因為馬克思認為魁奈在社會資本再生產和流通問題的分析上勝過亞當·斯密。馬克思在前面已經分析了「斯密教條」的錯誤，現在則進一步指出魁奈勝過斯密的地方。馬克思對魁奈的《經濟表》給予了很高的評價。

《剩餘價值理論》第二分冊幾乎全是分析評述李嘉圖的經濟學說的，其中佔中心地位的是對李嘉圖地租論以及與此密切相關的價值論和生產價格問題的分析。馬克思對李嘉圖的地租論十分注意。首先，這是因為地租論是李嘉圖分配論的第一個部分，李嘉圖認為地租是對社會產品的第一個扣除，而且是一個主動的決定利潤額的因素。其次，還因為李嘉圖在地租論上的錯誤（例如，價值與生產價格的混同）對他的利潤論及累積論有著深刻的影響。因此，馬克思在考察了李嘉圖的地租論以後才分析他的利潤論、累積論和經濟危機論。

　　不過，馬克思在評述李嘉圖以前，先用很大篇幅研究了洛貝爾圖斯的地租論。洛貝爾圖斯於1851年曾試圖提出絕對地租論。馬克思的分析表明，洛貝爾圖斯沒有成功，因為他重犯了亞當·斯密和李嘉圖同樣的錯誤：把價值和生產價格等同，把剩餘價值同平均利潤等同。在批判洛貝爾圖斯的同時，馬克思詳細論證了自己的絕對地租理論，提出了一系列極為重要的原理。它們是對《資本論》第三卷地租篇的重要補充。

　　接著，馬克思扼要回顧了到李嘉圖為止的級差地租論發展史。馬克思確認安德森是這一理論的首創者，指出馬爾薩斯在炮製他的反動的人口論時，剽竊和歪曲了安德森的觀點；馬克思還批判了洛貝爾圖斯對李嘉圖地租論的錯誤批評。這個歷史的回顧，為確定李嘉圖在級差地租理論上的地位準備了條件。把級差地租論同價值論相聯繫，這是李嘉圖比安德森進步的地方；但把地租論同馬爾薩斯人口論及其理論支點之一（土地肥力遞減規律）相聯繫，這是李嘉圖地租論的重要缺點和錯誤。

　　為了正確理解李嘉圖地租論，馬克思還詳細研究了李嘉圖的價值論。在這裡，馬克思對亞當·斯密和李嘉圖的研究方法的評述格外引人注意。馬克思在肯定李嘉圖價值論的偉大功績在於始終一貫地堅持勞動決定價值原理的同時，又指出這一理論的重大缺陷在於把價值和生產價格相等同，把剩餘價值和利潤相等同。

　　在說明了上述一切以後，馬克思用了三章篇幅評論李嘉圖的地租論。馬克思指出，李嘉圖由於把價值等同於生產價格而必然否定絕對地租。前已指出，李嘉圖依據他的價值論對級差地租作了光輝論證。不過，馬克思又指出，他的這種論證也還存在著嚴重缺陷，因為李嘉圖總是假定工業和農業中的資本有機構成是一致的，並且總是假定農業勞動生產率是絕對下降的。馬克思在批判李嘉圖地租論的錯誤的同時，發揮了自己的見解。他以價值與生產價格的區分為

基礎，證明絕對地租的存在並不破壞價值規律，他還設想了級差地租的種種可能的條件，證明李嘉圖所堅持的農業勞動生產率的絕對下降，從優等地向劣等地的擴大，是級差地租存在的前提的看法是錯誤的。

然後，馬克思轉而考察李嘉圖的剩餘價值理論。李嘉圖沒有剩餘價值理論這一範疇，不過，當他撇開不變資本來研究利潤時，實際上把利潤看作只是可變資本的產物，即看作剩餘價值。然而，他將剩餘價值與利潤等同起來了。應當指出，李嘉圖將剩餘價值只歸結為利潤，而將地租（級差地租）視為利潤的派生形式，這比起亞當·斯密把利潤和地租並列起來已經是一大進步。但是，他畢竟沒有再撇開利潤這一特殊形式，作出更高程度從而更深刻的概括，即提出剩餘價值範疇。由於將二者混同，產生了一系列錯誤。

李嘉圖沒有分析剩餘價值的起源，他感興趣的只是利潤與工資之間的數量對比關係，以及利潤與地租之間的對比關係。這是李嘉圖剩餘價值論的主要缺點。

李嘉圖看到了利潤率下降傾向，但對它的原因作了錯誤的解釋。馬克思批評了李嘉圖的錯誤。

最後，馬克思批判了李嘉圖的累積理論。馬克思指出，李嘉圖（和亞當·斯密）在分析再生產時，忽視了不變資本的存在，這是他們在再生產和危機理論上的錯誤的根源。馬克思詳細論述了不變資本在再生產過程中的重要作用，指出李嘉圖和斯密把資本累積僅僅歸結為可變資本的累積是完全不對的。

馬克思還批判了李嘉圖在經濟危機理論上的錯誤。李嘉圖否認普遍的生產過剩危機，只承認個別商品的過剩，是同他對資本主義條件下生產和消費相互關係的錯誤觀點有關，而後者又以薩伊所謂買與賣的形而上學的均衡這一錯誤論斷為基礎。馬克思詳細分析了生產過剩危機在簡單商品生產條件下的可能性以及在資本主義條件下不可避免地轉化為現實性。

總之，馬克思對李嘉圖理論體系的各個方面進行了全面和深入地分析批判，同時初步制定了後來在《資本論》第二、三卷中系統闡述和發揮了的理論，其中有很多方面（例如級差地租論、生產價格論和經濟危機論等），是對《資本論》的重要補充。

《剩餘價值理論》第三分冊研究的基本內容，是古典政治經濟學衰落和庸俗政治經濟學形成的歷史過程。馬克思在這裡考察了19世紀上半期對待古典

經濟學（主要是對待李嘉圖理論體系）的三種不同思潮：第一種是李嘉圖學說的公開反對者和批判者，例如馬爾薩斯和貝利；第二種是以李嘉圖學說維護者姿態出現的經濟學家，例如詹姆士・穆勒，昆西和麥克庫洛赫；第三種是以李嘉圖的勞動價值論為出發點來反對資本主義的李嘉圖社會主義者。這三種傾向無一例外地都對李嘉圖學說（以及一般古典政治經濟學）的解體起了促進作用。馬克思指出，李嘉圖學說體系解體的外部條件，是社會階級矛盾和鬥爭的尖銳化，以及論敵的攻擊；而其內部條件則在於李嘉圖（和亞當・斯密）學說體系有著致命的矛盾（即前面已指出的兩個難題）。

馬爾薩斯看到了這些矛盾，並利用它們來推翻李嘉圖體系中科學的原理。他以亞當・斯密的購買勞動決定價值的原理反對李嘉圖的耗費勞動決定價值的原理，他又把購買勞動歸結為生產費用，而生產費用在他看來又必須包含利潤。這樣，他就把利潤看作是流通領域中商品超過價值售賣的結果。馬克思指出，這顯然是要倒退到重商主義觀點上去，但這還不是問題的全部。馬克思接著批判了馬爾薩斯由上述錯誤原理所進一步引申的思想：既然利潤來自讓渡，那麼，要使利潤得以實現，就必須有一個只消費不生產的階級存在，否則就會發生生產過剩的經濟危機。馬爾薩斯還利用李嘉圖混同價值與生產價格的錯誤，來否定勞動價值論。

馬克思還分析批判了貝利的觀點。貝利觸及了李嘉圖體系中的一系列矛盾，但其目的在於以他自己對價值的庸俗理解取而代之。

論敵的攻擊固然大大傷害了李嘉圖體系，可是，馬克思表明，促使這個體系解體的，最終還是李嘉圖學派自己。他們面對著李嘉圖體系的兩大矛盾，不是（事實上由於資產階級立場和世界觀的限制也不可能）對其老師的理論進行科學的改造，使之適應資本主義的客觀實際，而是採取了一種歪曲現實關係或者曲解勞動概念的庸俗手法進行詭辯，結果導致了李嘉圖學說體系和李嘉圖學派的瓦解。馬克思指出，這一瓦解過程是從詹姆士・穆勒開始的，而麥克庫洛赫則提供了這一解體的最可悲的樣板。就這樣，庸俗經濟學就在古典經濟學的論敵和資產階級擁護者手中逐漸形成了。

馬克思接著分析了李嘉圖社會主義者。他指出，這些人力圖利用李嘉圖的價值論和剩餘價值論來反對資產階級。他們認為，根據李嘉圖的價值論，價值決定於勞動時間，而利潤是價值的一部分，資本主義社會的分配是同價值規律相違背的。他們主張，勞動的全部產品都應歸於工人。在這裡，馬克思著重分

析了霍吉斯金的觀點。霍吉斯金明確反對資本具有生產性的辯護性論調，但他並不理解資本拜物教的客觀必然性。他也不理解資本主義剝削制度有其深刻的經濟原因，而傾向於把它說成一種強制的結果。他反對剝削，但並不真正理解資本主義剝削的實質。

馬克思指出，李嘉圖社會主義者的功績在於，他們堅決強調了資本主義對工人的剝削，把利潤、地租和利息看作工人的剩餘勞動，反對認為資本具有生產性的論調以及認為資本家為工人的生存手段而累積的觀念。他們理論上的錯誤在於對物化勞動（資本的物質形式）的意義估計不足，把資本累積看作只不過是一種流通現象；不理解資本拜物教的客觀必然性；等等。他們仍然站在資產階級立場上，像亞當·斯密和李嘉圖一樣，把資本主義生產方式當作永恆的形式。不同的地方在於，他們企圖保留資本主義的一切經濟前提而抹去它的必然後果，這當然只能是一種幻想。

在研究了古典經濟學的衰落和庸俗經濟學的形成之後，馬克思又提及了那些在一定程度上發展和結束了古典經濟學的資產階級經濟學家們，他們是拉姆賽、舍爾比利埃和理查·瓊斯。馬克思指出，他們比前人更接近於理解資本和剩餘價值的本質，理解不變資本和可變資本的區分以及資本有機構成的含義及作用。他們甚至於把資本主義生產方式理解為一種歷史的過渡的形式。在這方面，瓊斯走得最遠。馬克思認為這一事實具有深刻的含義，它表明，「政治經濟學這門實際科學是怎樣結束的：資產階級生產關係被看作僅僅是歷史的關係，它們將導致更高級的關係，在那裡，那種成為資產階級生產關係的基礎的對抗就會消失。」（第一分冊第472~473頁）這就宣告了那種把資產階級生產方式看作生產的自然規律和永恆方式的謬論的破產，開闢了新社會的遠景，開闢了新的社會經濟形態的遠景，而資產階級生產方式只構成向這個形態的過渡。不過，馬克思指出，上述正確觀點在他們著作中只是一些萌芽，由於資產階級眼光的局限而不能得到發展。

《剩餘價值理論》第三分冊的末尾是一個篇幅很大的附錄：「收入及其源泉。庸俗政治經濟學」。馬克思在這裡指出了庸俗政治經濟學的階級根源和認識根源，指出了古典經濟學和庸俗經濟學的本質區別，還附帶批判了庸俗社會主義的觀點。這個附錄，實際上是對《剩餘價值理論》的一個扼要總結。

總的評論

「總的評論」雖然只有兩句話，卻包含了極為豐富的內容。馬克思在這裡高度概括地指出了以往的經濟學家在剩餘價值問題上的共同缺點和錯誤，並且暗示了他自己的剩餘價值理論同他們的最大不同之處。

資本主義制度下，人們生產剩餘價值已經有幾百年了，他們逐漸想到剩餘價值的本質和起源問題。隨著資本主義關係的發展，人們對剩餘價值的認識逐漸深化和提高，一步步地接近於理解資本主義制度的這一最重要範疇的實質和意義。應當說，經濟科學在這方面已經取得了許多可喜的進展和成果。

可是，迄馬克思為止，「所有經濟學家都犯了一個錯誤：他們不是就剩餘價值的純粹形式，不是就剩餘價值本身，而是就利潤和地租這些特殊形式來考察剩餘價值」。（第一分冊第17頁）例如，重商主義者是在商業利潤形式上，威廉·配第和重農主義者是在地租形式上，亞當·斯密是在利潤和地租的形式上考察剩餘價值的，大衛·李嘉圖則把利潤視為非勞動收入的基本形式，並從中引申出（派生出）地租、借貸利息和商業利潤等形式。從重商主義者到大衛·李嘉圖，認識在不斷前進，但他們都未能把剩餘價值作為一個獨立範疇確立起來。這固然有社會歷史方面的原因——資本主義經濟關係的內在聯繫的暴露和人們對它的認識有一個過程，但顯然，也有資產階級的立場和世界觀方面的局限。剩餘價值，就其純粹形式而言，是指受雇於資本家的工人在生產過程中所創造的超過其工資的那部分價值，它是資本主義制度下各種非勞動收入的共同來源。因此，剩餘價值範疇的確立，是對資本主義剝削制度的最深刻的揭露，這對於以發展和維護資本主義制度為使命的資產階級經濟學家來說，自然是格格不入的。從這個意義上來說，以往的經濟學家不能夠發現剩餘價值範疇。

剩餘價值是馬克思的兩個偉大發現之一（另一個是歷史唯物主義）。由於這個發現，使馬克思得以科學地揭示出資本主義生產方式的特殊歷史規律，也使他得以在研究剩餘價值時，撇開它的特殊形式，而在純粹的一般的形式上把握它。這正是馬克思的剩餘價值理論根本上不同於前人的地方，也是他的《資本論》「最好的地方」① 之一。

混淆剩餘價值及其表現的特殊形式，必然產生一系列理論上的謬誤。這是因為，無論是在性質上還是在數量上和運動規律上，剩餘價值同它的特殊形式（利潤、地租、利息等）之間，都有重大的區別。看不到這些區別，把它們混淆起來，既不能透過利潤、地租和利息這些現象形態，發現隱藏在它們背後的本質，從而揭示資本主義制度下勞動與資本的根本對立；也不能從剩餘價值出發，經由必要的仲介環節，說明它的各種現象形式。例如，把剩餘價值等同於利潤甚至等同於平均利潤，便不能對利潤的剝削實質作出科學的說明，也不能解決利潤的變動規律同價值規律之間的表面矛盾，從而使古典經濟學的勞動價值學說同資本主義現實之間產生了明顯的矛盾。這是促使李嘉圖學派解體的矛盾之一。馬克思與前人不同，他把剩餘價值作為一個獨立範疇確立下來，明確區分了剩餘價值同它的各種轉化形式，糾正了由於混淆它們而產生的一系列錯誤和混亂，克服了同這種混淆密切相關的使李嘉圖學派解體的矛盾，從而對資本主義經濟運動規律作出了嚴密的始終一貫的科學分析。因此，馬克思的這個總的評論對理解全書具有重要的指導意義。

---

① 馬克思. 馬克思致恩格斯（1867年8月24日）[M] // 馬克思恩格斯全集：第13卷. 北京：人民出版社，1972：331.

[第一章] 詹姆斯・斯圖亞特爵士
[區分「讓渡利潤」和財富的絕對增加]

馬克思在這一章，圍繞著資本和剩餘價值這兩個問題，對英國重商主義的最後代表者詹姆斯・斯圖亞特的觀點進行了分析。

詹姆斯・斯圖亞特爵士（1712—1780）出生於愛丁堡世宦之家，青年時先後在愛丁堡大學等院校學習法律，並遊歷歐洲大陸各國。後因參與查理國王反對資產階級控制議會的活動，流亡國外（法國）多年，直到1762年始準予回國。他的主要著作是《政治經濟學原理研究》，1767年初版，1770年再版，1805年收入由其子匯編的他的著作集第一卷。

詹姆斯・斯圖亞特是一位末代重商主義者。他的《政治經濟學原理研究》（在英文著作中首次使用「政治經濟學」一詞作為書名）總的來說已經落後於資本主義發展的實際，但資本主義發展的實際又對他的理論有一定影響，使他得以「科學地複製了」舊的狹隘看法。馬克思把他作為「貨幣主義和重商主義體系的合理的表達者」（第一分冊第13頁）而列於首章，同時又指出，他的上述著作早已被人遺忘，古典學派代表者的著作，特別是亞當・斯密的《國富論》把它淹沒了。

馬克思著重指出，斯圖亞特關於剩餘價值的來源的觀點，總的來說，並沒有超出重商主義狹隘的看法，更確切地說，斯圖亞特科學地複製了這種看法。

大家知道，重商主義把財富與貨幣相等同，並認為，只有對外貿易才是財富和利潤的唯一源泉。他們完全用交換，用商品高於它的價值出賣來解釋剩餘價值（利潤）。斯圖亞特持有同樣的觀點。馬克思從《政治經濟學原理研究》第二篇第四章「商品價格如何通過貿易決定」中摘錄的幾段話，清楚地說明了這一點。在斯圖亞特看來，「廠主」的利潤不包括在商品的「實際價值」之內，後者只由廠主或生產者的生產成本組成，超過「實際價值」的部分才是

利潤，這個利潤是「讓渡利潤」，它不取決於生產，而取決於流通，取決於市場價格隨供求雙方的競爭而發生的波動，在「實際價值」已知的條件下，利潤將始終同需求成比例，而需求是不斷變動的，因此利潤也是不確定的。

斯圖亞特還認為，在考察貿易的利弊時，應將物品與使其成為有用物之勞動加以區分。他說，「出口物品是一國的損失，而出口勞動的價格則是一國的利益，如果一國進口物品的價值大於其出口物品的價值，該國受益。反之，一國進口的勞動超過其所出口的勞動，該國受損。為什麼？因為在第一種情況下，外國人實際上必須為該國出口的剩餘的勞動支付代價，而在第二種情況下，本國則必須向外國人支付進口的剩餘勞動的代價。因此，一般的公理是，遏止產品的輸入而鼓勵它的輸出」①。這裡，斯圖亞特顯然重申了重商主義的貿易差額論。

斯圖亞特強調說，農業和製造業產品價格的穩定和確定，從而整個國家經濟生活的穩定和發展，有賴於供給和需求的平衡。這種平衡會通過供求兩方面的競爭而實現，但也會因供給和需求的不正常變動而被打破，使「財富的天平」失去平衡，以至引起價格猛烈波動，經濟生活失調。因此，斯圖亞特主張，政府（政治家）應當通過制定適當的經濟政策（信貸、稅收、進出口等），積極干預經濟生活，以保證全體公民最低限度之生活資料，以至增進全國之最大幸福。這是斯圖亞特的學說中，重商主義原則的又一體現。

由此可見，斯圖亞特在利潤的起源等問題上的觀點確實重複了重商主義的看法。不過，正如馬克思所指出的，斯圖亞特科學地複製了重商主義的觀點。這是因為，他儘管把單個資本家的利潤歸結為「讓渡利潤」，不過，按照他的意見，這種利潤只是相對的：一方的贏利總是意味著另一方的損失，它表示財富的天平在有關雙方之間的擺動，並不意味著「總基金」或社會財富的增加。認為利潤來自流通領域中的讓渡或價格高於價值的結果，當然是錯誤的和庸俗的，但指出「讓渡利潤」並非財富的絕對增加，卻是合理的和科學的。因此，馬克思說，斯圖亞特是貨幣主義和重商主義體系的合理的表達者。根據這種理解，「讓渡利潤」自然不是作為價值增值的剩餘價值，按高於價值的價格售賣也不會是剩餘價值的來源。斯圖亞特沒有明確地認識這一點。不過，他知道在「讓渡利潤」即相對利潤以外，還有一種「絕對利潤」，這種利潤對誰都不意味著損失，它能引起社會財富的增加；他甚至還指出，這種利潤是勞動、勤勉

---

① 轉引自 E. 約翰森：《亞當·斯密的先驅者們》，1937 年英文版第 230 頁。

或技能的增進的結果。這種認識已經超出了重商主義的傳統觀念，實際上捨棄了從流通過程說明剩餘價值起源的看法。但是，斯圖亞特並沒有弄清楚「絕對利潤」究竟怎樣由勞動、勤勉或技能的增進而產生，也沒有把「絕對利潤」歸結為產品的交換價值的增加。這離科學地理解剩餘價值的性質和起源還很遠。

馬克思還指出，斯圖亞特的上述觀點，雖然絲毫沒有觸及剩餘價值本身的性質和起源問題，但是，他的關於「財富的天平在有關雙方之間的擺動」的理論，對於考察剩餘價值在不同剝削階級之間的分配，有重要的意義。正如馬克思在《資本論》第三卷中的分析所表明的那樣，利潤、利息和地租的形成，正是剩餘價值在各剝削階級之間按照一定的規律重新分割的結果。

馬克思在本章最後還指出了斯圖亞特在對資本的理解方面的功績。斯圖亞特指出了，生產條件作為一定階級的財產同勞動能力分離的過程是怎樣發生的。他特別在農業中考察了這個過程，並且正確地認為，只是因為在農業中發生了這個分離過程，真正的製造業才產生出來。馬克思這裡所指的，是斯圖亞特在其主要著作第一篇有關的幾章中所作的分析。斯圖亞特的有關論述，歸納起來主要有以下兩方面：

一方面，斯圖亞特認為，在一個土地肥沃的自由國度裡，一定能生產出超過該國農民食用所需的剩餘農產物。農產物的增加使人口增加，而且使總人口中一定數量的居民（同剩餘農產物成比例）去從事工業，生產滿足其他需求的產品。隨著工業的發展，一國居民逐漸分為兩個階級：一個是生產食物和必需品的農民階級，另一個是「自由人手」。他們從農民的剩餘產品中獲得生活必需品，並提供社會所需要的產品或服務。

另一方面，斯圖亞特又認為，貨幣交換的發展促進了工業的產生和雇傭勞動的擴展。他認為，貨幣進入一國經濟生活以後，新的一幕就開始了。一些精明強干、能說會道的人握有貨幣，隨時可用它交換所需要的產品，因為貨幣是一切商品的等價物。因此，握有貨幣的人也就把貨幣作為不勞動而獲得別人的產品或勞動的手段。沒有貨幣而又想得到貨幣的人，只能通過從事工業或農業勞動，以其產品或勞動去交換貨幣。這樣一來，自然的結果，將是有貨幣的人不再勞動，只知消費。①

應當指出，斯圖亞特關於農民階級和自由人手的劃分並沒有揭示出資本主

---

① 參閱 R. 米克：《亞當·斯密的先驅者》，英文版第 151—156 頁。

義社會真正的階級結構。但是，他覺察到貨幣經濟的發展，促進了雇傭勞動的出現和階級的分化，以及資本主義工業的產生。

　　由上可見，斯圖亞特的經濟學說不過是早已過時的重商主義學說在業已到來的古典經濟學時代的一個微弱的回聲。事實上，在斯圖亞特的書於 1767 年出版前十年，法國重農學派奠基者魁奈已經寫了有名的《經濟表》（1758 年）等著作，杜爾哥的《財富的形成和分配的考察》也於前一年（1766 年）寫成，九年後，亞當‧斯密的劃時代著作《國富論》就問世了。

[第二章] 重農學派

重農學派形成於 18 世紀 50~70 年代的法國。法語 Physiocrates 由希臘文 Phýsis（自然）和 Kratos（力量、權力、國家）兩詞組成，意即「自然的統治」。重農學派以此來表示他們的學說是以按照生產的自然規律，探討生產的「自然秩序」為宗旨。後來，亞當·斯密為了突出這派學說推崇農業的特點，把它稱為「農業體系」，以與重商主義者的「商業體系」相對立，重農主義的名稱，由此得以廣泛流傳。

重農主義產生於法國資產階級革命的準備時期。它是新興資產階級的意識形態，又是這個時期法國特殊環境的產物，它與剛剛從封建社會孵化出來的資本主義社會的早期狀態相適應。同時，它的出現又與反對柯爾培爾的重商主義政策和約翰·勞制度的破產有關。這一切使重農學派具有自己的鮮明特點。

重農學派體系的最主要的特點就是它的資產階級實質和封建外殼的矛盾。從本質上來說，重農學派的理論和政策，代表著新興資產階級的利益。但是，他們的學說卻帶有濃厚的封建外觀。他們鼓吹的是新興的資本主義生產方式，但是他們的主張卻以推崇土地所有權的形式出現。這個矛盾貫穿在重農學派的整個理論見解、經濟主張和政治立場上。對重農學派的階級實質，人們往往不理解。連重農學派的許多代表人物，甚至他們的反對者，都誤認為他們的學派是維護封建統治的。馬克思第一個揭示了重農學派的階級實質，指出「實際上這是第一個對資本主義生產進行分析，並把資本在其中被生產出來又在其中進行生產的那些條件當作生產的永恆自然規律來表述的體系」。（第一分冊第 23 頁）馬克思還指出：重農學派是「資本的實際上最早的系統解釋者」①。

---

① 馬克思. 資本論：第 3 卷 [M] // 馬克思恩格斯全集：第 25 卷. 北京：人民出版社，1972：883.

與此相聯繫，也是馬克思第一個指出了重農學派的重大歷史功績：把關於剩餘價值起源問題的研究，從流通領域轉移到生產領域，為科學分析資本主義生產方式奠定了基礎。馬克思曾指出：「真正的現代經濟科學，只是當理論研究從流通過程轉向生產過程的時候才開始。」① 把理論研究從流通過程轉向生產過程，雖然早期古典派已開其端，但真正做到這點的卻是重農主義者。

　　重農學派的創始人是弗朗斯瓦·魁奈（1694—1774）和安·羅伯特·雅克·杜爾哥（1727—1781）。

　　本章以重農學派的「純產品」學說為中心，對重農學派的經濟理論，經濟主張和政治立場等方面，進行了較系統的分析（關於重農學派的再生產理論在第六章專門論述）。本章共九節，第一、二兩節概括論述重農學派的「純產品」學說，並揭示它的資產階級實質和封建外觀之間的矛盾。第三、四、五節用重農學派主要代表人物的觀點，進一步說明上述分析的結論，此外，還順便分析了斯密及其追隨者著作中的重農主義因素。第六、七節簡要論述重農學派的經濟主張和政治立場。第八、九節則對重農主義的庸俗化和對重農主義的批評作一簡單評述。實際上，這也就意味著重農主義的終結。

　　馬克思通過對重農學派的分析，既肯定了他們在科學上的巨大貢獻，又指出了他們的時代和階級的局限性。特別是指出了他們由於缺乏價值概念而不能對剩餘價值的實質和起源作出更正確和徹底的分析。這對科學的剩餘價值理論的創立和發展，具有重大的理論意義。

[（1）把剩餘價值的起源問題從流通領域轉到生產領域。把地租看成剩餘價值的唯一形式]

一、把剩餘價值的起源問題從流通領域轉到生產領域

　　馬克思在本章一開始就明確指出：「重農學派的重大功績在於，他們在資產階級視野以內對資本進行了分析。正是這個功績，使他們成為現代政治經濟學的真正鼻祖。」（第一分冊第15頁）馬克思在《資本論》中還指出：「重農主義體系是對資本主義生產的第一個系統的理解。」② 這些話明確指出了重農學派在經濟學說史上的地位。眾所周知，重商主義的分析還僅限於交換過程，

---

① 馬克思．資本論：第3卷［M］∥馬克思恩格斯全集：第25卷．北京：人民出版社，1972：376.
② 馬克思．資本論：第2卷［M］∥馬克思恩格斯全集：第24卷．北京：人民出版社，1972：399.

他們還只是從流通領域中尋找剩餘價值的起源，因而並未找到真正的起源；威廉‧配第和布阿吉爾貝爾也只是意味著從流通領域轉向生產領域的開始。真正從流通領域轉到生產領域，通過分析資本主義的生產過程來探求剩餘價值的起源，是從重農學派開始的。

重農學派分析了資本主義的生產過程。首先，他們分析了資本在勞動過程中借以存在的各種物質成分或物質形式，這就是工具和原料，等等。重農學派把資本的物質成分，直接等同於資本，不管勞動過程的社會形式如何，只從一般勞動過程的觀點來看待這些物質成分，從而把資本主義的生產形式，看成生產的自然形式。對此，應從兩方面來評價：一方面，這是重農學派的功績。因為他們把資本理解為用於生產的物質資料，這就把資本同生產過程聯繫起來了，他們不在流通領域而在生產領域尋求資本的意義和作用。這同重商主義相比，是前進了一大步。同時，對重農主義來說，生產的資產階級形式，所以以生產的自然形式出現，魁奈由於他們把這些形式看成社會的生理形式，即從生產本身的自然必然性產生的，不以意志、政策等為轉移的形式。他們把這看成物質生產的自然規律，把社會生產過程看作受著一定的客觀經濟規律支配的、因而是可以認識的客觀過程。另一方面，他們的錯誤只在於，把社會生產的一定發展階段的物質生產的規律，看作是支配著生產的一切社會形式的抽象規律。看到社會生產受一定的客觀規律的支配是他們的長處；把資本主義生產的特殊規律當作社會生產的一般規律又是他們的短處。

其次，除了對資本在勞動過程中借以存在的物質形式進行分析之外，重農學派還研究了資本在流通中所採取的形式，即固定資本和流動資本。不過，在這裡它們是以「原預付」和「年預付」的形式出現的。概念和範疇，在這裡還以特殊的形式出現，而沒有採取一般的、普遍的形式。應當指出，固定資本和流動資本的區分，並不是資本在流通中採取的形式，而是根據它們的價值的流通方式而區分的形式。固定資本和流動資本的區別，只是生產資本才具有的，它們只是投入生產過程的資本的內部區別，由於它們的價值的週轉方式不同，它們才區分為固定資本和流動資本。馬克思在《資本論》第二卷對此作了明確論述，他指出：「因此，只有生產資本能夠區分為固定資本和流動資本。相反，這種對立，對產業資本的其他兩種存在方式來說，也就是，不論對商品資本還是對貨幣資本來說，都是不存在的。」① 資本在流通過程中是採取

---

① 馬克思. 資本論：第2卷 [M] // 馬克思恩格斯全集：第24卷. 北京：人民出版社，1972：187.

商品資本或貨幣資本的形式，這些形式是不能區分為固定資本和流動資本的。因此，馬克思在這裡的不太準確的提法，就被他後來更正確的提法所糾正了。

在對資本分析的這兩個要點上，亞當·斯密繼承了重農學派的遺產。不過他把重農學派確立的範疇普遍化了，在他那裡，原預付和年預付的區別，被固定資本和流動資本的一般區別所代替了。但是，他的進步只限於這一點，他對再生產過程的分析，是遠遠落後於重農學派的。

在分析了資本主義生產過程的這些物質條件之後，我們再來看看重農學派怎樣分析剩餘價值即他們所說的「純產品」的起源。

馬克思在 1861—1863 年的經濟學手稿中，在論述貨幣轉化為資本時指出：資本主義生產發展的基礎，是勞動能力這種屬於工人的商品，同勞動條件這種固著於資本形式並與工人相脫離的商品相對立。勞動能力作為商品，其價值規定有著極重要的意義，這個價值等於再生產工人的生活資料所必需的勞動時間，只有在這個基礎上，才出現勞動能力的價值與勞動所創造的價值之間的差額，這個差額就是剩餘價值。這是勞動力商品的獨有的特點。

因此，現代政治經濟學的基礎，就是把勞動能力的價值看作某種已定量。事實上，從一定發展時期來看，它也確實是一個已定量。把這個量看作前提，才可以進一步考察勞動力的價值和勞動所創造的價值之間的差額，即剩餘價值。這是一切要真正考察資本主義生產方式的政治經濟學所必須經過的道路。

英國古典政治經濟學的創始者威廉·配第事實上已經把工資還原為維持勞動者生活的最低生活費用，並以此作為引出地租（即剩餘價值）的一個前提。重農主義體系，作為對資本主義生產的第一個系統理解，必然也要把它作為自己分析的出發點和前提。首先，重農學派雖然缺乏價值概念，不瞭解價值的性質，但他們卻能確定最低工資的概念，他們把最低工資規定為最必要的生活資料，即生活最必需品，因而表現為一定使用價值的總和。這就是說，他們仍能把勞動能力的價值看作已定的量，雖然這個已定量在他們那裡還只是以使用價值的形式表現出來。其次，把最低限度的工資看作是固定不變的量，認為它取決於自然，而不是取決於歷史發展的條件，這當然是錯誤的。但這並不影響他們的結論的抽象正確性，因為勞動能力的價值與勞動所創造的價值之間的差額的存在，同我們假定的勞動能力的價值的大小是毫無關係的。它影響的只是剩餘價值的量，但不影響剩餘價值本身，只要把工資歸結為最低限度的生活資料，這個差額本身就總歸是存在的。

重農學派把最低限度的工資作為基礎，考察工人所創造的東西與他們所消費的東西之間的差額，這就把剩餘價值的起源問題，從流通領域轉到了生產領域。「重農學派把關於剩餘價值起源的研究從流通領域轉到直接生產領域，這樣就為分析資本主義生產奠定了基礎」。（第一分冊第 19 頁）這是他們的重大功績，後來一切真正的經濟科學都是循著這條道路前進的。

重農學派完全正確地提出了這樣一個基本論點：「只有創造**剩餘價值**的勞動，即只有勞動產品中包含的價值超過生產該產品時消費的價值總和的那種勞動，才是**生產的**。」（第一分冊第 19 頁）既然產品中包含的原料和材料的價值是已知的，而勞動能力的價值又等於最低限度的工資，那麼很明顯，這個剩餘價值就只能由工人提供的勞動量超過他的工資中包含的勞動量的餘額構成。不過在重農學派那裡，剩餘價值還不是以這種形式出現的，因為重農學派還沒有把價值歸結為它的簡單實體——勞動量或勞動時間。這就使他們在對剩餘價值的形式的看法上，顯示出重農主義特有的色彩。

二、重農學派把農業看作唯一的生產領域，把地租看作剩餘價值的唯一形式

重農學派對剩餘價值的表述方式，取決於他們對價值性質的一般看法。重農學派缺乏價值概念，按照他們的理解，價值並不是人類勞動的一種特定存在方式，而是由土地提供的各種物質及其各種變態構成的。雖然魁奈也曾提出必須區分有用物品和財富，因為前者只有使用價值而無交換價值，而後者則既有使用價值又有交換價值，但實際上他並未把二者真正分開，而是經常把交換價值歸結為使用價值，以一定量的使用價值，代表一定量的交換價值。

既然重農學派對價值採取這種自然主義的看法，所以他們必然把剩餘價值的創造局限於農業生產領域。因為勞動能力的價值與勞動所創造的價值之間的差額即剩餘價值，無論在哪個生產部門都不如在農業中表現得那麼明顯。在這裡，勞動者逐年消費的生活資料總量，總是小於他生產出來的消費資料總量。勞動者生產出來的物質，大於他消費掉的物質，其差額就是重農學派所說的「純產品」。重農學派認為，只有農業部門才創造「純產品」，而其他部門都不能創造。所以魁奈說：「**土地是財富的唯一源泉，只有農業能夠增加財富。**」[1]魁奈在論證這點時，區分了財富的「擴大」和財富的「相加」。他認為只有農

---

[1] 參見魁奈：《農業國經濟統治的一般準則》，《魁奈經濟著作選集》第 333 頁。

業部門才有財富的擴大，因為在這裡生產出來的產品總是大於生產時消費掉的產品；而在其他部門，則只是改變現有財富的形式，而不增加已有財富的量，因此只有現有財富的相加而無擴大。[1] 在其他生產部門，工人的勞動當然也創造超過勞動力價值的剩餘價值，但一般都不直接生產自己的生活資料，所以，看不到工人也生產自己的生活資料的餘額。在這裡，過程是以買賣為仲介，因而必須掌握住價值的概念，才能理解這些部門創造剩餘價值的過程。而在農業中，這個過程在勞動者生產出來的使用價值超過他們所消費掉的使用價值的餘額上直接表現出來。因此，不分析價值，不瞭解價值的性質，也不能理解這個過程；在把價值歸結為使用價值，又把使用價值歸結為一般物質的情況下，也能理解這一過程。「所以在重農學派看來，農業勞動是唯一的**生產勞動**，因為按照他們的意見，這是唯一**創造剩餘價值**的勞動，而**地租**是他們知道的**剩餘價值**的唯一形式」。（第一分冊第20頁）既然把農業看成唯一的生產領域，所以農業所創造出來的「純產品」即地租，自然也就成了剩餘價值的唯一形式。

在重農學派那裡，資本的利潤作為獨立範疇還是不存在的。他們認為利潤只不過是一種較高的工資，是對資本家較高的熟練勞動的報酬。這種工資和工人的工資一樣，加入產品的生產費用，所以，它根本不被看作是剩餘價值。至於利息，魁奈把它看作是資本折舊的補償費。而魁奈的朋友和忠實的追隨者老米拉波（1715—1789）則把它看作是反自然的高利貸；杜爾哥卻從地租中引出利息，他認為貨幣資本家既然可以用貨幣購買土地而得到地租，他也可以把貨幣貸出去以收取在數量上相同的利息。所以，利潤和利息都只是由於某種原因而從土地所有者手裡的地租轉到其他階級手中的項目。

總之，「按照重農學派的意見，既然**農業勞動**是唯一的生產勞動，是唯一創造剩餘價值的勞動，那麼，把農業勞動同其他一切勞動部門區別開來的**剩餘價值形式**，即**地租**，就是**剩餘價值的一般形式**。工業利潤和貨幣利息只是地租依以進行分配的各個不同項目，地租按照這些項目以一定份額從土地所有者手裡轉到其他階級手裡」。（第一分冊第21頁）

由此可見，重農學派的「純產品」學說，實際上就是他們的剩餘價值學說。關於這一點，除了上述論據之外，還可以補充一些理由。譬如，在說明「純產品」時，他們固然可以用有否新的物質財富的增加來論證，但在計算純產品時，他們就不能從物質形態上來確定。因為投入農業生產的既有種子，也

---

[1] 參見魁奈的《穀物論》《人口論》《農業國經濟統治的一般準則》等。

有工具，肥料，等等，這些顯然不能都直接從收穫的穀物中進行扣除。因此，為了把投入的物質與產出的物質進行比較，就必須把它們都化為同一單位，這就是價值。事實上，他們在計算「純產品」時，新創造出來的產品和投入的農業開支的比較，一開始就是以價值的形式出現，而「純產品」也從一開始就以價值的形式出現。這樣，「純產品」就表現為剩餘價值，而不是剩餘使用價值了。當然，重農學派自己並沒有明確地意識到這一點，這是當我們從實質上看待他們的學說時得出的結論。

重農學派把農業看成唯一的生產部門，除了上述理由以外，還有一些補充理由。

第一，地租在農業中表現為「第三要素」，表現為在工業中或者不存在，或者即使存在也是轉瞬即逝的剩餘價值形式，即超額剩餘價值。這種剩餘價值，只有在農業中才固定下來，成為最顯而易見最引人注目的剩餘價值形式，這是二次方的剩餘價值，是超過剩餘價值的剩餘價值。關於這一點，有德國經濟學家卡爾·阿侖德（1788—1877）的話為證。他說：地租是補償了工資和利潤之後剩下來的價值。

第二，如果撇開對外貿易不談，那麼，能夠完全脫離農業而從事加工工業的人數，就取決於農業勞動者所生產的超過自己的需要的農產品的數量。可見農業勞動不僅對本部門的剩餘價值來說是自然基礎，而且對其他部門的獨立化，從而對其他一切部門的剩餘價值的生產，也是自然基礎。

第三，一切剩餘價值，即不但相對剩餘價值，而且絕對剩餘價值，都是以一定的勞動生產率為基礎的。如果勞動者的全部勞動時間只夠生產他本人的必要生活資料，那就不會有任何剩餘勞動和任何剩餘價值了。「因此，剩餘勞動和剩餘價值的可能性要以一定的勞動生產率為條件，這個生產率使勞動能力能夠創造出超過本身價值的新價值，能夠生產比維持生活過程所必需的更多的東西……這個生產率，這個作為出發前提的生產率階段，必定首先存在於農業勞動中，因而表現為**自然的賜予，自然的生產力**」。（第一分冊第 22 頁）

第四，因為重農學派的功績和特徵恰好在於，它不是從流通而是從生產中引出價值和剩餘價值。所以它和重商主義相反，必然是從一個可以和流通相獨立的部門來考察，這個部門不是以人與人之間的交換，而是以人與自然之間的交換為前提的，這個部門，只能是農業生產部門。

這幾點，是重農學派把農業部門看成是唯一的生產部門的原因。

[(2) 重農學派體系的矛盾：這個體系的封建主義外貌和它的資產階級實質；對剩餘價值的解釋中的二重性]

一、重農學派體系的矛盾：封建的外貌和資產階級的實質

從以上情況也就產生了重農學派體系的矛盾。一方面，這是對資本主義生產的第一個系統分析，是把資本主義生產據以進行的條件當作生產的永恆的自然規律來表述的體系；另一方面，這個體系卻寧可說是封建制度即土地所有權統治的資產階級式的再現。在這裡，農業被解釋為唯一的生產部門，而資本最先得到發展的工業部門反而是不生產的，是農業的附庸。資本主義發展的第一個條件，是土地所有權同勞動相分離，作為掌握在特殊階級手中的力量，開始同自由的雇傭勞動者相對立。因此，在重農學派的解釋中，土地所有者表現為真正的資本家，即剩餘價值的佔有者，其他階級都表現為他們的雇傭者，從他們那裡領取工資。可見，他們對面前的經濟制度是從資產階級的角度來加以表述和說明的，而農業則被解釋為唯一進行資本主義生產即剩餘價值生產的部門。「這樣，封建主義就具有了資產階級的性質，資產階級社會獲得了封建主義的外觀」。（第一分冊第24頁）

重農學派對自己所創立的學說的階級實質，並無明確的認識。他們自己並沒有認識到，他們是站在資產階級立場上與封建制度做鬥爭，是以新的資本主義生產方式，反對舊的封建主義生產方式。他們誤認為自己只是要對封建制度進行一些改良，至多是要使它「返老還童」而已。這個封建外觀，還欺騙了同時代的許多人。重農學派的理論和主張，能夠為封建貴族的代表人物所接受，同時又引起了革命的啟蒙主義思想家們的反感。這個封建外觀，有時甚至還欺騙了他們自己。馬克思指出：「一種理論體系的標記不同於其他商品標記的地方，也在於它不僅欺騙買者，而且也往往欺騙賣者。魁奈本人和他的最親近的門生，都相信他們的封建招牌。」① 這個封建招牌特別迷惑了魁奈的貴族出身的門徒們，例如守舊的老米拉波。而在目光比較遠大的重農學派的代表者如杜爾哥那裡，這個封建外觀就消失了，重農主義就成了在封建社會裡為自己開拓道路的新的資本主義社會的表現。

重農主義產生於法國，不是偶然的。「這個體系是同剛從封建主義中孵化

---

① 馬克思. 資本論：第2卷 [M] // 馬克思恩格斯全集：第24卷. 北京：人民出版社，1972：399.

出來的資產階級社會相適應的。所以出發點是在法國這個以農業為主的國家，而不是在英國這個以工業、商業和航海業為主的國家。」（第一分冊第 24 頁）在英國，人們一開始自然把目光集中在流通領域，在資產階級政治經濟學的產生時期，重商主義者把價值的增值當作讓渡利潤來理解；但是如果要證明剩餘價值是在生產中創造的，那麼首先就必須從不依賴於流通的勞動部門即農業著手。所以，這種理論見解就必然形成於法國這個以農業為主的國家。在重農學派的前輩老作家，例如在布阿吉爾貝爾那裡可以零星地看到重農主義思想。但是，只有在重農學派那裡，它才成為「標志著科學新階段的體系」。（第一分冊第 24 頁）

二、對剩餘價值解釋的二重性

重農學派體系的封建外觀和資產階級實質的矛盾，在他們對剩餘價值的解釋中表現出來，使這一解釋具有二重性。

重農學派認為，一方面，農業勞動者只能得到最低限度的工資，即「最必需品」，而他們生產出來的東西，卻多於這個「最必需品」，這個餘額就形成地租，也就是我們所說的剩餘價值。所以，重農學派不是說，勞動者超過再生產他的勞動能力所必需的時間進行勞動，所以他創造的價值大於勞動能力的價值。相反，他們是說，勞動者生產時消耗掉的使用價值總和，小於他們生產出來的使用價值總和，因而就剩下一個使用價值餘額。因此，他們對價值增值過程的表述，不是從純粹的價值形式上，而是從使用價值形式上進行的。並且，重農學派把這個餘額的產生，接著又歸結於自然。他們認為，土地的生產力使農業勞動者生產出來的東西，多於他們所消費掉的東西，這樣一來，這個剩餘就表現為「自然的賜予」了。它之所以產生，是因為在農業中自然力參加工作而不要任何報酬，在自然的協助下，勞動能把一定的物質變為更多的物質。

另一方面，在分析剩餘價值的時候，重農學派是假定土地所有者以資本家的身分同農業勞動者相對立的。他向農業勞動者支付勞動能力的代價，作為補償，他不但得到一個等價物，而且還得到一個價值餘額。所以，這種交換本身就是以勞動的物質條件與勞動本身相分離為前提。在這裡，出發點雖然是土地所有者，但他卻表現為一個十足的資本家。

由重農學派對剩餘價值的這種分析中便產生了以下矛盾：一方面，他們試

圖用對別人的剩餘勞動的佔有來解釋剩餘價值，並且根據商品交換的原則來解釋這種佔有；另一方面，在他們看來，價值又不是勞動的社會存在形式，剩餘價值也不是剩餘勞動的社會存在形式，價值只是物質，剩餘價值只是「自然的賜予」。

由此可見，一方面，地租在這裡蛻去了土地所有權的封建外殼，歸結為超出工資之上的純粹的剩餘價值；另一方面，這個剩餘價值又根據封建精神從自然而不是從社會，從對土地的關係而不是從社會關係中引申出來，它從對剩餘勞動的佔有，變成了「自然的賜予」。對剩餘價值的解釋的二重性及其矛盾，也就在這種形式中表現出來。

一切理論都要打上時代的烙印。對剩餘價值解釋的二重性矛盾，只不過是資本主義發展初期社會矛盾的反應。那時，資本主義剛剛從封建社會內部掙脫出來，暫時還只能給這個封建社會本身以資產階級的解釋，它還沒有找到本身的形式，這正像哲學最初在意識的宗教形式中出現一樣。

三、重農學派的結論和經濟政策

重農學派對地租的確認，是建立在他們對土地所有權的特殊地位的推崇上面的。但是，在他們所得出的結論中，「對土地所有權的表面上的推崇，也就變成了對土地所有權的經濟上的否定和對資本主義生產的肯定」。（第一分冊第26頁）

一方面，既然只有地租才是「純收入」，所以全部賦稅重擔都應落在地租上面，這就等於部分地沒收土地所有權。根據他們的見解，既然地租是剩餘價值的唯一形式，所以向地租課稅就是向一切收入的本原直接課稅；而其他一切形式的課稅，只不過是間接的課稅，其結果也會使課稅負擔最終落在地租上面，因而在經濟上是有害的、妨礙生產的課稅辦法。重農學派認為，如果向農業課稅，其結果必然會侵蝕農業的再生產基金，使純收入減少，最後還是減少地租收入。如果對工商業課稅，由於它們本身不能創造純收入，所以賦稅負擔將會提高商品價格。如果土地所有者購買這些商品，那麼賦稅負擔就會轉移到他們頭上，如果生產階級購買這些商品，這又會侵蝕農業再生產的基金，使純收入（地租）減少。這個結果和向農業課稅一樣。既然一切賦稅最終都要落在地租上面，那倒不如簡化稅制，取消其他一切賦稅，徵收單一的、直接的地租稅。而且由於單一稅的實行，簡化了稅收環節和手續，土地所有者的負擔，

反而會減輕。魁奈由此得出了如下結論:「對於土地所有者,對於君主和全體國民來說,把賦稅完全對土地收入直接徵收,是有很大的利益的。因為所有其他的課稅形式都是違反自然秩序的,都是對於再生產和賦稅本身有害的,都是會在賦稅之上加上賦稅的。」① 這樣,重農學派就通過對土地所有權的表面推崇,使土地所有者承擔了和他們的利益相悖的義務。

另一方面,重農主義者又用他們的結論來保衛工業的利益。既然工業什麼也不創造,它只是把農業提供給它的財富變成另一種形式,所以這個過程最好不受干擾地、最便宜地進行。要做到這一點,只有取消國家的任何干預,取消壟斷,聽任資本主義生產自行其是,也就是說對工業採取自由放任、自由競爭的經濟政策。這樣一來,就把資產階級社會從封建的君主專制下解放了出來,這就給了新興的資產階級以反對封建專制的強大思想武器。

由此可見,重農學派關於只有農業才具有生產性,關於地租是剩餘價值的唯一形式,關於土地所有者在生產體系中占突出地位等獨特論點,同重農學派關於大工業生產的原則,關於自由競爭的主張是有密切聯繫的。可以說,上述理論觀點,正是他們所主張的經濟政策的依據。而歐仁·德爾先生②認為它們之間毫無聯繫,而只是偶然地湊合在一起,這是多麼不瞭解重農學派。由以上所述還可以理解,這個體系的封建外觀,必然使許多封建老爺成為這個實質上宣告在封建廢墟上建立資產階級制度的理論體系的狂熱擁護者和傳播者。

這一切都說明,當時的人們對重農主義的階級實質是多麼不瞭解,從而受到了它的封建外觀的欺騙。

[(3) 魁奈論社會的三個階級。杜爾哥對重農主義理論的進一步發展;對資本主義關係作更深入分析的因素]

在這一節,馬克思引用重農學派主要代表人物的言論,一方面為了闡述上面所說的論點,另一方面為了給予證明。

一、魁奈論社會的三個階級

魁奈以他的「純產品」學說,作為劃分階級的基礎,各階級的劃分,以

---

① 轉引自魁奈:《經濟表的分析》,《魁奈經濟著作選集》第314頁。
② 歐仁·德爾(1798—1847):法國資產階級經濟學家,政治經濟學著作的出版者。他出版了重農學派的著作並寫了論述重農主義的論文。

他們是否生產「純產品」為轉移。他說：「國民被分為三個階級，即生產階級，土地所有者階級和不生產階級。」①

生產階級即從事農業生產的階級，包括租地農場主和農業工人。魁奈把這個階級看作社會經濟活動的指導階級。既然只有農業才生產「純產品」，這個階級自然就成為唯一的生產階級。

土地所有者階級包括地主及其從屬人員，如國王、官吏、教會人員，等等，這個階級以地租和稅收的形式從農業階級取得「純產品」。

不生產階級即從事工商業的階級，包括工商業的企業主、雇主和雇傭工人。他們不生產「純產品」，他們是土地所有者的雇傭人員，從他們那裡取得收入，因而也是靠生產階級創造的「純產品」來維持生活的。

由此可見，魁奈是從社會經濟關係中引出社會階級的劃分，而且，他劃分階級的標準，是以是否生產「純產品」即剩餘價值為轉移。這從經濟上正確地說出了資本主義生產的目的和本質，這是他的功績。他的錯誤在於，他沒有以生產資料的佔有作為劃分階級的主要標準，而且也沒有正確揭示資產階級社會的階級結構。他沒有把工農業中的工人階級和資本家階級劃分開來，工人階級還沒有作為一個獨立的階級出現。他的關於生產階級和不生產階級的劃分，實際上掩蓋了資本主義社會的基本階級劃分，即工人階級和資產階級的劃分。在這方面，杜爾哥比他前進了一大步，這一點我們很快就可以看到。

二、杜爾哥對重農主義理論的發展

馬克思指出：「在杜爾哥那裡，重農主義體系發展到最高峰。」（第一分冊第 28 頁）在杜爾哥的著作中，有的地方甚至把「純粹自然的賜予」看作剩餘勞動；而且，他還用勞動條件與勞動相脫離並作為資本與勞動相對立，來說明工人為什麼必須提供剩餘勞動。

馬克思大量引用和剖析了杜爾哥的著作，來說明他對重農主義理論的發展。

首先，對於為什麼只有農業勞動才是生產勞動，杜爾哥用農業勞動是其他一切勞動得以獨立存在的自然基礎和前提來說明。

杜爾哥說：「（土地耕種者的）勞動，在社會不同成員所分擔的各種勞動中占著重要地位……正像在社會分工以前，人為取得食物而必須進行的勞動，

---

① 轉引自魁奈：《經濟表的分析》，《魁奈經濟著作選集》第 308~309 頁。

在他為滿足自己的各種需要而不得不進行的各種勞動中占著首要地位⋯⋯土地耕種者的勞動使土地生產出超過他本人需要的東西，這些東西是社會其他一切成員用自己的勞動換來的工資的唯一基金。」①

杜爾哥的這個思想，是重農學派關於農業勞動是其他一切勞動的自然基礎的思想的繼續。它提出了農業是國民經濟的基礎的思想萌芽，後來，馬克思把它作為優秀思想遺產進一步發展了。馬克思指出：「農業勞動不僅對於農業領域本身的剩餘勞動來說是自然基礎⋯⋯而且對於其他一切勞動部門之變為獨立勞動部門，從而對於這些部門中創造的剩餘價值來說，也是自然基礎。」（第一分冊第 22 頁）

其次，關於剩餘價值的來源，杜爾哥的看法遠遠超出了他的重農學派的同輩們。重農學派否認剩餘價值產生於流通。杜爾哥更認為，產品是按照自己的價值出賣的，但因為產品中包含著沒有支付過代價的，沒有用等價物組成的部分，所以賣者就會得到一個餘額。他認為，農業正是這種情況，賣者出賣他沒有買過的東西。杜爾哥最初把這個沒有買過的東西說成是純粹自然的賜予，但是在他的分析中，這個純粹自然的賜予不知不覺地就變成了土地耕種者的剩餘勞動。

杜爾哥認為，土地耕種者的勞動，一旦生產出超過他的需要的東西，他就可以用這個餘額（自然給他的超過他的勞動的純粹賜予）去購買其他社會成員的勞動。後者向他出賣自己的勞動時所得到的只能維持生活，而土地耕種者除了維持自己的生活資料以外，還得到一個獨立的、可以自由支配的財富，這是他沒有買卻拿去賣的財富。因此，他是財富的唯一源泉，「**因為他的勞動是唯一生產出超過勞動報酬的東西的勞動**」（第一分冊第 29～30 頁）②。在這裡，剩餘價值由「純粹自然的賜予」，變成了農業勞動者生產的超出他的勞動報酬的東西，即變成了純粹剩餘勞動的產品。杜爾哥對問題的解釋，雖然還未擺脫重農學派傳統用語的束縛，但他已把剩餘價值歸結為剩餘勞動。這個剩餘產品的性質，特別是當它不再和工資一起歸土地耕種者——土地所有者佔有，而是當後兩者分開，它單獨歸土地所有者佔有的時候，就非常清楚了。

接著，杜爾哥分析了雇傭勞動者階級的產生。

與他的重農學派的儕輩們不同的是，杜爾哥是根據生產資料的所有權來探

---

① 參見杜爾哥：《關於財富的形成和分配的考察》，第 20 頁。
② 參見杜爾哥：《關於財富的形成和分配的考察》，第 20～22 頁。

討階級產生問題的。他論證了，無論在工業還是在農業中，要形成雇傭勞動者階級，就需要勞動條件與勞動的分離，而這個分離的基礎是，土地成為一部分人的財產。

杜爾哥把這個過程分為三個階段。最初，土地所有者和土地耕種者還沒有分開，在那個時代，存在著自由的土地，每個勤勞的人要多少土地，就能得到多少土地。那時誰也不想去為別人勞動。只是由於大家的土地上生產出不同的產物，所以才有了產物與產物的交換。後來，每一塊土地都被佔有了，那些沒有得到土地的人，只好去從事雇傭階級的職業，即非農業階級的職業，他們用自己的勞動，去同農業階級的產品交換。這是勞動同產品的交換。所以，社會首先是分為農業者階級和非農業者階級。最後，由於土地產權分配的不平等，地產買賣和分配的變化，結果土地所有權和土地耕種者分開了。這時土地所有者便把土地交給雇傭的土地耕種者去耕種，付給他們以工資，而自己得到全部產品的餘額。這樣，土地耕種者便成了土地所有者的雇傭階級。後來又經過多種形式的演變，最後，社會便被劃分為三個階級。農人階級即生產階級、工業等非生產階級、土地所有者階級（第一分冊第30~31頁）。① 可見，在這裡杜爾哥還把土地耕種者階級和其他非生產階級都看成土地所有者的雇傭階級。但是，下面我們很快就可以看到，他在這兩個階級中間，又劃分了企業資本家和真正的雇傭工人。

由此可見，杜爾哥是用勞動條件與勞動的分離來說明階級的產生的。

然後，杜爾哥用勞動條件與勞動的分離來說明工人必須提供剩餘價值，並在農業範圍內正確地理解了剩餘價值的性質。

當雇傭勞動產生之後，勞動條件的所有者與勞動者之間的交換規律，就是給後者以最低限度的工資。杜爾哥認為，只靠雙手勞動的普通工人，除了他們的勞動以外，就一無所有。而勞動條件的所有者既然有大批工人可供挑選，他當然優先雇傭討價最低的工人。由於工人之間的相互競爭，「工人的工資都必定是，而實際上也是限於維持他的生活所必需的東西」（第一分冊第31頁）②。

因此，雇傭勞動一出現，土地產品就分成了兩部分：一部分是土地耕種者的生存資料和利潤，這是他們的勞動報酬；餘下的就是可以自由支配的餘額，這是土地作為純粹的賜予交給耕種土地的人的超過他們勞動報酬的部分，這是

---

① 參見杜爾哥：《關於財富的形成與分配的考察》，第22~26頁。
② 參見杜爾哥：《關於財富的形成和分配的考察》，第21頁。

歸土地所有者的份額（第一分冊第 31 頁）。①

但是，通過以前的分析已經看到，這個純粹的土地的賜予，這個土地賜給勞動者的禮物，已經表現為「用在土地上的勞動的生產力」。（第一分冊第 31 頁）因此，這個餘額在土地所有者手裡已經不再表現為自然的賜予，而表現為對別人無償勞動的佔有。它之所以產生，是勞動者的勞動由於自然的生產率能夠生產出超過本身需要的生存資料，而它之歸於土地所有者，則是因為土地和勞動者的分離使勞動者只能佔有維持他的生存所必需的東西。

杜爾哥說：土地所有者沒有土地耕種者的勞動，就一無所有，而土地耕種者需要土地所有者，卻僅僅是由於習俗和法律，而這種習俗和法律，是為了保證他們的土地所有權（第一分冊第 32 頁）。② 這就把土地所有權作為農業勞動者必須提供剩餘勞動的根據提出來了。

由此可見，杜爾哥把剩餘價值直接描繪為土地所有者不付等價物而佔有的土地耕種者的勞動的一部分。但是這一部分不是表現為交換價值，而是在產品餘額的形式上表現出來。但是，這個餘額不過是土地耕種者超過再生產他自己的生存資料而進行的剩餘勞動，所以，實際上它不過是土地耕種者的剩餘勞動的體現。

「因此，我們看到，重農學派在農業勞動範圍內是正確地理解剩餘價值的，他們把剩餘價值看成雇傭勞動者的勞動產品，雖然對於這種勞動本身，他們又是從它表現為使用價值的具體形式上來考察的。」（第一分冊第 32 頁）

再次，杜爾哥進一步發展了重農學派關於社會階級結構的學說。

在重農主義的體系中，土地所有者是雇主，而其他一切生產部門的工人和企業主，都是土地所有者的雇傭人員，是工資所得者。在對階級的總的看法上，杜爾哥仍然沒有突破這個框子，但是杜爾哥又超出了一般重農主義者的觀念，在魁奈的三個階級的劃分的基礎上，又在生產階級和非生產階級內部進一步劃分了企業主和工人，從而補充了重農學派關於階級劃分的理論。

杜爾哥把工農業中企業主和工人的劃分，仍然同勞動條件的佔有聯繫起來。

他認為：在所有的勞動部門，要進行勞動就必須先有勞動工具、加工的材料，以及在成品出賣以前用以維持生活的生存資料。所有這一切使勞動得以進

---

① 參見杜爾哥：《關於財富的形成和分配的考察》，第 25 頁。
② 參見杜爾哥：《關於財富的形成和分配的考察》，第 27 頁。

行的條件，最初都是由土地無償提供的。但是，一旦這些勞動條件完全被私人佔有，一旦這些「預付」必須由第三者預付給工人，它們就變成了資本。他認為，資本就是累積起來的流動的價值。最初，當這些預付數量不大的時候，它是由土地所有者或土地耕種者直接進行的。但是隨著工業的發展，所需預付的數量非常大，為了保證生產的正常進行. 這件事就由「資本的所有者」擔當了起來。這些資本的所有者就必須從產品價格中收回預付，取得利潤和工資。這樣，「工業雇傭階級」就又劃分為「企業資本家」和「普通工人」兩個階層。根據同樣的道理，「農業雇傭階級」也進一步劃分為提供一切預付的「農業企業主」和單純掙取工資的「農業勞動者」兩個階層（第一分冊第33~34頁）。①

這樣，杜爾哥就在重農主義創始人所劃分的三個階級的基礎上，又分別在兩個「雇傭階級」內部進行了階層劃分。這種劃分，雖然主次倒置，不能正確反應資本主義社會階級結構的真實狀況，但它仍然是把工人階級作為一個獨立階級單獨劃分出來的萌芽。

最後，關於杜爾哥對資本累積的庸俗看法。從以上的分析可知，雖然工業中需要較大的預付，但工業又是不生產的，那麼它的累積又從何而來呢？為解決這個問題，杜爾哥杜撰了一個資本家「節約」或「節欲」的神話。

杜爾哥認為，只有農業才生產「純產品」，它形成土地所有者手中可以自由支配的純收入，而其他階級的收入僅僅是工資和利潤，它們都是勞動的報酬，都是從土地所有者手中支付的。所以土地的「純產品」仍然是累積的唯一來源。工業資本家要進行累積，就必須從自己的用於消費的收入中進行節約。杜爾哥又說，資本並不是別的東西，只不過是土地所生產的價值的一部分的累積，這部分價值是這種收入的所有者或同他們分享這種收入的人，可以每年儲存起來，而不用來滿足自己的需要的（第一分冊第34頁）。②

由此可見，既然只有地租才是剩餘價值的唯一形式，所以也只有地租才是累積的源泉。資本家在此以外累積的東西，只是從他們的工資收入中積蓄下來的。重農學派的這個論點，為以後「節欲論」的發展提供了最初的理論源泉。

---

① 參見杜爾哥：《關於財富的形成和分配的考察》第48~49頁、第53~54頁、第55~56頁。
② 參見杜爾哥：《關於財富的形成和分配的考察》第83~85頁。

[（4）把價值同自然物質混淆起來（帕奧累蒂）]

本節繼續評述重農主義者的觀點，主要通過對帕奧累蒂著作的摘評，來說明重農學派的價值觀念。

斐迪南多·帕奧累蒂（1717—1801）是義大利牧師，經濟學家，具有重農主義觀點。他的著作《謀求幸福社會的真正手段》（1772 年）一書，一方面是針對維里反對重農主義的觀點進行的答辯，另一方面也重申了重農學派的理論見解。在帕奧累蒂的著作中，把價值同自然物質混淆起來和等同起來的看法，以及這種看法同重農學派整套見解之間的聯繫表現得非常明顯。

帕奧累蒂和其他重農主義者一樣，不懂得價值的性質，他也不知道價值只是人類勞動的「一定的社會存在方式」，因而不僅把價值歸結為使用價值，而且把價值直接混同於自然物質。他對生產勞動、剩餘價值等的看法，也完全是以這種價值見解為基礎的。

他在上述著作中寫道：像土地產品這樣的物質數量倍增的情況，在工業中無疑是沒有的，因為工業只給物質以形式，僅僅使物質發生形態變化，所以工業什麼也不創造。帕奧累蒂還針對維里等人的責難答辯說，有人說，工業既給物質以形式，那它就是生產的，因為它即使不是物質的生產，也是形式的生產。可是，帕奧累蒂答辯說，這不是財富的創造，相反，這無非是一種支出，而政治經濟學研究的對象，是物質的和實在的生產，而這種生產只能在農業中發生，因為只有農業才能使構成財富的物質和產品的數量倍增。工業從農業獲得原料，只給這個原料以形式，但什麼也不給它添加，不能使它倍增。帕奧累蒂還舉例說明了這點，他把工業勞動比作廚師的勞動。並說，給廚師一定數量的豌豆，他可為你準備午餐，把燒好的豌豆端到你桌上，但它的數量和拿出去的一樣，但如把豌豆交給種菜人，讓他把豌豆拜托給土地，到時候，他會歸還給你至少三倍的豌豆。這才是真正的、唯一的生產。在工業中，價值的增加，不是工業勞動的結果，而是勞動支出的結果，工業品的價值，取決於原料和工人的生存資料的價值。

帕奧累蒂在這裡所敘述的，是典型的重農主義見解。

[（5）亞當·斯密著作中重農主義理論的因素]

本節舉例說明斯密著作中的重農主義因素，說明這種理論即使在英國古典

政治經濟學體系的創建者那裡也有影響。

一、斯密把農業勞動視為具有特殊生產力的勞動，把地租看作「自然的產物」

把自然力大規模地應用於生產過程，在農業中要比在工業中為早；自然力在工業中的應用，只是在工業發展到比較高的階段才較為明顯。斯密還處在大工業的史前時期，所以，在他的著作中還保留著一些重農主義觀點，這種觀點在他對地租的看法中表現出來。他把地租看成「自然的產物」，這是重農主義觀點的殘餘。

斯密在他的《國民財富的性質和原因的研究》第二篇第五章「論資本的各種用途」中，談到資本的四種用途時，雖然他把剩餘價值的概念推廣到社會勞動的一切領域，但他仍認為，農業勞動是最生產的。他認為：在農業中自然也和人一起勞動，自然的勞動，雖無須代價，但它的生產物卻和最昂貴的工人勞動一樣，有它的價值。農業上雇傭的工人和牲畜，不僅像製造業中的工人一樣，再生產出他們消費掉的價值及資本家的利潤，而且生產出更大的價值。他們除了再生產資本家的資本和利潤之外，還會生產地租。這種地租可以說是地主借給農業家使用的自然力的產物。地租是扣除了一切可以看作是人工產物的東西之後的自然產物。它很少少於總產品的四分之一，而常常多於總產品的三分之一。製造業中使用的等量生產勞動，決不可能引起這樣大規模的再生產。在製造業中，自然什麼也沒有做，一切都是人做的，並且再生產必須始終和實行再生產的當事人的力量成比例（第一分冊第 36 頁）。[①]

在這裡，斯密雖然不再說農業勞動是唯一的生產性勞動了，但他仍認為農業勞動的生產力最大，並把地租看作自然的產物，這和重農學派把地租看作「純粹的自然賜予」的觀點並沒有什麼兩樣。

對他的觀點，李嘉圖已從大工業的立場進行了反駁。他在自己的《政治經濟學和賦稅原理》（1819 年第 2 版第 61~62 頁的註）中說，在工業中，推動機器和船隻的風力和水力，開動最驚人的機器的大氣壓力和蒸汽壓力，軟化和熔化金屬時熱的作用以及染色和發酵時大氣的作用等，都是自然的賜予。因此，他認為，在人們所能舉出的任何一個工業部門中，自然都給人以幫助，而且是最慷慨、最無私的幫助（參閱該書第 36 頁）。

---

① 參見斯密：《國民財富的性質和原因的研究》（上卷）第 333~334 頁。

李嘉圖用這種論斷，斷然否定了斯密關於農業勞動是生產力最大的勞動，地租是自然的產物的觀點。

二、斯密關於資本來源於節欲的重農主義觀點

在本節中，馬克思還通過對重農主義者以及斯密著作的闡釋者有關論點的考察，證明斯密關於資本來源於節欲的觀點，不過是重農學派相應觀點的再版。

斯密和他的追隨者認為：資本累積應歸功於資本家個人的節儉、節約和節欲。這個觀點完全是以重農學派的理論為根據的。馬克思所引證的杜爾哥等人的言論，充分證明了這點。

杜爾哥認為，只有農業勞動才是唯一的生產勞動，它是唯一生產出超過勞動報酬的東西的勞動，因此，只有農業提供的「純產品」，即地租才是真正的、經濟的，可以說是合法的累積源泉；他還認為，工業是不生產的，手工業者既不為自己也不為別人生產任何收入，他們的預付、工資和利潤，都不過是生產費用，他們的產品，只能補償這些生產費用，由此得出的必然結論就是，工業家要進行累積，就必須從自己的工資收入中即消費收入中進行節約（第一分冊第37頁）。①

法國經濟學家和經濟學史家阿·布朗基（1798—1854）在《歐洲政治經濟學從古代到現代的歷史》中，也闡述了重農學派的觀點。布朗基說：重農學派認為，用於耕種土地的勞動，不僅生產出維持勞動者本人生活所必需的東西，而且生產出一個加到已有財富上去的價值餘額，即純產品。純產品必定屬於土地所有者，成為他完全可以自由支配的財富。而所有工業家、商人和工人等，都是被雇傭者，他們的產品，只代表他們在生產期間所消費的東西的等價物。因此，在勞動之後，除非他們把自己有權消費的東西節約下來，或儲存起來，否則，他們就不能使財富的量增加。

馬克思還引用了另一位法國重農主義者邁爾西埃·德·拉·里維埃爾（1720—1793）的論述，來證明商品交換不能使價值增加，商品交換只不過是把以商品形式付出去的同一價值，以貨幣形式取回來。

既然工業、商業都是不生產的，那麼剩餘價值是從哪裡來的呢，資本又是從哪裡來的呢？擺在重農學派面前的，正是這個問題。他們把剩餘價值的起源

---

① 參見杜爾哥：《關于財富的形成和分配的考察》第22、27、56、83~85頁。

問題,由流通領域轉移到生產領域,這是他們的重大功績。但是,他們的錯誤在於,他們把剩餘價值的起源,僅僅限於農業。其所以如此,是因為他們把農業中自然物質的增加,同交換價值的增值混淆起來了。既然他們不能科學地闡明剩餘價值的起源,因而也就無法正確闡明資本的累積。所以,認為資本的累積來源於節欲,正是他們關於只有農業才創造「純產品」的觀點的必然歸結。

斯密關於資本累積的觀點,就是這種觀點的再版。熱·加爾涅的敘述完全證明了這一點。此人是斯密著作的翻譯者和闡釋者。

加爾涅認為,手工業和工業的勞動不開闢財富的任何新源泉,它們只有靠有利的交換才能獲得利潤。手工業者和工業家加到物質的價值上去的,僅僅是他們自己的勞動的價值,這是根據當時通行的工資率和利潤率必然帶來的工資和利潤的價值。這種工資和利潤,都是他們應當消費的東西。因此,在他們勞動之後,社會財富依然和以前一樣多,除非他們把他們應當消費而且有權消費的東西節約下來。所以,從事工商業的人只有通過節約才能增加社會現有的財富總量。加爾涅完全覺察到斯密關於資本累積的觀點,正是建立在這種觀點的基礎上的。所以他說,如果「經濟學家」(指重農學派)曾斷言,工商業只有通過節約才能增加國民財富,那麼斯密同樣說過,如果經濟不通過節約來增加資本,工業就會白白經營,一國的資本就永遠不會增加。由此可見,斯密完全同意「經濟學家」的意見。

加爾涅的論述證明,斯密關於累積的觀點,與重農學派經濟學家們是完全一致的。

[(6) 重農學派是資本主義大農業的擁護者]

一、重農學派產生的歷史根源

馬克思指出:「重農主義的產生,既同反對柯爾培爾主義有關係,又特別是同羅氏制度的破產有關係。」(第一分冊第35頁)

柯爾培爾主義是法國在路易十四時期重商主義的別名,以其促進者柯爾培爾得名。17世紀末葉到18世紀中葉,法國工業中資本主義成分已有了較大發展,工場手工業已具相當規模。但在農業中,基本上仍然是封建性的經營占統治地位,絕大多數農民,仍處於半封建的依附狀態。只是在法國北部某些富庶地區,資本主義農業才有了相當的發展。像在英國一樣,法國資本主義的發

展，也經歷了代表商業資本發展的重商主義階段。但法國重商主義政策的推行，有若干不同於英國的特點。它是作為官方政策由政府來直接策動和領導的。路易十四的財政總稽核柯爾培爾就是這一政策的制定者和組織者。柯爾培爾的重商主義政策是以犧牲農業的利益來促進國內工商業的發展，它把沉重的賦稅重擔壓在農民頭上，並大力壓低農產品價格。這一政策，雖然促進了法國工商業的發展，但也極大地激化了法國的社會矛盾，加劇了它的財政經濟危機，使法國資本主義的進一步發展與封建專制制度的矛盾更加尖銳了。在這種情況下，反對封建制度的鬥爭，也就是反對柯爾培爾主義的鬥爭。作為法國新興資產階級代表的重農主義，必然把鬥爭的矛頭指向重商主義。

　　重農主義的產生和傳播，還同約翰·羅氏的財政制度的破產有關。柯爾培爾主義破產後，法國面臨更嚴重的財政經濟危機。為解決這一危機，法國政府企圖從財政改革中找出路。它採用了羅氏的主張，創辦國家銀行，企圖通過發行不兌現的銀行券來增加國內的財富。羅氏銀行濫發紙幣，收回金屬貨幣，使通貨貶值，物價猛漲，交易所買空賣空和投機倒把活動空前盛行。銀行券這種在羅氏制度下猛增起來的「金蝴蝶」，並沒有使法國的財富增加，在羅氏制度下猛增起來的「價值」，除了毀滅、破產、荒蕪以外毫無所留。羅氏銀行在成立四年之後，終以聞名世界的破產醜聞而告終。但是，由羅氏制度引起的財政危機，投機倒把的惡性發展，也把地產捲入了商品經濟的漩渦，破壞了封建土地所有制。地產被大規模地分割和轉手，這一切都為農業的資本主義發展準備了條件。

　　羅氏制度企圖通過濫發流通貨幣而使國家致富，它的破產，再一次宣布了那種不在生產領域而在流通領域尋找財富源泉的重商主義政策的破產。於是，重農主義就作為這種政策的對立物而產生和傳播起來了。

　　馬克思在本節中引用的布朗基的論述，所描繪的正是這一過程。

二、重農學派是資本主義大農業的擁護者

　　重農學派的資產階級實質，在他們的經濟主張中表現得非常明顯。魁奈和杜爾哥等人，都是資本主義大農業的擁護者。

　　例如，杜爾哥在他的《關於財富的形成和分配的考察》中，就對比了土地的五種耕種方法。第一種是由地主直接雇傭領取固定工資的雇工來耕種；第二種是由奴隸來耕種；第三種是在交納地租的條件下出讓土地；第四種是對分

佃耕制；第五種是土地包租給農業經營者，由他們來預付經營方面的一切費用，並按協議向地主交納地租（第一分冊第41頁）。① 最後一種就是以現代租佃制為基礎的資本主義大農業。杜爾哥在分析和對比了這五種土地耕種制度後說：土地出租的最後這種方式，是一切方式中最有利的方式，但是採取這種方式以已經富庶的地區為前提（第一分冊第41頁）。②

這種主張也是魁奈等人的一貫主張。魁奈在他的《租地農場主論》和《穀物論》兩篇論文中，就對比了三種耕作技術：只有人力的耕作技術，牛拉犁兩圃式耕作技術，馬拉犁三圃式耕作技術。他立即排除了第一種，認為它產量很低，不能提供「純產品」；他主要對比了後兩種，認為資本很少的牛拉犁兩圃式耕作也只能提供較少的「純產品」，而只有資本充足的馬拉犁三圃式耕作技術，才提供了較多的「純產品」。爾後他提出：「關於農業的利益，實際上是要把土地集中形成大規模的租借地，由富裕的租地農場主經營……使它達到最好的狀態。」③

魁奈在《農業國經濟管理的一般原則》中又提出：「用於種植穀物的土地應當盡可能地聯合成由富裕的土地耕種者（即資本家）經營的大農場，因為大農業企業與小農業企業相比，建築物的維修費較低，生產費用也相應地少得多，而純產品多得多。」④

魁奈在分析大規模土地經營時說：農業勞動生產率提高的結果，應當歸「純收入」，因而首先落入土地所有者手中。但值得注意的是，他在這裡的分析實際已經表明，「剩餘價值的相對增加不是由土地產生的，而是由提高勞動生產率的社會措施和其他措施產生的」。（第一分冊第41頁）因為他說，可以利用機器、動物和水力等進行勞動，它的任何有利的節約，都造福於居民。（第一分冊第41頁）在這裡，魁奈的分析實際上已把「純產品」由「自然的賜予」，歸結為農業投資的收益，因為它取決於農業投資的多少和生產集約化的程度。

---

① 參見杜爾哥：《關於財富的形成和分配的考察》，第28~34頁。
② 參見杜爾哥：《關於財富的形成和分配的考察》，第28~34頁。
③ 參見《魁奈經濟著作選集》中的《穀物論》，第68頁。
④ 參見《魁奈經濟著作選集》，第336頁。

[（7）重農學派政治觀點中的矛盾。重農學派和法國革命]

重農學派理論體系的矛盾，也貫穿在他們的政治觀點之中。

重農學派的代表人物，在政治上大多是封建專制制度的擁護者，但他們的政治經濟綱領和實踐活動，都完全代表著資產階級的利益。重農學派的創始人魁奈不但是宮廷御醫，而且被封為貴族。在政治上，他主張專制制度，認為政權應是統一的，在政體上保持各種對抗力量的制度是有害的。重農主義的另一個代表人物邁爾西埃·德·里維埃爾更公然宣稱，人注定要在社會內生活，單單這一點就決定他要在專制制度統治下生活。政治上贊成封建專制主義制度，這是這一學派的一層政治外衣。

但是，重農學派提出的經濟綱領和他們的實踐活動，又把專制主義的權威化為烏有，實際上等於是對它的否定。

首先，重農學派反對國家對經濟生活的任何干涉，提出了經濟「自由放任」的政策。這個口號等於取消了國家對經濟生活的直接干涉作用，從而促進了資本主義的發展。

其次，重農學派表面上推崇和頌揚土地所有權，但實踐中又主張把一切賦稅全部轉到地租上，這等於部分地沒收了土地所有權，並且還包含了國家沒收地產的可能性。所以，重農學派的賦稅政策，實際上是削弱了專制主義的經濟基礎。杜爾哥在擔任財政大臣時期，頒布了1776年的二月敕令，宣布廢除行會，同時他還取消了農民的築路義務，並且還試圖實行單一的地租稅，等等。這一切措施，都動搖了封建制度的基礎。

最後，重農學派與法國百科全書派齊心協力地工作，為法國資產階級大革命做了思想準備。

所有這一切都表明，擁護封建專制主義只是這個學派的外觀，反對封建主義，發展資本主義，為資產階級革命開路，才是這一派學說的實質。

對重農主義體系本身的考察至此告一段落，下面兩節所談的只是重農主義的餘音和反響。

[（8）普魯士反動分子施馬爾茨把重農主義學說庸俗化]

本節通過對施馬爾茨的分析，說明一個封建反動分子，如何把重農主義學

說庸俗化，利用它為封建統治服務。

泰奧多爾·安·亨·施馬爾茨（1760—1831），是普魯士王國的樞密顧問官，法學家和經濟學家，重農學派的追隨者和庸俗化者，也是極端反動分子。1818年施馬爾茨的《政治經濟學》在柏林出版。施馬爾茨在他的這部兩卷集的著作中，對重農學派的理論進行了論述和歪曲，使之符合封建統治階級的利益，從而把重農主義學說庸俗化了。

在重農學派的體系中，存在著封建的外觀和資產階級實質的矛盾。但是，這一學說的科學內核，在於他的資產階級實質，在於它的反封建性質，重農學派把作為「純產品」的地租，事實上歸結為剩餘價值，這就為科學解剖資本主義生產奠定了基礎，儘管在形式上，他們又把「純產品」說成是「自然的賜予」。施馬爾茨根本不懂重農學派學說的實質，他只抓住了一個封建主義的外觀，並把它加以引申發揮，使之適合於封建統治階級的利益。

例如他說：「既然自然付給他（土地所有者）**比合法貨幣利息多一倍的利息**，那麼，根據什麼明顯的理由可以剝奪他的這種收入呢？」（轉引自第一分冊第43~44頁，註：引文也是中央編譯局編譯，人民出版社1972—1974年出版的《馬克思恩格斯全集》第26卷版本，不是陳述，是引述，故標為「轉引自」，全書同）

重農學派把農業說成唯一提供「純產品」的領域，是為了把賦稅全部加到地租上面；施馬爾茨把「純產品」說成自然的賜予，是為了保護土地所有者的「合法收入」。從同一學說中，竟得出截然相反的結論，這一點充分說明施馬爾茨的立場與重農學派創始人是多麼不同。

在其他問題上，施馬爾茨不過是重複重農學派的觀點。在重農學派已形成半個世紀以後，這是不足稱道的。因此馬克思說施馬爾茨是重農學派的最幼稚的代表之一，他和杜爾哥不知相差多遠。

[（9）對重農學派在農業問題上的偏見的最初批判（維里）]

彼德羅·維里（1728—1797），義大利啓蒙主義者、哲學家、經濟學家和法學家，他與法國啓蒙運動者有聯繫，還是米蘭啓蒙主義者的組織「拳頭俱樂部」的成員。在政府任職期間，於18世紀60~80年代曾在倫巴底促進了反

封建的稅制和財政改革。他的主要著作有《政治經濟學研究》《穀物貿易法》等書。在他的經濟觀點中，既有重商主義因素，也有重農主義因素，同時又有對重農主義者的某些觀點的批評。他爭取國內貿易和穀物出口的自由，但同時又是溫和的保護主義政策的擁護者。他是重農學派在農業問題上的偏見的最早批評者之一。

　　根據馬克思引證的材料，維里對重農學派的偏見的批評，主要可以歸納為兩個方面。首先，重農學派把價值歸結為使用價值，又把使用價值歸結為物質，認為物質數量的增加，只有在農業中才發生，因而只有農業才是生產的。針對這一點，維里認為，就物質的創造而言，不論是在農業中還是在工業中，都沒有「新創造」，而只有物質的形態變化。土地、空氣和水在田地裡變成穀物是如此，昆蟲的分泌物經過人手變為絲綢或金屬片被裝配成鐘表，也是如此。所以，價值和財富的再生產無論是在工業中還是在農業中都是一樣的。其次，他批評重農學派把工業看成不生產的觀點。從價值量的增加上，論證了工業同樣是生產的。他看到了土地耕作者非常貧窮，而工業勞動者卻日益富裕，於是從中得出結論說：這證明，工業家從他出售的產品的價格中不僅得到了消費的補償，而且在這個補償之外還多得一部分，這一部分就是一年內新創造的價值量。新創造的價值就是農產品或工業品的價格中超過加工的物質的價值的餘額。

　　維里最早對重農學派的偏見提出了懷疑和批評，他的意見豐富了政治經濟學的研究。

　　重農主義在施瑪爾茨手中遭到庸俗化，在維里手中受到批評，說明這種理論的偏見和狹隘性已經日益暴露出來，它必然要被新的更成熟的理論所代替。

[第三章] 亞當·斯密

本章分析的對象,是英國「先進資產階級的偉大思想家」[1]、英國資產階級古典政治經濟學的最著名代表者之一亞當·斯密的經濟學理論。

亞當·斯密(1723—1790)是英國古典政治經濟學理論體系的創立者。馬克思指出:「在亞當·斯密那裡,政治經濟學已發展為某種整體,它所包括的範圍在一定程度上已經形成。」(第二分冊第181頁)這個理論體系,是18世紀中葉英國社會政治和經濟發展的一種反應。當時的英國資本主義已有很大發展,工場手工業在工業中已成為社會生產的主要形式。圈地運動的進行也已使農業轉向資本主義經營,並為資本主義工業的發展提供了廉價的勞動力。對外貿易尤其是對殖民地的掠奪為英國資本主義發展創造了廣闊的海外市場,累積了巨額資本。英國處於產業革命的前夕。斯密的經濟理論正是對英國資本主義工場手工業時代經濟現狀發展的概括。當時英國國內的主要矛盾還是資產階級和封建勢力的矛盾,工人階級與資產階級的鬥爭尚處於潛伏狀態,英國資產階級還處在反對封建勢力以發展資本主義的社會生產力的歷史地位,這決定了斯密理論體系能夠在一定程度上揭示資本主義社會經濟發展的內在規律性。

斯密以前約一個世紀中,英國資產階級經濟思想已有了一定發展,從威廉·配第,中間經諾思、洛克、馬西等人到斯密著述的年代,人們已對價值論、利潤與利息等問題發表了許多有價值的見解,斯密吸收並發展了前人的研究成果。1759年《道德情操論》的問世使斯密躋身於第一流學者之列。1776年出版的他的劃時代名著《國民財富的性質和原因的研究》奠定了斯密在政治經濟學以及人類思想發展史上的地位。

---

[1] 列寧. 我們究竟拒絕什麼遺產?[M]//列寧全集:第2卷. 北京:人民出版社,1984:445.

斯密的理論貢獻是巨大而多方面的。他系統地論述了勞動價值論，他在一定程度上研究了剩餘價值，斯密在這方面的歷史功績首先在於，他第一個把利潤看作資本主義社會三個基本收入之一，從而確認了利潤這一獨立範疇。儘管斯密沒有抽象出剩餘價值這一更普遍的範疇，而是把地租和利潤視為對勞動產品的兩個「並列」的扣除，但正如馬克思所說，從斯密開始的後來的政治經濟學家「正確地把**工業利潤**看成剩餘價值**最初**為資本佔有的形式，從而看成剩餘價值的最初的一般**形式**」。（第一分冊第 21 頁）斯密還提出了同資本累積和再生產密切相關的生產勞動和非生產勞動的區分問題等。馬克思在這一章，詳盡地分析了斯密關於價值，特別是關於剩餘價值的見解，本書第四章則專門評析斯密關於生產勞動的學說以及資產階級經濟學在這一學說上的庸俗化過程。

在每一個重要的理論問題上，馬克思都充分而詳盡地評述和肯定了斯密的貢獻。這些貢獻因與前人或同時代的其他經濟學家的思想相比較而愈發顯得寶貴和重要。與此同時，馬克思也反覆指出了斯密理論體系中所存在的矛盾。

的確，斯密對幾乎所有的重要經濟範疇都沒有始終一貫的見解，在正確的或包含有科學因素的見解之外，往往還有錯誤的或庸俗的觀點。他的價值論是二重的，利潤論也是二重的，地租論至少有四種，在下一章還會指出他的生產勞動與非生產勞動的區分也是二重的。

馬克思揭露了斯密理論體系的矛盾的種種表現，估計了不同的理論在斯密體系中實際所起的作用，同時又指出了產生這些矛盾的根源：歷史條件的局限以及方法論上的缺陷，後一方面在本書第二冊有集中的說明。

馬克思在批判地分析斯密理論的過程中，不斷地闡述和發揮了自己的理論觀點。這些論述表明，馬克思後來在《資本論》中系統闡述的價值論、剩餘價值論以及再生產和累積理論的許多基本觀點，在這時候已經形成了。因此，這一章清楚地顯示出馬克思對亞當·斯密理論遺產的批判和繼承，在創立無產階級政治經濟學進程中的極為重要的作用。

本章第一節分析斯密的價值論，第二節到第七節是對斯密有關剩餘價值觀點的分析，第八節到第十節是對「斯密教條」的批判，最後第十一節除了指出斯密在價值尺度問題上的混亂以外，尤其指出了斯密的矛盾的一般性質。

[（1）斯密著作中兩種不同的價值規定：價值決定於商品中包含的已耗費的勞動量；價值決定於用這個商品可以買到的活勞動量]

一、對斯密的兩種價值規定及其矛盾的一般評論

還在 1859 年出版的《政治經濟學批判》中，馬克思就曾指出了斯密在價值規定上的混淆。馬克思認為，斯密經常把商品價值決定於包含在商品中的勞動時間，同商品價值決定於勞動的價值混為一談。① 在《剩餘價值理論》中，馬克思進一步發揮了這個論點。他指出：斯密經常在兩種不同的價值規定之間搖擺不定，一方面認為商品價值決定於生產商品所必要的勞動量，另一方面又認為商品價值決定於商品可以買到的活勞動量。「在第二種規定中，斯密把勞動的**交換價值**，實際上就是把**工資**當作商品的價值尺度。」（第一分冊第 47~48 頁）因為，勞動（實際上是勞動力）是用工資來交換的。工資就是「勞動的價值」。所以，把購買的勞動當作商品的價值尺度，實際上就是把「勞動的價值」當作價值的尺度。但是，「勞動的價值」（勞動力的價值）也是經常變化的，它和其他商品的價值沒有什麼特殊的區別。這裡，斯密是用價值說明價值，把價值本身當成了價值的標準和價值存在的理由，成了循環論證。

關於馬克思如何從斯密的著作中，推論出他把購買的勞動當作價值的決定原因，稍後剖析斯密本人的有關論述時再講。一般說來，這種看法，始自李嘉圖。李嘉圖批評斯密時就說過，商品的價值取決於生產商品所必需的勞動量，而不取決於付給這一勞動的報酬多少；但斯密把二者混淆起來，一方面認為商品價值與它們所耗費的勞動量成比例，一方面又認為商品價值與它們所能交換到的這種標準尺度的量成比例。可見，這種看法，是由來已久的。

但是，斯密在價值規定上的混淆，並不妨礙他對剩餘價值的性質和起源的探討，因為在探討這個問題時，首先，斯密幾乎總是不自覺地堅持了他的正確的價值規定的觀點。

其次，斯密上述觀點的矛盾以及他從一種說法到另一種說法的轉變，也是有更深刻的基礎的。李嘉圖發現了斯密的矛盾，但沒有覺察到這個矛盾的基礎，因而也沒有正確地評價和解決這個矛盾。這個基礎，就是商品生產的歷史條件的變化。李嘉圖的歷史感不如斯密，他沒有發現這個變化。

---

① 馬克思恩格斯全集：第 13 卷 [M]．北京：人民出版社，1972：49．

在簡單商品生產的條件下，商品生產者自己佔有和出賣自己的勞動產品，他的勞動物化在屬於他自己的產品中，所以，「勞動的價值」就等於勞動產品的價值。一定量活勞動物化在商品中，這個商品又同包含著等量物化勞動的商品相交換。所以商品是一定量活勞動與等量的物化勞動相交換。在這種前提下，「勞動的價值」就同商品中包含的勞動量一樣，都可以看作是商品價值的尺度。這是因為，一定量活勞動總是支配著同量的物化勞動。

但是，一旦簡單商品生產轉變為資本主義生產，情況就完全不同了。這時，勞動的產品和勞動產品的價值已不再屬於工人，工人只有通過出賣自己的勞動能力，才能換回一部分自己勞動的產品。所以，在這種情況下，一定量活勞動支配的已不再是等量的物化勞動，換句話說，一定量物化勞動支配的已經是一個更大的活勞動。

斯密從商品交換的觀點出發認為，在資本和雇傭勞動的交換中，在物化勞動和活勞動的交換中，價值規律失效了。商品已不再按照它們所包含的勞動量來交換，勞動時間已不再是調節商品價值的內在尺度了，商品價值寧可說是由工資、利潤和地租的總和來調節。這個結論當然是錯誤的。實際上這個變化只意味著，「勞動的量」和「勞動的價值」這兩個用語已不再等同了。商品的價值雖然仍由商品中包含的勞動時間調節，但已經不再由「勞動的價值」調節了。

通過這種錯誤的表達方式表明：一方面，斯密認為價值規律不適用於雇傭勞動與資本之間的交換，這種交換顯然是建立在同這一規律完全對立和矛盾的原則上的。只要假定工人出賣的是勞動，而不是勞動力，這個矛盾就無法解釋。斯密不懂勞動與勞動力的區別，所以他在這個矛盾面前束手無策。

但另一方面，斯密竟不瞭解，他的疑問同調節商品交換的規律並沒有什麼關係。他談論的只是價值的分配，價值的分配與價值的決定無關，商品的價值分歸不同的所有者，並不改變這個價值本身的量。兩個商品按照它們所包含的勞動時間的比例進行交換，這並不因商品價值在不同所有者之間的分配比例的變化而受到破壞。

那麼，斯密的疑惑是從何產生的呢？他為什麼因看到商品價值分配的變化就否定了價值規律的調節作用呢？

這是因為，在資本家和工人之間進行的產品價值的「分配」，是以商品交換（商品與勞動能力之間的交換）的方式進行的。這種交換的形式，掩蓋了

這種分配的實際內容，從而引起了斯密的迷惑，以致使他得出在雇傭勞動與資本的交換中，價值規律已經失效的錯誤結論。這個錯誤，對他在許多問題的分析上都有重大影響，使他在論述價格理論、競爭對利潤率的影響等問題上亂了思路。使他的著作在總體方面失去了內在統一性。但這並沒有影響他對剩餘價值的一般分析，因為在這種分析中他總是堅持了他的價值規定的正確觀點。這一點，下面我們還可以看到。

在對斯密關於兩種價值規定的混淆及由此產生的矛盾作了這些概括分析之後，馬克思進一步通過剖析斯密的著作，更具體地闡明了這些觀點。

二、剖析斯密著作中兩種價值規定的混淆

斯密在他的代表作《國民財富的性質和原因的研究》中，提出為闡明支配商品交換價值的法則，必須說明以下三點：

1. 什麼是商品交換價值的真實尺度，是什麼構成了商品的真實價格？
2. 構成真實價格的各部分是什麼？
3. 使商品的市場價格與其自然價格不一致的原因是什麼？①

在該書第五章中，斯密首先探討了第一個問題。他說，一個人是貧還是富，就要看他佔有的生活必需品、舒適品和娛樂品的多少。但是，自從社會分工確定之後，各人所需的物品，就只有極少部分依賴於自己的勞動，最大部分卻需依賴於他人的勞動。所以，他是貧還是富，就要看他能夠支配或購買的勞動量有多大。因此，任何一個商品，對於佔有這個商品但不打算自己使用或消費，而打算用它交換其他商品的人來說，它的價值就等於這個商品能夠買到或支配的勞動量。因此，勞動是衡量一切商品交換價值的真實尺度。

接著，他說：任何一個物品的真實價格，即為獲得這一物品實際付出的代價，乃是獲得它的辛苦和麻煩。② 辛苦和麻煩，實際上是指勞動，所以，在這裡是說，商品的真實價格即價值，決定於生產這一商品時所付出的勞動量。

由此可見，照斯密看來，購買的勞動是衡量商品交換價值的真實尺度，而生產商品時所付出的勞動量，則是決定商品價值大小的原因。可見，斯密試圖區分購買的勞動與耗費的勞動，賦予它們以不同的作用。那麼，為什麼馬克思又說斯密混淆了二者，在兩種交換價值規定之間搖擺不定呢？原因可能在於，

---

① 參見亞當·斯密：《國民財富的性質和原因的研究》上卷，第25頁。
② 參見亞當·斯密：《國民財富的性質和原因的研究》上卷，第26頁。

根據馬克思的觀點，把勞動直接看成價值的外在尺度是不合理的。因為照馬克思看來，價值的特徵就在於，它是一種物化了的人與人的關係，或者說，是一種掩蓋在物的外殼下的社會關係。它不能作為勞動來直接表現，而只能通過交換，由另一商品或貨幣來表現。因此，勞動不能以自身來直接表現價值，不能直接充當價值表現的外在尺度，勞動只是價值的實體或內在尺度，一個商品的價值大小，就以它包含的這種實體或內在尺度的多少為轉移。這樣說來，按照馬克思的觀點，勞動作為價值的決定因素和勞動作為價值的內在尺度，其含義是相同的。因此，當斯密把購買的勞動當作價值的衡量尺度時，馬克思就說他混淆了耗費的勞動與購買的勞動，把二者都當作價值的決定原因或衡量標準來說明了。

接著，斯密又說：商品包含一定勞動量的價值，我們就用這一定量的勞動同其他當時被認為有同量勞動價值的物品去交換。

然後，他又說，財富直接提供給他的權力，無非是購買的權力，是對當時市場上各種勞動或各種勞動產品的支配權力。所以，他的財產的大小，與他所能購買或支配的他人勞動量或他人勞動產品的數量成比例（第一分冊52～53頁）。①

由此可見，在以上的敘述中，斯密到處都把勞動量和勞動的價值、勞動和勞動的產品混淆起來了。所以，當馬克思說，斯密的第二個價值規定，就是把勞動的價值當作價值的決定原因時，看來是有足夠根據的。

現在，我們再進一步考察斯密的命題。斯密認為，自從分工確立以後，一個人財富的大小，取決於他能購買和支配的勞動量，一個商品價值的大小，由它所能購買和支配的勞動量來衡量。這個變化只是說明，在分工確立之後，財富已經不由本人的勞動產品構成，而由這個產品所支配的別人的勞動量構成，即由它能買到並由它本身包含的勞動量決定的那個社會勞動量構成。其實，這只表明了交換價值的概念：我的勞動只有作為社會勞動才決定我的財富，因而交換價值只是由商品內包含的社會勞動量決定的。所以，問題只在於分工引起的社會勞動的等同性，而絕不在於物化勞動和活勞動之間的差別，不在於購買的活勞動能取代物化勞動成為價值的標準和尺度。「事實上，亞當·斯密在這裡談的僅僅是，商品的價值決定於它們所包含的勞動時間，商品所有者的財富由他所支配的社會勞動量構成。」（第一分冊第53～54頁）斯密關於價值的第

---

① 參見亞當·斯密：《國民財富的性質和原因的研究》上卷，第26、27頁。

二個規定，照馬克思看來，實際上不過是對價值概念的一種不成功的表達方式。

然而，把勞動與勞動產品等同起來，的確就已經為混淆兩種不同的價值規定——商品價值決定於它包含的勞動量，商品價值決定於它可以買到的活勞動量，即商品的價值決定於勞動的價值——提供了最初的依據。因為，勞動是指活勞動，勞動產品則是物化了的勞動。既然把勞動與勞動產品混為一談，也就是把活勞動與物化勞動混為一談。這樣一來，就把商品價值決定於耗費在商品中的物化勞動，與商品價值決定於商品可以買到的活勞動即勞動的價值，混為一談了。

勞動與「勞動的價值」的混淆，在第五章中已經表現得很明顯。例如，他講本身的量不斷變動的尺度，絕不是測量他物數量的正確標準。同樣，本身價值不斷變動的金銀，也不是測量商品價值的正確尺度。所以，只有本身價值決不變動的勞動，才是隨時隨地都可用來測量各種商品價值的最後的和真實的尺度。（第一分冊第 54 頁）①

「在這裡，把適用於勞動本身，因而也適用於勞動尺度即勞動時間的話——無論勞動價值如何變化，商品價值總是同物化在商品中的勞動時間成比例——硬用於這個變化不定的勞動價值本身。」（第一分冊第 54 頁）其實，只有把勞動的價值換成勞動時間，上面的論述才是正確的，即只有勞動時間本身，才是隨時隨地均可用來測量各種商品價值的最後的真實的尺度。無論價值怎樣變化，它總是同物化的勞動時間成比例。

以上我們對斯密的評述，還只涉及一般商品交換。此時，商品所能支配的勞動量，等於它們自身包含的勞動量。當斯密在下面幾章中談到資本與工人之間的交換，即物化勞動同活勞動之間的交換時，他就認為，商品的價值不再取決於它本身包含的勞動量，而是取決於商品所能支配和購買到的一個更大的別人的活勞動量。其實，被他所曲解了的資本主義生產的現實不過是：發財致富，資本價值的增值以及這種增值的程度，取決於物化勞動所推動的活勞動量的大小，而絕不在於此時商品已不再按照本身包含的勞動時間進行交換。但對此，斯密並沒有弄清楚。他從自己看到但並沒有弄清的事實中竟得出了商品價值已不再決定於它包含的勞動時間的錯誤結論。

---

① 參見亞當·斯密：《國民財富的性質和原因的研究》上卷，第 28~29 頁。

[（2）斯密對剩餘價值的一般見解。把利潤、地租和利息看成工人產品的扣除部分]

斯密在第六章中，探討真實價格的組成部分，從簡單的商品交換，轉到了勞動條件所有者和單純勞動能力所有者之間的交換，即轉到資本與雇傭勞動之間的交換。

在涉及簡單商品經濟時，他說：在資本累積和土地私有制確立以前的原始不發達社會，為獲取各種物品所必需的勞動量之間的比例。看來是各種物品互相交換的唯一標準。（第一分冊第 55 頁）① 這就是說，生產各種商品所必需的勞動時間，決定它們相互交換的比例，即決定著它們的交換價值。

他繼續說，在這種狀況下，勞動產品全部屬於勞動者自己，所以，為取得和生產某一商品所耗費的勞動量，通常是決定這個商品可以買到或支配的那個勞動量的唯一條件。（第一分冊第 55 頁）② 在這種情況下，勞動者是單純的商品出賣者，他擁有的只是自己的商品。因此，他只有在用自己的商品購買別人的商品時，才能支配別人的勞動。所以，他的商品所支配的別人勞動量，只等於他的商品中包含的勞動量。

但是，斯密繼續說：一旦資本在個別人手中累積起來，某些人就會利用它使工人去勞動，為他提供材料和生活資料，以便從他們的產品的出售中，或者說，從他們的勞動加到材料上去的價值中，取得利潤。這時，工人對材料增加的價值，便分成兩部分：一部分是支付工人的工資，另一部分是企業主的利潤，作為他預付資本總額的報酬。（第一分冊第 56 頁）③

由以上引述可見，在斯密看來，利潤不是商品高於價值出賣的結果。因此，它不是讓渡利潤，恰恰相反，工人由自己的勞動加到材料上去的價值分成兩部分：一部分是支付工人的工資，另一部分形成資本家的利潤。因此，如果資本家按照商品的價值即按照商品中包含的勞動量來出賣商品，或者說，如果這一商品同其他商品都按照價值規律進行交換，那麼，資本家的利潤就會因他對商品中包含的一部分勞動沒有支付代價卻拿去出賣而產生。斯密對利潤的來源的這種論述是正確的，它有力地駁斥了重商主義者的讓渡利潤的學說。但是，斯密卻沒有意識到，這樣一來他也就駁倒了自己的這種想法，即當工人不

---

① 參見亞當·斯密：《國民財富的性質和原因的研究》上卷，第 42 頁。
② 參見亞當·斯密：《國民財富的性質和原因的研究》上卷，第 42 頁。
③ 參見亞當·斯密：《國民財富的性質和原因的研究》上卷，第 43 頁。

得不與資本所有者分享產品價值的時候，商品交換價值決定於它包含的勞動時間這一規律就失效了。既然商品按其價值出賣仍會產生利潤，怎麼能說價值規律失效呢？何況斯密自己就沒有從支付代價的勞動中引申出利潤，後來，他更從超出用來支付工資的餘額的勞動中引申出利潤，不僅如此，在這裡，他規定得很明確，利潤不是從總預付資本中產生的，而僅僅是從勞動新加到材料上去的價值中產生的。所以，他把利潤僅僅同我們所說的可變資本聯繫起來，從這一點看，「斯密認識到了剩餘價值的真正起源。」（第一分冊第58頁）

「剩餘價值所以產生，是由於商品按它們的價值交換，按它們包含的勞動時間交換，但是這個勞動時間中有一部分是沒有支付過代價的。這裡的前提是：資本家不是用等量的過去勞動交換等量的活勞動，他佔有的活勞動量大於它支付過代價的活勞動量。」（第一分冊第58頁）所以，這裡要區分兩種交換：當成品同貨幣按它們的價值進行交換時，利潤之所以產生，是因為成品同活勞動的交換服從另外的規律，這裡不是等價物的交換，這兩種情況不能混為一談。這個問題只有區分了勞動與勞動力時才能解決。

「可見，利潤不是別的，正是工人加到勞動材料上的價值中的扣除部分。」（第一分冊第58~59頁）在這裡，斯密正是把利潤直接當作勞動的扣除，即剩餘勞動。

斯密在把利潤直接歸結為剩餘勞動之後，緊接著就批駁了把利潤看成監督和管理勞動的工資的說法。他認為，這種利潤的量，並不與所謂管理勞動的量成比例。他把自己關於利潤起源的觀點，直接和這種觀點對立起來了。

在闡明了利潤的起源之後，在進一步論述中，斯密又暴露了他的錯誤的價值觀點。他說。在這種情況下，勞動的全部產品，並不都屬於勞動者，大都需與雇用他的資本所有者共分。在這種情況下，通常為生產某一商品所耗費的勞動量，就不再是決定該商品所能買到或支配的勞動量的唯一條件。顯然，這裡還應加上另一個因素，即資本的利潤。（第一分冊第59頁）①

如果說商品即物化勞動所能買到的，除了它本身所包含的勞動量之外，還有一個活勞動的追加量，作為資本的利潤，對資本主義來說，這當然是正確的。這不過意味著，物化勞動無償地佔有一部分活勞動。斯密的長處，在於他指出了這一點。但是，他的短處就在於，似乎物化勞動與活勞動的交換所引起的這種新關係，就使商品的價值規定發生了變化。

---

① 參見亞當‧斯密：《國民財富的性質和原因的研究》上卷，第44頁。

斯密在把剩餘價值的一種形式——利潤，表述為勞動超過工資之上的餘額之後，對剩餘價值的另一種形式——地租，也作了同樣表述。

他說：一旦土地成為私有財產，地主也會不勞而獲，甚至對土地的自然成果也要求地租。所以，勞動者就必須把他生產或採集的產品的一部分交給地主，這一部分或這一部分的價格，便形成地租。（第一分冊第 60 頁）①

因此，照斯密看來，地租也是工人的勞動加到材料上去的價值的一部分，也是勞動超過工資之上的餘額，因之也是剩餘勞動。總之，地租也被直接歸結為剩餘勞動的一部分。

「可見，亞當・斯密把**剩餘價值**，即剩餘勞動……理解為一般範疇，而本來意義上的利潤和地租只是這一般範疇的分支。然而，他並沒有把剩餘價值本身作為一個專門範疇同它在利潤和地租中所具有的特殊形式區別開來。斯密尤其是李嘉圖在研究中的許多錯誤和缺點，都是由此而產生的。」（第一分冊第 60~61 頁）斯密把利潤和地租都直接看作勞動的扣除，這表明他把剩餘價值看作一般範疇。但剩餘價值的這兩個特殊部分，並不直接表現為利潤和地租，而是各自通過不同的特殊規律，才轉化為這兩種具體形式的。斯密對這種轉化毫無分析，便把它們直接等同起來，這當然就造成了許多矛盾。這種矛盾到李嘉圖手裡，由於他更加一貫地堅持勞動決定價值的原理而更加突出了。

剩餘價值的另一種形式是資本利息。斯密把它歸結為一種派生收入，認為它或是從利潤中支付，或是從他種收入源泉中支付。（第一分冊第 61 頁）②

如果利息從利潤中支付，它就是利潤的派生形式，是它的一個分支，因而只不過是以利潤形式佔有的剩餘價值的進一步分配。如果利息從地租中支配，情況也與此略同。最後，利息如果從自己的資本或別人的資本中支付，那就不過是已有財富的另一次分配。除了最後這種情況，利息只是剩餘價值的派生形式，只是利潤或地租的一部分，因而利息也無非表現為剩餘勞動的一部分。

除了上述情況，如果利息從工資中支付，那麼在平均工資已定的情況下，它就是工資的扣除了，這應該看成是剩餘價值的一種特殊情況，因為它是侵占了正常工資的結果。

最後，斯密說，一切以稅收為基礎的收入，如薪俸、津貼和各種年金等，歸根到底都是從這三種原始收入的源泉中得來的。

---

① 參見亞當・斯密：《國民財富的性質和原因的研究》上卷，第 44 頁。
② 參見亞當・斯密：《國民財富的性質和原因的研究》上卷，第 47 頁。

所以，稅收以及由此而來的各種收入，只要不是工資的扣除部分，那就只是利潤和地租的分成，而利潤和地租，又歸結為剩餘價值，即剩餘勞動。

「這就是亞當・斯密的一般剩餘價值理論。」（第一分冊第 63 頁）即無論利潤、地租或利息，以及以之為來源的各種收入，都歸結為剩餘勞動。

在第八章中，斯密又一次把自己的整個見解加以總結，把地租歸結為勞動產品的第一個扣除，把利潤歸結為勞動產品的第二個扣除。在這樣做的時候，他甚至不打算哪怕是稍微證明一下：工人加到產品上去的價值，由於不是為工人全部佔有，而是被迫同資本家和地主所共分，商品的價值就不再由它包含的勞動時間決定了。已形成的價值如何在各個所有者之間分配？這個價值是由什麼形成的？這本來是兩個不同層次的問題。商品價值以什麼方式在生產當事人之間分配，這絲毫不會改變這個價值的性質和大小。斯密由於沒有弄清這兩個問題的關係，而誤認為價值的分配就改變了價值決定於勞動時間的原理。

[（3） 斯密把剩餘價值的概念推廣到社會勞動的一切領域]

從斯密的著作中我們看到，在對剩餘價值的分析上，斯密比重農學派大大前進了一步。在重農學派的著作中，創造剩餘價值的僅僅是一種特殊形式的具體勞動——農業勞動。因此，他們考察的只是勞動的特殊有用性質，而不是勞動時間，不是作為價值的唯一源泉的一般社會勞動，而在考察這種勞動的成果時，剩餘價值實際上又被歸結為自然即土地的創造，剩餘價值被理解為生產出來的物質超過消費了的物質的餘額。因此，他們還是從十分狹隘的形式上考察問題的。

斯密擺脫了這種自然主義的局限性和狹隘性，而大大前進了一步。他認為，剩餘價值的扣除不僅農業生產物如此，一切其他勞動的生產物亦莫不如是。[1] 因此他在考察剩餘價值的形成時，擺脫了勞動的一切具體形式。

所以，在亞當・斯密的著作中「創造價值的，是一般社會勞動（不管它表現為那一種使用價值），僅僅是必要勞動的量。剩餘價值，無論它是表現為利潤、地租的形式，還是表現為派生的利息形式，都不過是勞動的物質條件的所有者在同活勞動交換過程中佔有的這種必要勞動的一部分。因此，在重農學

---

[1] 參見亞當・斯密：《國民財富的性質和原因的研究》上卷，第 59 頁。

派看來，剩餘價值只表現為地租形式，而在亞當·斯密看來，地租、利潤和利息都不過是剩餘價值的不同形式。」（第一分冊第64頁）

[（4）斯密不懂得價值規律在資本同雇傭勞動的交換中的特殊作用]

在剖析過斯密的價值規定和關於剩餘價值的起源問題的學說之後，馬克思進而評述他關於價值規律在雇傭勞動與資本的交換中所遇到的矛盾。

工人與資本家之間的交換是：勞動力—貨幣—商品，用公式表示就是：A—G—W。工人出賣勞動力所得到的工資，不是直接形式的商品，而是貨幣。工人得到這個貨幣之後，就不是以工人的資格，而是以普通購買人的資格，以貨幣所有者的資格同資本家的商品相對立。在這裡只完成 G—W 即購買行為。這個過程，只是一般的購買過程，並不包含價值量的變化。但是，從過程的前半段來看，工人在出賣勞動力（A）之後，就進入了生產過程。他通過自己的勞動，不但在勞動產品中加進了自己的勞動力的等價物，而且還加進了剩餘價值。所以，實際上，工人提供的價值，高於他所得到的工資中所包含的價值；因而，他是以較多的活勞動與包含在工資中的較少的物化勞動相交換。所以可以說，工人購買的由他的工資轉化成的那一部分商品，間接地是用了比這些商品中包含的勞動量更大的勞動量。相反，資本家用來購買勞動的貨幣中包含的勞動時間，則比工人用來生產商品所用的勞動時間要少。

「但是，因為資本家用來購買勞動（從結果來看，實際上是購買勞動，雖然這裡也是通過同勞動能力的交換作為仲介，而不是直接同勞動交換）的貨幣，無非是**其他一切商品**的轉化形式，是其他一切商品作為交換價值的獨立存在，所以也可以說，一切商品在同活勞動相交換時買到的勞動多於這些商品本身所包含的勞動。這個追加量也就構成了剩餘價值。」（第一分冊第66頁）這就是與一般商品交換不同的雇傭勞動與資本交換的特殊性。這是一個客觀存在的事實。

這個矛盾就是導致古典政治經濟學破產的兩塊主要絆腳石之一，雖然他在李嘉圖的著作中表現得最為突出，但它在斯密的著作中就已經出現了。

斯密的巨大功績在於，他在從一般商品交換轉到雇傭勞動與資本的交換，再轉到活勞動與物化勞動的交換，從而轉到關於剩餘價值起源的那幾章中，就

覺察到了這個矛盾。因為他不瞭解上述仲介環節，所以他感到，從結果上看，價值規律實際上是失效了。從工人方面來看，是較大量勞動同較小量勞動相交換，從資本家方面看，是較小量勞動同較大量勞動相交換。斯密的功績在於，他強調了這一點：隨著資本累積和土地所有權的產生，隨著勞動條件與勞動相分離，發生了一個變化，價值規律變成了它的對立面。如果說斯密的長處在於他感到並強調了這個矛盾，那麼，他的短處恰恰在於，這個矛盾甚至在他考察價值規律如何應用於一般商品交換時，也把他弄糊塗了。「他不懂得，這個矛盾之所以產生，是由於勞動能力本身成了商品，作為這種特殊的商品，它的使用價值本身（因而同它的交換價值毫無關係）是一種創造交換價值的能力。」（第一分冊第67頁）

通過以後的考察我們會逐漸知道，李嘉圖在這方面勝過斯密，這個似乎存在，而且從結果上看也確實存在的矛盾，並未把他弄糊塗。但他不如斯密之處恰恰又在於，他竟未感到這裡有問題，價值規律隨資本的出現而發生的特殊發展，絲毫沒有引起他的不安，更沒有促使他去研究。以後我們還會看到，馬爾薩斯怎樣利用斯密著作中的天才的東西，去攻擊李嘉圖的觀點。

正是上述矛盾，使斯密觀點產生了混亂，使他搖擺不定，沒有把握，它抽掉了他腳下的堅實基礎，使他對資本主義生產方式的抽象的一般基礎沒有一個連貫的理論見解。

在本節最後，馬克思還談到斯密這種觀點及其矛盾在霍吉斯金著作中的反應。霍吉斯金認為，自然價格是為生產某一商品自然所要求人們付出的勞動量，但在現代社會中，工人為獲得或佔有這一商品所必須付出的勞動則要多得多。這種看法，既反應了斯密著作中天才的東西，也反應了斯密的糊塗觀念。

[（5）斯密把剩餘價值同利潤混淆起來。斯密理論中的庸俗成分]

通過前面的分析我們看到，斯密實際上考察了一般剩餘價值，而把地租和利潤看作是剩餘價值的不同形式和組成部分。按照他的解釋，由生產資料構成的那部分資本，同剩餘價值的創造毫無關係，剩餘價值完全是從勞動新加入的價值超過工資以上的餘額中產生的，因而僅僅是從直接花費在工資上的那部分資本中產生的。因為只有這一部分資本，不僅再生產自己，而且還能生產一個

餘額。雖然斯密還沒有不變資本與可變資本的概念，但在這裡，他實際上只是把剩餘價值同可變資本聯繫起來了，從這個意義上看，他考察的是一般剩餘價值。相反，在利潤的形態上，剩餘價值是按照預付總資本計算的，而且除此之外，由於不同部門之間的競爭和利潤的平均化，還有進一步的形態變化。在後兩種情況下，剩餘價值就進一步轉化為利潤和平均利潤。既然斯密把地租和利潤直接看作勞動的扣除，並且把它們只同預付在勞動上的資本聯繫起來，所以他考察的是一般剩餘價值，而不是它的各種轉化形式。

「亞當‧斯密雖然實質上是考察剩餘價值，但是他沒有清楚地用一個不同於剩餘價值特殊形式的特定範疇來闡明剩餘價值，因此，後來他不通過任何仲介環節，直接就把剩餘價值同更發展的形式即利潤混淆起來了。」（第一分冊第 69 頁）這個錯誤，對整個古典政治經濟學說來，具有普遍性。由於這種混淆，就產生了一系列的矛盾、前後不一貫的說法和各種荒謬的東西。這種情況在李嘉圖那裡，由於他更加前後一貫地堅持勞動決定價值的基本規律而顯得更為突出。對於這一切，李嘉圖學派的門徒企圖用繁瑣的論證和玩弄詞句的辦法來加以解決，他們絞盡腦汁，企圖用簡單的形式抽象，直接從一般規律中得出不可否認的經濟現象，或使經濟現象去遷就一般規律。然而這都無助於矛盾的解決，反而動搖了李嘉圖的整個理論體系。關於這一點，在本書的中冊和下冊中，還將進一步闡述。

斯密對剩餘價值及其具體形式的混淆，不是發生在他把利潤和地租當作剩餘價值的特殊形式來論述的地方，而發生在他把它們當作剩餘價值一般形式來論述的地方。

例如他在第六章中說，因此，工人加到材料上去的價值，在這種情況下，就分為兩部分，一部分支付工人的工資，另一部分支付企業主的利潤，作為他預付的工資和材料的資本總額的報酬。如果他從產品的出賣中，除了補償資本之外，不能得到一個餘額，他就不會有雇傭這些工人的興趣，如果他的利潤量不與他預付的資本量保持一定比例，他就不會有興趣進行大投資而只進行小投資。（第一分冊第 69 頁）①

首先，斯密把剩餘價值，即他所說的利潤，看作是勞動新加到材料上的價值中超過工資以上的餘額，因而，這個餘額只是從預付在工資上的那部分資本中產生的。但是，他馬上又從利潤的形式上來考察這個餘額了，認為它是超出

---

① 參見亞當‧斯密：《國民財富的性質和原因的研究》上卷，第 43 頁。

預付總資本價值，即超出預付工資及原材料的總價值之上的餘額。因此，他又是從利潤形式上來考察剩餘價值。他把這兩種說法並提，就立即把剩餘價值同利潤混淆起來了。

其次，斯密認為，如果資本家的利潤不同他的預付資本量成比例，他就不會有興趣用較大的資本來代替較小的資本。在這裡，他認為利潤應該與預付總資本保持一定比例，這就又把剩餘價值同平均利潤混同起來了。

至於斯密用「興趣」來解釋問題，這就更不恰當了，決定資本家動機的，是剩餘價值生產的規律，而不是資本家的興趣。

斯密對範疇的這種混淆，造成了極大的矛盾。「亞當・斯密沒有感覺到，他這樣直接地把剩餘價值同利潤，又把利潤同剩餘價值混淆起來，也就推翻了剛才由他提出的剩餘價值起源的規律。」（第一分冊第 71 頁）

如果剩餘價值只是工人所加的、超出補償工資以上的餘額，那它為什麼又會隨著預付資本的增加而增加呢？況且，斯密自己緊接著就舉了一個例子，來駁斥所謂「監督管理勞動」的工資的觀點，上述矛盾就更加突出了。

他說，利潤與工資不同，完全受不同的原則支配，並且同這種所謂監督管理勞動的數量、強度和技巧不成比例，它完全取決於所使用的資本的價值，它的大小同這一資本的大小成比例。他舉例說，兩個工廠，所使用的工人數和預付在工資上的資本量相同，但一個工廠預付在材料上的資本比另一個廠多六倍，結果它的利潤也比另一個多六倍。而他們的管理和監督勞動卻幾乎是一樣的。（第一分冊第 71 頁）[1]

在這裡，他一下子就從一般形式的剩餘價值直接跳到一般利潤率問題上來了。既然兩個廠都使用了同樣的勞動並付出同樣的工資，那麼，為什麼僅僅因為它們預付在材料上的資本價值不同，一個廠的利潤就會比另一個廠多六倍呢？斯密用這個例子有力地駁斥了監督工資的謬論，但它卻同他的剩餘價值學說發生了衝突。「利潤同預付資本的量成比例的規律，乍一看來同剩餘價值僅僅表明工人的無酬剩餘勞動這個剩餘價值規律，或者說利潤規律（因為亞當・斯密直接把剩餘價值和利潤等同起來），是矛盾的。」（第一分冊第 72~73 頁）

這個矛盾，也就是導致古典政治經濟學破產的第二塊絆腳石。古典政治經濟學由於混同了剩餘價值和利潤，又混同了利潤和平均利潤，所以它就無論如何也不能在價值和剩餘價值規律的基礎上，來說明平均利潤和生產價格，從而

---

[1] 參見亞當・斯密：《國民財富的性質和原因的研究》上卷，第 43~44 頁。

在他們的理論體系中，留下了另一個重大的缺口。

斯密極其天真地、不加思索地說出了這一點，但沒有想到由此產生的矛盾，而李嘉圖也承襲了斯密的這種錯誤，不過這種矛盾在他那裡表現得更加突出罷了。

斯密既然不僅把剩餘價值歸結為利潤，而且歸結為地租，同一剩餘價值立即表現為兩種形式，所以僅僅這一點本來就應該使他意識到，「決不能不通過任何仲介環節，而把一般的抽象形式同它的任何一個特殊形式混淆起來」。（第一分冊第72頁）但是，不論是斯密，還是以後的任何資產階級經濟學家，都沒有闡明這種經濟關係的形式差別所必要的理論認識。

[(6) 斯密把利潤、地租和工資看成價值源泉的錯誤觀點]

在把利潤、地租和工資分別看作勞動所創造的價值分解成的三個部分之後，斯密在第六章中又回到了錯誤的價值規定，認為利潤、地租和工資，是價值的三個組成部分，或如他所說的，是價值的三個原始源泉。

馬克思對他的批判，是從羅德戴爾談起的。羅德戴爾是英國資產階級庸俗經濟學家，他用供求論反對勞動價值論，用「資本生產力」論，反對斯密對剩餘價值的正確見解，把利潤看作資本的產物。他認為：資本利潤的取得，是因為資本代替了人必須用自己的手去完成的勞動。

羅德戴爾抓住斯密觀點中的矛盾，反對斯密關於剩餘價值的科學見解。他指責斯密把利潤看作勞動產品的扣除的觀點同洛克早已提出的利潤是把作為一個人勞動報酬的東西，轉入另一個人的口袋的觀點一致。他認為，如果這種觀點是真正正確的話，就不應把利潤看作是價值的原始源泉，也不能把資本看成是財富的源泉。因為資本利潤不過是收入從工人的口袋轉到資本家的口袋而已。羅德戴爾反對斯密關於剩餘價值的正確見解，這當然是錯誤的，但他抓住了斯密的矛盾，認為按照斯密關於剩餘價值的觀點，利潤就不能同時又是價值的原始源泉，這卻是正確的。

針對羅德戴爾的觀點，馬克思作了進一步的引申和批判。他指出，從資本的價值只是再現到產品中去這一點來說，不能把資本看作是價值的源泉。資本只有作為一種關係，作為對雇傭勞動的強制力量，迫使它提供剩餘勞動，或促使勞動

生產力去創造相對剩餘價值這一點來說，才創造價值，從而才是價值的源泉。

所以，馬克思肯定了羅德戴爾的這個看法：斯密在探討了剩餘價值和價值的本質之後，又把資本和土地說成是價值的獨立源泉是錯誤的。

斯密把利潤、地租和工資看作價值的獨立源泉的觀點，為生產費用論提供了依據。

最後，馬克思進一步批判了斯密的這個錯誤論斷：工資、利潤和地租，是一切收入的三個原始源泉，也是一切交換價值的三個原始源泉。（第一分冊第74頁）

馬克思指出，說它們是一切收入的原始源泉是對的，說它們也是一切交換價值的原始源泉，就不對了，因為商品的價值是由商品中包含的勞動量決定的。利潤和地租，只不過是商品價值中，工資以外的扣除部分，它們不過是現有價值分解成的三個項目，是現有價值的分配。「但是價值的分配，或者說，價值的佔有，絕不是被佔有的價值的源泉。」（第一分冊第74頁）如果沒有這種佔有，工人以工資形式得到自己勞動的全部產品，那就沒有了利潤和地租這兩個所謂源泉，但生產出來的產品的價值，仍然同以前一樣。

就土地所有權和資本來說，情況也是如此。說它們是收入的源泉是對的，因為它們使其所有者有權佔有勞動所創造的價值的一部分，可是它們並不因此就成為它們所佔有的價值的源泉。

就工資來講，也不能說它是價值的原始源泉。雖然工資，或者確切地說，勞動力的不斷出賣是工人收入的源泉。但工資並不是商品價值的源泉，創造價值的是工人的勞動，而不是工資。工資是既存的價值，是工人創造的價值中由工人自己佔有的那一部分。但是，這種佔有也並不創造價值。所以，工人工資的增減，並不影響商品的價值。

[（7）斯密對價值和收入的關係的看法的二重性。斯密關於「自然價格」是工資、利潤和地租的總和這一見解中的循環論證]

斯密對於價值和收入的看法，具有二重性。他一方面認為，價值分解為工資、利潤和地租這三種收入；另一方面他又認為，價值是由工資、利潤和地租這三種收入構成的。根據上一節所述，斯密既然把工資、利潤和地租看作價值

的三個獨立的、原始的源泉，所以，他就用工資、利潤和地租的相加數，來說明商品的自然價格或價值。這一觀點，在他的著作的第七章中最為突出。

馬克思在分析斯密關於三種收入決定價值的觀點時，捨棄了地租，著重分析了工資和利潤。因為，即使根據斯密的觀點，地租也和利潤一樣，只是剩餘價值的一部分。同時，馬克思又認為，全部無酬剩餘勞動，一開始總是只歸於與工人直接對立的資本家所佔有，不管他以後還要同各種不同的勞動條件的所有者，如何進一步分割這個剩餘價值。所以，為簡單起見，馬克思只著重談了工資和利潤。

斯密既然錯誤地把價值看成工資、利潤和地租的總和，他就用獨立決定的工資的自然率、利潤的自然率和地租的自然率來決定商品的「自然價格」或價值。

斯密的這種錯誤觀點，在第七章中已經大量地暴露了出來。例如他說，每個社會及其相鄰近地區，勞動的工資、資本的利潤和地租，都有一個普通率或平均率。這些普通率和平均率，可稱為該時該地通行的工資的自然率、利潤的自然率和地租的自然率。一種商品的價格，如果恰好等於為生產、製造這一商品和把這一商品運送到市場上所使用的按自然率支付的地租、工資和利潤，這一商品就可以說是按其自然價格出售的。① 自然價格本身隨其組成部分即工資、利潤和地租的自然率的變動而變動。②

可見，錯誤是明顯的：「自然價格」或價值，是由工資、利潤和地租的自然率決定的，它隨這些自然率的變化而變化。商品的價值由它包含的勞動決定的觀點，被拋到一邊去了。

既然斯密把工資、利潤和地租看成是決定價值的獨立的源泉，那麼，他就必須說明這些項目本身又是如何決定的。

那麼，斯密怎樣研究工資的自然率或自然價格呢？他研究這一問題時的指導線索，就是再生產勞動能力（雖然他把它叫作勞動）所必需的生活資料的自然價格。他認為，工人所得到的工資至少必須能夠養活他自己，並維持他的家庭。③ 但他又怎樣決定這些生活資料的自然價格呢？他在論述工資的第八章中沒有明確說明，但是我們不要忘記他有兩種價值規定。當他一般地決定這些

---

① 參見亞當·斯密：《國民財富的性質和原因的研究》上卷，第49頁。
② 參見亞當·斯密：《國民財富的性質和原因的研究》上卷，第57頁。
③ 參見亞當·斯密：《國民財富的性質和原因的研究》上卷，第62頁。

生活資料的自然價格時，他又回到正確的價值規定上來，也就是說，回到商品價值決定於生產商品所必需的勞動時間這個規定上來。但是，一旦他離開這條道路，當他用三種收入來決定自然價格時，他就陷入了循環論證。決定工資的自然價格的這些生活資料的價格，又是由什麼決定的呢？用工資、利潤和地租的自然價格，這三者構成生活資料的自然價格。如此反覆，以至無窮。這就陷入了無休止的循環論證。斯密在第八章中花了大量篇幅談論了勞動的供求變化對工資的影響，但關於供求變化的空談，並不能使他擺脫這種循環論證的困境。因為，商品的自然價格恰巧是當供求相符時，即當商品的價格不因供求的波動而變化的時候所支付的價格。在整個第八章中，關於勞動的自然價格，他沒有正式進行論證，只是在該章末尾，偶然談到了生活資料的自然價格由勞動決定的觀點。

斯密在第九章中談論利潤的自然率，但利潤的自然率又如何確定呢？他沒有正面回答。只是在老生常談和同義反覆中迷失了方向。因為，在確定利潤的自然率時，他遇到了困難。利潤率會由於企業經營狀況和市場條件的變化而不斷波動。所以，要確定一個企業的平均利潤率已經很困難，而要確定一個國家的所有行業的平均利潤率，就更加困難了。既然如此，所以他認為，只能根據利息率的高低來判斷利潤率的高低。接著，他對各國利息率的狀況進行了粗略的無關緊要的研究，並談論了競爭對利潤率的影響。這些都是老生常談，並且與本題無關。最後，他不得不把雙倍的利息稱為通常的、普通的利潤，並把這種利潤稱為利潤的自然率或利潤的自然價格。儘管他始終沒有證明這個利潤的自然率究竟如何確定，但他還是要以這種未知的利潤的自然率來確定商品的自然價格。

對於地租的自然率或自然價格，斯密也沒有作出任何回答。他只是說，地租是壟斷價格的結果。所以，地租成為自然價格的組成部分，與工資和利潤不同，利潤和工資的高低，是價格高低的原因，而地租的多少，則是價格高低的結果。（第一分冊第 62 頁）①

最後，馬克思對斯密在價值和收入關係問題上的二重觀點做了總結。他指出：「總之，應當注意亞當·斯密在書中的奇怪的思路：起先他研究商品的價值，在一些地方正確地規定了價值，而且正確到這樣的程度，大體上說，他找到了剩餘價值及其特殊形式的源泉——他從商品價值推出工資和利潤。但是後

---

① 參見亞當·斯密：《國民財富的性質和原因的研究》上卷，第 138 頁。

來，他又走上了相反的道路，又想倒過來從工資、利潤和地租的自然價格的相加數來推出商品價值（他已經從商品價值推出了工資和利潤）。正是由於後面這種情況，斯密對於工資、利潤等的波動給予商品價格的影響，沒有一個地方做出了正確的分析，因為他沒有基礎。」（第一分冊第 78 頁）

[（8）斯密的錯誤——把社會產品的全部價值歸結為收入。斯密關於總收入和純收入的看法的矛盾]

商品價值的分解問題，是斯密的價值理論的一個重要組成部分，又同社會總資本的再生產和流通問題直接有關。事實上，斯密在價值分解問題上的錯誤觀點，不僅直接阻塞了他自己分析再生產的道路，而且對後來的資產階級經濟學家也發生了深遠影響。因此，馬克思《資本論》等著作中，曾經反覆地批評和分析了斯密這方面的錯誤。

一、斯密的錯誤：把社會總產品全部價值歸結為收入

斯密認為，商品的價值最終分解為工資、利潤和地租，並由這三者所構成。單個商品如此，社會總產品也如此。這就是馬克思所說的「斯密教條」。①

按照這個教條，不變資本就被排除出去了。為什麼會這樣？斯密說，由於不變資本價值本身歸根到底也是由各種收入所構成的。比如耕馬的價格，就是由飼馬土地的地租，牧馬勞動的工資，再加上農業家的資本利潤所構成。

馬克思批判了斯密教條的錯誤。他指出，斯密的論證並沒有解決問題。「而且選用租地農場主的例子，把我們推來推去，尤其不恰當，因為在這個例子中，不變資本項目中包括了完全不必向別人購買的東西，即種子，難道價值的這一組成部分會分解成誰的工資、利潤和地租嗎？」（第一分冊第 80 頁）事實上，斯密在這裡把一年勞動的產品價值同一年所創造的價值產品混同起來了，從而趕走了年產品價值中的不變資本價值部分。

馬克思後來指出：「這種混淆本身建立在他的基本觀點的另一個錯誤之上：他沒有區分勞動本身的二重性。」② 斯密認為創造商品價值的是勞動，但

---

① 馬克思. 資本論：第 2 卷 [M] // 馬克思恩格斯全集：第 24 卷. 北京：人民出版社，1972：410.
② 馬克思. 資本論：第 2 卷 [M] // 馬克思恩格斯全集：第 24 卷. 北京：人民出版社，1972：418.

他所注意的只是單純的有用勞動。這種勞動固然創造了全部年產品（使用價值），但他沒有認識到，離開生產資料的幫助，這是不可能的，因而，沒有認識到這種形成價值的勞動，無論如何也沒有創造它所完成的產品的全部價值。斯密不瞭解，勞動在作為抽象勞動形成價值的同時，又作為具體勞動把生產資料的價值轉移到新產品中，因此，產品的價值大於價值產品。產品價值除分解為收入的價值部分外，還有轉移過來的不變資本價值。斯密不理解勞動二重性，勢必導致將新創造的價值混同於包括轉移舊價值在內的全部價值。所以，馬克思說：斯密「這些矛盾的來源，恰好要到他的科學的起點上去尋找」①。

二、斯密的矛盾：把收入分為總收入和純收入

按照斯密教條，既然一切商品價值都可分解為收入，也就是說，一年勞動的總產品就是一年的總收入，那麼，它便能夠在一年內作為消費基金消費掉，從而排除了生產消費。

可是，斯密卻說，年收入不能全部消費掉，必須從其中扣除固定資本、流動資本及其維持費用以後，剩下的部分才能用於消費。斯密強調說，扣除這些費用，對於不損及財產從而不影響國富生產來說是很重要的。然而，由於這種扣除，使斯密不得不把一國居民的收入分為總收入和純收入兩部分，如斯密所說：「一個大國全體居民的總收入，包括他們的土地和勞動的全部年產品，純收入是在先扣除固定資本的維持費用，再扣除流動資本的維持費用之後，餘下供他們使用的部分。」（轉引自第一分冊第 83 頁）這實際上是承認商品價值中還包括一個不歸入收入的部分（不變資本），但斯密避開了這一點。

把收入劃分為總收入和純收入是正確的，但這種劃分同斯密教條是矛盾的。馬克思揭露了斯密的矛盾，並且指出：斯密「在把商品價值分解為它的組成部分時除掉的東西，就又從後門——通過『收入』這個名詞的雙重含義——引了進來。」②

斯密在劃分總收入和純收入時，還注意到下述兩種勞動的區別：一種勞動的產品和從事這種勞動的勞動者的工資都可加入消費基金；另一種勞動則不然，其勞動工資是純收入的一部分，但其勞動材料（工具、機器、建築物等）

---

① 馬克思. 資本論：第 2 卷 [M] // 馬克思恩格斯全集：第 24 卷. 北京：人民出版社，1972：415.
② 馬克思. 資本論：第 2 卷 [M] // 馬克思恩格斯全集：第 24 卷. 北京：人民出版社，1972：403.

和勞動產品卻不能成為純收入的一部分。斯密在這裡實際上觸及按實物形式把社會生產部門區分為生產資料部門和消費資料部門的問題，但他並沒有明確地提出這一點。更重要的是，如馬克思所說：「這裡，亞當·斯密又避開了他應該回答的問題——關於商品全部價格的第四個部分，即不歸結為工資、利潤、地租的那一部分的問題。」（第一分冊第 83~84 頁）因為，依照斯密所說，有一種勞動的材料和產品不能成為純收入的一部分，也就是承認產品價值不能全部歸結為收入，這同他的教條又發生了矛盾，但斯密避開了這一點。此外，馬克思還指出：「說用於個人消費的產品的全部價格同產品一起都加入**消費基金**，是完全錯誤的。」（第一分冊第 84 頁）因為它的價格只有一部分歸結為收入，另一部分則要用於補償生產消費品的不變資本。

馬克思接著指出，斯密剛剛說過機器、工具及材料不是純收入，也就是說加入總收入，但他在這樣說了之後不久，又說出了相反的話，說它們既不構成總收入，也不構成純收入。

馬克思總結說：「亞當·斯密的混亂、矛盾、離題，證明他既然把工資、利潤、地租當作產品的交換價值或全部價格的組成部分，在這裡就必然寸步難行、陷入困境。」（第一分冊第 84 頁）

[（9）薩伊是斯密理論的庸俗化者。薩伊把社會總產品和社會收入等同起來。施托爾希和拉姆賽試圖把這兩者區別開來]

一、薩伊把社會總產品和社會收入等同起來

馬克思指出，薩伊把亞當·斯密在產品價值分解問題上的錯誤的和不一貫的意見，化為一般的詞句，來掩飾自己的陳腐的淺薄的見解。

讓·巴蒂斯特·薩伊（1766—1832），作為資產階級庸俗政治經濟學的奠基者而在經濟學說史上佔有重要地位。他在代表作《政治經濟學概論》（1803年）中，以通俗化形式解釋斯密的學說，把斯密學說庸俗化了。他適應當時法國資產階級發展資本主義，維護資本對勞動的日益加強的支配的需要，極力閹割斯密學說中的科學成分，而把斯密學說中的庸俗因素分離出來，提出了一套為資本主義剝削制度進行辯護的理論。薩伊把社會總產品和社會收入相等同，就是他把斯密學說庸俗化的一個表現。

我們知道，斯密錯誤地把產品價值（無論是個別產品還是一國總產品）歸結為收入，可是，當他進而考察收入同國富的關係時，他又覺察到，收入不能全都用於個人消費，而必須從其中「減去維持固定資本和流動資本的費用」，其餘才是「留供居民享用的資財」，不然，便會傷害所有者的財產，侵蝕資本，影響生產。於是，斯密認為，應當把一國居民的收入區分為總收入和減去上述維持費用之後的純收入。可見，斯密的觀點是矛盾的和不一貫的。

自稱為斯密理論的繼承者而實為庸俗化者的薩伊，把斯密的錯誤觀點加以肯定和發揮，完全丟棄了斯密觀點中的科學成分，一筆勾銷了斯密所看到的總收入與純收入的區別。

薩伊認為，純收入（純產品）一詞只適用於個別收入，即個別企業家總收入（總產品）減去生產費用的餘額。但是，「從整個國家來看，根本沒有純產品。因為，**產品**的價值等於產品的生產費用，所以，如果我們把這些**費用**扣除，也就把全部**產品價值**扣除」（轉引自第一分冊第 85 頁）這樣，非但純收入沒有了，而且總收入也不復存在。因此，對一國來說，沒有純產品，只有總產品（總收入），而且，總產品（總收入）等於生產費用。

什麼是決定價值或收入的生產費用呢？薩伊依據斯密把價值分解為三種收入並以之決定價值的錯誤觀點，斷言生產費用就是工資、利潤和地租等各種收入。所以，社會總產品也就是社會總收入，或者說，「年收入就是總收入」。據此，「薩伊認為，每年生產的價值，當年會消費掉。」（轉引自第一分冊第 85 頁）

馬克思在批判薩伊的上述觀點時指出：「第一，說每年生產的價值，當年會消費掉，這是錯誤的。固定資本的大部分就不是這種情況。」「第二，每年消費的價值中，」除了生產資料的價值以外，其餘則是「能夠加入個人消費的那種價值，這部分價值就構成『純產品』」。（轉引自第一分冊第 85 頁）

馬克思說，薩伊提出上述論斷，意在掩飾自己的陳腐的淺薄見解，看來指的是下述情形：

第一，薩伊想以此反駁重農學派的觀點。他說：「社會的總收入，等於社會的土地、資本和勞動的總產品。這就完全推翻了前世紀經濟學派的思想體系。他們認為，只有土地的淨產品才構成收入，因此下結論說，社會只應該消費這個淨產品。他們不承認這個明顯的結論，即人類所創造的全部，都可由人類消費。」① 重農學派的觀點顯然是狹隘的片面的，但卻不能說社會總產品可

---

① 轉引自薩伊：《政治經濟學概論》第 357 頁。

歸結為被人類消費掉的社會收入。何況重農學派並沒有說只有土地產品可消費，否則，如何理解魁奈在經濟表中所指出的土地所有者向「不生產階級」購買製造品呢？（關於這一點，可參閱本書第六章）

第二，薩伊說：「如果認為國家收入僅僅是所生產的價值減去所消費的價值的餘額，那就必然產生這個最荒謬的結論，就是一個國家如果在一年內把它的年產品全部消費掉，就沒有什麼收入。」① 這個結論無疑是荒謬的，因為被消費掉的正是收入，沒有收入，消費什麼呢？可是，薩伊之所以推論出這個結論，是從他把社會產品等同於社會收入這個錯誤前提出發的。如果不把年產品價值歸結為「生產費用」即各種收入，從而可以被認為在當年全部消費掉，怎麼會認為從產品價值減去費用即減去花費，反而沒有收入和花費呢？

二、施托爾希和拉姆賽試圖區分社會總產品和社會收入

關於薩伊的胡言亂語，資產階級經濟學家中持批判態度的不乏其人。馬克思在這裡所舉的施托爾希和拉姆賽就是其中比較突出的兩個人。

昂利·施托爾希（1766—1835），俄國經濟學家、統計學家和歷史學家，原籍德國。1804 年任彼得堡科學院院士，1830 年任副院長。曾為尼古拉大公講授政治經濟學。1815 年在彼得堡以法文出版了六卷本的《政治經濟學教程》。在經濟學理論上，施托爾希吸收了斯密的工資論和利潤論，但反對斯密的勞動價值論和生產勞動學說，在一些問題上贊同馬爾薩斯的觀點。他對薩伊把社會總產品等同於社會收入的觀點進行了明確的批判。

施托爾希說：「很明顯，年產品的價值分成資本和利潤兩部分。**年產品價值的這兩部分**中，每一部分**都要有規則地用來購買國民所需要的產品**，以便維持該國的資本和更新它的消費基金。」他認為，不能把社會總產品都歸結為收入，否則就得承認，「這個國家可以把年產品的全部價值非生產地消費掉，而絲毫無損於該國的未來收入。」而事實上，「**構成一個國家的（不變）資本的產品，是不能消費的**」。（轉引自第一分冊第 86 頁）

很顯然，施托爾希已經明確地認識到，在年產品價值中，除了可供個人消費的部分外，還存在著一種不能非生產地消費的產品價值，即不變資本價值。他所確認的純收入，正是從社會總產品價值中減去「為生產目的而消費了的價值」的餘額。

---

① 轉引自薩伊：《政治經濟學概論》第 358 頁。

英國資產階級古典政治經濟學的後期代表之一拉姆賽也試圖把社會產品和社會收入區別開來，並且事實上區分了不變資本和可變資本，從而在產品及其價值構成問題的認識上又進了一步。

拉姆賽說：「李嘉圖忘記了，全部產品不僅分為工資和利潤，而且還必須有一部分補償固定資本。」（轉引自第一分冊第86頁）馬克思說，他所說的固定資本，實指不變資本，因為其中不僅包括了機器、工具、建築場、役畜和種畜等，而且包括各種原料、燃料和農業用的種子、肥料等。馬克思指出，拉姆賽對李嘉圖的批評基本上是對的。這就是說，拉姆賽正確地反駁了自亞當·斯密以來就流行的那個把總產品價值分解為各種收入的教條，這是拉姆賽的一個功績。

馬克思還肯定了拉姆賽的另一個功績，這就是拉姆賽正確地強調指出了不變資本價值的變動，是影響利潤率的因素之一。這當然是以肯定不變資本的存在為前提的。馬克思就此分析說，不變資本價值對利潤率的影響可以表現為兩方面。一方面，構成不變資本的商品的落價會引起不變資本價值的下降，從而引起利潤率的上升。另一方面，生產資料部門勞動生產率的提高，會使生產一定量剩餘價值所必需的不變資本支出減少，也會引起利潤率的上升。

馬克思還指出，拉姆賽把實物補償和價值補償看作兩個獨立的現象，好像對全國來說，是以產品補償產品，對單個資本家來說，是以價值補償價值。其實，即使對單個資本來說，在考察其再生產時，也必須對這兩方面的補償加以考察。

最後，馬克思指出，拉姆賽雖然對不變資本（「固定資本」）的存在及補償的必要性作了很好的說明，但他並沒有解決亞當·斯密所研究的並使他陷入重重矛盾的實際困難，即不變資本補償的困難。馬克思往下以很多篇幅詳析了這個問題。

關於拉姆賽，馬克思在本書下冊中有專章論述。

[（10）研究年利潤和年工資怎樣才能購買一年內生產的、除利潤和工資外還包含不變資本的商品]

不變資本的補償問題是這一節的中心。從理論上科學地闡明這個問題具有重大意義。馬克思在這裡插入對此問題的正面論述，當然同批判斯密在價值構

成和分解問題上的錯誤教條直接有關。可是，包括不變資本在內的年產品的補償問題，同生產勞動和非生產勞動學說以及社會資本再生產學說都有密切關係。因此，馬克思在這裡所作的分析的意義決不限於價值論的範圍。正是因為這個問題涉及各方面的理論，所以，馬克思在後來又多次回過頭來研究了這個問題。

本節由相互銜接的三小節組成；第一小節論證了消費品生產中的不變資本不能靠消費品生產者之間的交換來補償，第二小節證明這種不變資本雖然可通過消費品生產者和生產資料生產者的交換來補償，但生產資料生產者的不變資本的補償還沒有著落；第三小節則說明，這部分不變資本只能經由生產資料生產者之間的交換才能補償。馬克思的分析，既有力地批判了斯密教條，又初次系統地提出了自己的再生產理論。

[（a）靠消費品生產者之間的交換不可能補償消費品生產者的不變資本]

馬克思是這樣提出問題的：在資本再生產和流通問題的分析上，困難不在於新的不變資本的形成，而在於舊的不變資本的補償或再生產。這是因為，在前一場合，無非就是利潤（剩餘價值）轉化為資本，或者說，剩餘勞動時間轉化為資本。可是，在後一場合，問題就不這樣簡單。工人的必要勞動補償或再生產了工資；剩餘勞動創造了利潤，其中一部分被資本化為新追加的資本。以上兩部分構成勞動時間的全部，再沒有任何其他勞動存在的餘地了，「那麼，補償不變資本的那個源泉，那個勞動，究竟從何而來呢？」（第一分冊第91頁）

馬克思在本小節著重分析消費品價值中的不變資本的補償。他首先指出，這個補償顯然不能靠消費品生產部門的工人和資本家的收入。因為這些工資和利潤加起來只能實現消費品價值中相當於新加勞動的那部分價值（假定利潤都轉化為收入，即沒有累積）。例如，12 小時生產的總產品麻布 12 碼，價值 36 小時，其中有 24 小時（總產品價值的 2/3）是從紗和織機等生產資料中轉移過來的，但是工資和利潤即新加勞動只有 12 小時（總產品價值的 1/3），因此只能買回 12 小時即 4 碼麻布。

問題在於，其餘的 8 碼麻布賣給誰呢？或者說，消費品中相當於不變資本的那部分價值（24 小時）靠誰來實現呢？

靠其他部門的消費品生產者嗎？比如，由制鞋業者 B 和屠宰業者 C 來購買麻布生產者 A 的 8 碼麻布。馬克思說，這固然使 A 的產品價值中的不變資本由 B 和 C 生產者的工資和利潤補償了，但是，這不過是把困難從 A 推移到了 B 和 C 那裡，而且更加困難了：第一，B 和 C 是以麻布而不是以自己的產品來消費他們的新加勞動即工資和利潤，因而，與麻布生產者 A 由於消費自己的產品，只需在本部門之外出售代表不變資本的產品不同，B 和 C 必須在本部門以外賣掉自己的全部產品。在上述例子中，A 的產品中相當於新加勞動的部分由本部門實現，在本部門以外待實現的只有相當於不變資本的那一部分，即 8 碼麻布或 24 小時。B 和 C 的新加勞動（工資和利潤）用於實現 A 的產品，而不用於實現本部門的產品，所以，包括這一新加勞動在內的全部價值都有待於在本部門以外實現，也就是說，為了購買 A 的相當於其不變資本價值（24 小時）的消費品（8 碼麻布），B 和 C 必須賣掉包含 24 小時新加勞動（工資和利潤）的產品，而這又意味著這些產品中一定還包含 48 小時不變資本（假定工作日仍為 12 小時），因為依照假定，各消費品生產部門中的不變資本占 2/3，新加勞動占 1/3，或者說兩者之比是 2∶1。這樣，B 和 C 必須賣掉的產品的總價值就是 72 小時，這是為了實現 A 的不變資本 24 小時所必需的。

第二，B 和 C 的產品的任何部分都不能賣給 A，因為 A 的收入已用在自身的產品上了，而 A 所需要的生產資料又不能從 B 和 C 補償，因為 B 和 C 的產品是消費品。

可見，A 的不變資本的價值雖然可由 B 和 C 的新加勞動予以補償，但其實物補償問題並未解決，同時，還出現了 B 和 C 的全部產品（72 小時消費品）如何實現的問題。

當然，B 和 C 的全部產品也可以由其他的消費品生產者的收入即工資和利潤來購買。在這種情況下又會怎樣呢？

馬克思繼續分析說，依照上述的各種假定條件（每個生產部門的新加勞動時間為 1 個工作日，1 個工作日 12 小時；轉移價值與新加勞動之比為 2∶1，1 個工作日之產品總價值＝24 小時＋12 小時＝36 小時），為了賣掉 B 和 C 的 72 小時產品，必須有包含 72 小時新加勞動即工資和利潤收入的產品。而這樣的產品中必定還包含著比新加勞動多一倍的轉移價值即不變資本 144 小時，也就是說，用於購買 B 和 C 全部產品的產品之總價值應為 216 小時，這涉及 6 個新的生產部分（例如 D、E、F、G、H、I）。

這樣，B 和 C 的產品似乎有了出路，其中的不變資本從價值上來說得到補償了，儘管其實物補償問題尚未解決。可是，D、E、F 等六個部門的產品，也像 B 和 C 一樣，必須在這些部門以外賣掉，於是又出現了這六個部門的價值 216 小時的總產品如何實現的問題。

如果仍試圖通過消費品生產者之間的交換來實現的話，那就會出現下述彼此銜接的關係：

為實現 D、E、F 等六個部門的 216 小時產品，需要有包含 216 小時新加勞動即收入的消費品，這些消費品的價值（構成為 216 小時+432 小時＝）648 小時，這涉及 K^1—K^{18} 生產部門。

為實現 K^1—K^{18} 部門的 648 小時產品，需要有價值（構成為 648 小時+1,296 小時＝）1,944 小時的新產品，這涉及 L^1—L^{54} 生產部門。

為實現 1944 小時產品，需要有總價值為 5832 小時的新產品，這涉及 M^1—M^{162} 生產部門。

而 M^1—M^{162} 又要吸收 N^1—N^{488} 部門的新加勞動。以此類推。

這樣，一個「美妙的無止境的演進」（第一分冊第 102 頁）表明，無論把消費品生產部門推移到多大範圍，消費品 A 中的不變資本（以 8 碼麻布所代表的 24 小時）的價值補償問題都不能得到最終的解決，最後的部門的產品中的不變資本總是沒有補償或有待補償。而且，這個有待補償的量，總是比自身的新加勞動多一倍，因為不變資本與新加勞動之比為 2：1。這種情況對 A 或對 N 都一樣，它表明，「新加勞動無論如何不可能從自己的產品中購買一個比它本身大的量，它**不可能**購買不變資本中包含的過去勞動。因此，要用收入的價值抵補整個產品的價值是不可能的」。（第一分冊第 109 頁）至於消費品中不變資本的實物補償，則從 A 開始就沒有著落。表示上述演進過程的圖例見下頁。

馬克思還指出，把中間性交換行為加進來，例如，A 把自己的部分收入花在 B、C 上，除了把問題攪亂以外，絲毫不會改變問題的性質，無助於問題的解決。另外，馬克思又說，如果假定最後部門的不變資本等於零，或由本部門自己補償，從而不再售賣，不必用新加勞動來支付，那麼，上述的推移過程就可以終止了，消費品中的不變資本的價值補償就可以算清了。但這不過是意味著問題本身的取消而不是解決。

圖例：消費品的不變資本不能靠消費品生產者之間的交換最終得到補償。

（假定各生產部門中不變資本與新加勞動之比為 2：1）圖例數字係馬克思所列，推移過程如下：

消費品生產領域	不變資本	新加勞動	總價值
A	24 小時　(2)	12 小時　(1)（自身補償）	36 小時　(3)
B（又稱 B，C；B^1—B^2）	48 小時　(4)	24　(2)	72　(6)
C（又稱 D，E，F，G，H，I；C^1—C^6）	144　(12)	72　(6)	216　(18)
D（又稱 K^1—K^{18}；D^1—D^{18}）	432　(36)	216　(18)	648　(54)
E（又稱 L^1—L^{54}；E^1—E^{54}）	1,296　(108)	648　(54)	1,944　(162)
F（又稱 M^1—M^{162}；F^1—F^{162}）	3,888　(324)	1,944　(162)	5,832　(486)
G（又稱 N^1—N^{486}；G^1—G^{486}）	11,664　(992)	5,832　(496)	17,496　(1488)
……	……	……	……

註：圖中箭頭表示補償方向；（ ）內數字表示工作日。

[（b）靠消費品生產者和生產資料生產者之間的交換不可能補償全部社會不變資本]

前面的分析說明，消費品（例如麻布）中的不變資本價值部分（8 碼麻布），靠消費品生產者之間的交換是不能補償的。現在要分析的是，這部分價值能否通過織布業者同其生產資料（麻紗等原料和織機）生產者之間的交換來補償和再生產。

馬克思指出，這 8 碼麻布就其所代表的價值成分來說，屬於不變資本，就其使用價值形式來說是消費品，因此，它只能作為消費品供個人消費之用。而

且，為了使分析簡單起見，也必須假定，這 8 碼麻布不作原料等生產之用。另外，這 8 碼麻布必須售出，才能換回織布業者所必需的生產資料即麻紗和織機等。「因此，織布業者為了能夠補償他的產品中代表他的不變資本的部分，只有一種辦法，即把這一部分產品同收入相交換，也就是同其他生產者的產品中歸結為工資和利潤，因而歸結為新加勞動的那部分價值相交換。這樣問題就正確地提出來了。」(第一分冊第 122 頁) 其他生產者指的就是生產資料生產者。這些生產者用他們的收入購買 8 碼麻布供個人消費，織布業者又用售賣麻布之貨幣購置所需之麻紗和織機，從而實現了織布業者的不變資本之補償（物質補償和價值補償）。

這裡的關鍵在於，同 8 碼麻布相交換的紗和織機僅僅代表其生產者的收入（工資和利潤）。只有這樣，8 碼麻布到了紗和織機生產者手中才能被全部消費掉，從而使 8 碼麻布（它代表織布業者的不變資本）的補償問題得以了結，就像代表織布業者新加勞動的那 4 碼麻布由本部門的收入吸收一樣。

這就需要不僅存在生產資料生產者和消費資料生產者之間的交換，而且存在生產資料生產者之間的交換，否則，在只存在前一種交換的條件下，同消費品中的不變資本相交換的，就必定是生產資料的全部價值，而不僅僅是其中的新加勞動或收入。馬克思在這裡分析的正是後面這種情形。

馬克思指出，(在上述的第二種情況下) 當 8 碼麻布同紗與織機交換時，織布業者用自己的不變資本所抵補的價值；既有紗和織機的新加勞動，又有它們的不變資本。也就是說，紗和織機生產者是用自己的總產品價值交換麻布的。或者也可以說，他們要用所購買的麻布既補償自己的收入，也補償自己的不變資本。這裡就出現了新的問題。

麻布依照假定只用於個人消費，不能作為生產資料（原料和織機）用於生產，因此，交換來的 8 碼麻布，固然可以滿足紗和織機生產者的個人消費，但不能滿足生產消費。為了繼續生產，他們必須在留供自己消費以外，把另一部分麻布（相當於不變資本）賣出去，以便換回所需的原料及生產織機所需的機器，這樣，紗和織機的不變資本的補償似乎解決了。

其實不然。要知道，原料和機器生產者從紗和織機生產者手中換回的麻布，同上述情形一樣，不僅包含著原料和機器的新加勞動，而且也包含著不變資本。但麻布只能用於個人消費，不能作為原料和機器的生產資料，於是，這些原料和機器的生產者也不得不把相當於不變資本的麻布賣出去，換回所需的

生產資料。但事情還沒有完結，因為依照假定，這裡只存在生產資料和消費品之間的交換，不存在生產資料之間的交換。因此，出售生產資料的生產者總要用換回的麻布的一部分去補償自己的不變資本，而麻布又不能直接用於生產消費，所以這一級生產資料生產者還得把相當於他的不變資本價值部分的麻布賣掉，才能從實物上補償自己的不變資本，以此類推，以至無窮。因為有關各級生產資料生產者所換回的麻布，總有一部分從價值上來說要用於補償各自的不變資本，但因其實物形式只能用於個人消費，所以，總有相當於各自不變資本價值的那一部分麻布有待出售。這個待售的麻布量隨著補償過程的推移會越來越小，但從理論上來說是永遠分不盡的，作為不變資本的8碼麻布也就不能完全被消費（個人消費），而生產資料部門不變資本的補償也就不能得到最終的解決。

出路就在於開闢一條新的交換和補償渠道：資本與資本交換，更確切地說，生產資料生產領域內的交換，這便是下一小節要分析的問題。

這一小節的分析證明，光靠消費品生產者和生產資料生產者之間的交換，不可能補償全部社會不變資本。或者說，在這種交換條件下，消費品生產者的不變資本固然可以補償，但生產資料生產者的不變資本卻不能靠換回的消費品從實物上得到補償。這也就意味著，作為不變資本的消費品不能完全得到實現（被消費）。

馬克思說明上述原理的例證和計算可以綜合為下述圖解。

在下述圖解中，劃橫線部分的麻布均代表各有關生產者的不變資本，這些麻布必須通過售賣，以換回所需要的生產資料。橫線之下的箭頭表示交換的對象和過程。括弧內的麻布數字表示新加勞動，可以用於個人消費，不再加入交換過程。

圖例：作為不變資本的8碼麻布不能靠消費品生產者同生產資料生產者交換得到補償（據馬克思的敘述整理而成）。

上述圖解所顯示的不變資本補償過程如下：

8 碼麻布代表織布業者的不變資本，它同代表織布業者新加勞動的 4 碼麻布一起，構成了織布業者的總產品（為簡單起見，以日總產品代表年總產品）。現在假定，織布業者的個人消費可以由 4 碼代表新加勞動的麻布來滿足，剩下的問題就是代表不變資本的 8 碼麻布如何實現和補償（見圖中Ⅰ）。

這 8 碼麻布是消費品而不是生產資料，因此織布業者必須把它出賣，才能換回所需的原料（紗等）和工具（織機等）。假定他的原料和工具的價值比例是 3：1，則用於交換原料的麻布是 6 碼，用於交換工具的是 2 碼。（見圖中Ⅱ）

依照假定，不存在生產資料生產者之間的交換，因此，紗和織機生產者不能把從織布業者交換來的麻布全用於個人消費，而必須根據生產的要求，將一部分麻布用來補償各自的不變資本。麻布又不能直接作生產資料，所以，他們必須把代表各自不變資本的那部分麻布出賣，換回所需的生產資料要素或補償機器損耗（見圖中Ⅲ）。

同樣，亞麻生產者也不能把他從紗生產者那裡換回的 3 碼麻布全部花費掉，而是必須出賣其中的 $\frac{2}{4}$ 碼以補償機器（農具等）。這樣，農具和紡機生產者總共就購進麻布 $\frac{6}{4}$ 碼。（見圖中Ⅳ）

農具和紡機生產者花掉其中的 1/3（$\frac{6}{12}$ 碼），用其餘 2/3（$\frac{12}{12}$ 碼）交換鐵、木材以及補償自己的機器損耗。這樣，鐵、木材業者就從紡機、織機和農具製造業者購進麻布 $1\frac{3}{4}$ 碼。（見圖中Ⅴ）

鐵和木材業者花掉 2/3（$\frac{14}{12}$ 碼），將其餘 1/3（$\frac{7}{12}$ 碼）用於生產資料，也就是反過來又向機器製造業者購置機器和工具等。機器製造業又將其中的 $\frac{5}{12}$ 碼用於不變資本，交換所需生產資料。（見圖中Ⅵ）

到此為止，開頭的 8 碼麻布經過多次的交換，除去被用於個人消費的部分以外，沒有被消費，即尚待補償的還有（$\frac{5}{12}+\frac{1}{4}+\frac{1}{3}$）碼即 1 碼，其中後兩項是用於補償機器損耗的部分（分別見圖中Ⅲ和Ⅳ）。這 1 碼麻布現在都在機器製造業者手中。

馬克思說，機器製造業者用這 1 碼麻布中的 $\frac{3}{4}$ 碼交換鐵和木材，$\frac{1}{4}$ 碼補償機器製造機損耗。「這樣，用來補償機器製造機損耗的是 $\frac{7}{12}$ 碼（即上面所說的 $\frac{1}{4}+\frac{1}{3}$ 碼——編者）+ $\frac{1}{4}$ 碼 = $\frac{7}{12}+\frac{3}{12}=\frac{10}{12}$ 碼。另外，把木材和鐵所占的 $\frac{3}{4}$ 碼再分解為它的組成部分，並把這些部分中的一部分重新還給機器製造業者，機器製造業者又把這一部分中的一部分還給制鐵業者和木材業者，這是徒勞無益的。始終會有一個餘額，並且將無止境地演進下去。」（第一分冊第 126 頁）

馬克思的例證的主要內容就是這樣。

[（c）生產資料生產者中間資本同資本的交換。一年生產的勞動產品和一年新加勞動的產品]

前一小節的分析表明，如果生產資料生產者以其產品的全部價值交換消費品，消費品中的不變資本便不可能完全地、最終地得到補償，不管這一部分不變資本被分解得多麼小，總有一部分會留在生產資料生產者手上，有待出售以補償不變資本。而且，這種情況還使消費品中不變資本（8 碼麻布）的補償問題轉化為（或涉及）生產資料的不變資本補償問題（機器製造業者如何把他手上的麻布售出以換回鐵和木材等原料，同時補償自己的機器製造機的損耗）。

馬克思在這一小節圓滿地回答了這些問題。

他指出，消費品中的不變資本，只有在同生產資料產品中包含的活勞動（歸結為工資和利潤）相交換的條件下，才能完全被消費、被補償。因為，一方面，按照假定，消費品只用於收入的消費而不用於生產；另一方面，正因為上述生產資料中的活勞動（歸結為收入）不由它本身的產品（生產資料）來支付，所以全部消費品都可以歸結為收入，從而使消費品的不變資本得到完全的實現。也就是說，不論消費品所代表的是哪一部分價值成分，都一律被當作個人消費品來交換，而不被當作生產條件來支付，它就必定會被消費掉。

在前一小節所述的條件下，那 8 碼麻布之所以不能被完全地消費掉，就是因為總有一部分麻布要用於補償生產中的不變資本，可它本身又只能用於個人消費，於是就發生了無窮盡的分解和計算。

馬克思在這裡所分析的這個條件，正是社會資本再生產的條件之一。

不過，問題還沒有完結。誠然，生產資料生產中的活勞動（從而收入）吸收了消費品中代表不變資本部分的產品，既使前者滿足了消費需要，又使後者補償了自己的生產條件。問題在於，生產資料產品中的不變資本部分如何實現和補償呢？

馬克思反覆詳細地考察了這個問題。他指出，這部分不變資本是靠生產資料部門自己再生產自己，自己補償自己的。這種補償有兩種情形。一種情形是以實物形式從自己生產的產品中得到補償。例如，農業生產上所用的種子、牲畜、糞肥；煤炭生產中所用的煤炭；機器生產中用來補償損耗的機器，等等，都可以不通過交換，不進入流通，而從這些不變資本參與生產的總產品中扣除下來，直接或間接地歸還給土地或歸還給生產。

另一種情形是有關生產資料部門通過交換，以實物形式互相補償自己的不變資本。這種補償在物質資料生產的各個階段之間是大量存在的。例如，機器製造和原料（煤炭、鐵、木材等）生產的交換，棉花同用作肥料的飛花的交換，等等。「由此可見，這兩個部門事實上是以實物形式互相補償自己的一部分不變資本。這裡發生的是不變資本同不變資本的交換。」（第一分冊第134頁）

馬克思以下面這段話結束了他對不變資本補償所作的正面考察，他說：「不變資本實際上是這樣得到補償的：它不斷地重新生產出來，並且有一部分是自己再生產自己。但是，加入可消費的產品的那部分不變資本，則由加入不可消費的產品的活勞動來支付……不變資本的一部分（指消費品中的不變資本——編者），作為年產品的一部分來考察，只是外表上的不變資本。另一部分（指生產資料中的不變資本——編者），雖然也加入總產品，但是它既不作為價值組成部分，也不作為使用價值加入可消費的產品，而是以實物形式得到補償，始終作為不可缺少的生產要素保留下來。」（第一分冊第136頁）

這樣，馬克思就「考察了全部可消費的產品如何分配，如何分解為產品中包含的各個價值組成部分和生產條件」。（第一分冊第136頁）

在弄清楚了以不變資本補償為中心內容的資本再生產條件以後，馬克思又回到了對亞當·斯密把社會產品和社會收入的等同觀點的批判。他強調指出，產品價值是會分解和補償的，但被分解和補償的各個組成部分總是同時並存的；資本總是分為不變資本和可變資本，同時由這二者構成。不變資本不僅存在，而且它的補償還是再生產的基本問題。分析表明，必須把「一年生產的勞動產品」同「當年新加勞動的產品」加以區別，區別就在於前者包括不變

資本而後者並不包括它。因此，像亞當・斯密那樣，把一年生產的勞動產品都歸結為收入，這是不對的。只有說當年新加勞動的產品都歸結為收入，才是對的。

不過，這裡可能出現一個同資本再生產和補償條件相關聯的問題。既然收入只由新加勞動構成，那麼，為什麼收入卻能夠支付和補償一部分由新加勞動、一部分由過去勞動構成的產品呢？如同前面分析的那樣，消費品中代表不變資本的那一部分，就是靠生產資料生產者的收入來補償的。對此，馬克思依據他對再生產條件的上述分析作了明確的回答，他說，「這是因為同樣由新加勞動和過去勞動構成的另一部分產品，只補償過去勞動，只補償不變資本」。（第一分冊第140頁）這裡指的就是代表不變資本的那一部分生產資料。這就從再生產的角度進一步批判了薩伊所繼承和堅持的斯密的教條。

以上內容表明，馬克思在批判斯密教條的過程中，已經弄清楚了社會資本再生產的一系列重要原理。他批判了忽視不變資本的錯誤觀點，確認了不加入個人消費的那一部分產品的存在，從而對社會產品的價值構成作出了新的分析，打破了流行的斯密教條。在批判把資本全部歸結為收入的錯誤觀點時，他進一步從實物形式上對社會產品作了劃分：可消費產品和不可消費產品。並且詳盡地分析了以不變資本補償為中心的再生產的條件和過程。這個分析雖然還未能採取如同《資本論》第二卷的有關部分所表現的那種形式，一些概念和提法還有待推敲，思想表述方式也還在探索之中，表示再生產條件的公式也尚未出現，甚至在許多細節說明上前後多有出入。但是，關於再生產條件的基本思想已經明確地提出來了，這是不可懷疑的事實。馬克思在這裡所提出的原理，在本書以後有關部分還曾多次論及，每次都為這一部分理論增添了某些新的因素，使馬克思的再生產理論漸趨完善和成熟，為後來在《資本論》中建立一個完整的社會總資本再生產和流通學說做了重要的準備。

[（11）補充：斯密在價值尺度問題上的混亂；斯密的矛盾的一般性質]

馬克思在考察亞當・斯密理論（主要是價值論和剩餘價值論）的各點之後，又補充了一點，即認為斯密「在價值規定上的動搖……還有一條：混淆概念。他把作為內在尺度同時又構成價值實體的那個價值尺度，同把貨幣稱為

價值尺度那種意義上的價值尺度混淆起來」。（第一分冊第140頁）馬克思認為，斯密在價值規定上存在著二元論的看法，即認為價值決定於耗費勞動和購買勞動。在馬克思看來耗費勞動是價值的內在尺度和實體，購買勞動及其貨幣表現則是外在尺度。斯密把這兩種勞動都看作價值決定要素，所以馬克思說，斯密把這兩種尺度混淆起來了。

馬克思還指出，斯密曾試圖找到一個價值不變的商品作為貨幣意義上的價值尺度，然而這是辦不到的。因為任何商品價值都會因勞動生產力等因素的變動而變動。

馬克思在本章結尾指出：「亞當‧斯密的矛盾的重要意義在於：這些矛盾包含的問題他固然沒有解決，但是，他通過自相矛盾而提出了這些問題。」（第一分冊第140~141頁）

例如，他對價值的互相矛盾的雙重規定，實際上觸及價值規律在不同經濟發展階段上作用形式的轉化問題。

又如，他把工資既歸結為勞動力價值，又歸結為一般的勞動報酬；把利潤和地租既歸結為勞動產品的扣除，又歸結為使用資本或土地的代價，實際上提出了如何分辨資本主義條件下分配方式的實質及形式的問題。

再如，他關於價值與收入的互相矛盾的看法事實上提出了不變資本的存在及補償問題，等等。

斯密理論的矛盾，往往是對資本主義經濟生活中所存在的實際矛盾現象的一種反應，因而具有實際性質。他之所以不能對這些似乎矛盾的現象作出完全科學的統一的解釋，既同他的資產階級立場的局限性和歷史條件的局限性有關，也同他所運用的內在方法和外在方法有關。

正因為如此，斯密的互相矛盾的觀點就成為此後資產階級經濟學不同流派的理論出發點。

[第四章] 關於生產勞動和非生產勞動的理論

馬克思在這裡為自己確定的任務是,「談談分析亞當·斯密的觀點時必須加以考察的最後一個爭論點,即**生產勞動和非生產勞動的區分問題**」。(第一分冊第 142 頁)

這個問題同對資本主義生產實質的看法、同剩餘價值理論直接相關,是剩餘價值理論的引申和運用,因而在經濟學說史上具有重要地位。亞當·斯密的生產勞動學說既是對前人的科學成果的批判繼承和發展,又是後世各經濟思想家在這個問題上的基本出發點。馬克思的意圖在於對前人的有關理論觀點作一番清理,同時在批判過程中逐步形成自己的生產勞動學說。

全面而又深入地評析斯密關於生產勞動問題的學說是本章的中心。而這一評析的基本線索就是確認並從各個方面闡明斯密對生產勞動問題的二重見解。馬克思是對斯密的生產勞動學說作出科學分析的第一人。

馬克思用不多的篇幅回顧了斯密以前,從重商主義到重農主義對生產勞動問題的見解,包括對威廉·配第和戴韋南特區分生產勞動和非生產勞動的最初嘗試的分析在內。歷史的回顧,清楚地表明了斯密在這裡所考察的問題上同前人的關係。

本章的大部分篇幅用於考察上述學說在斯密以後的演進。馬克思在簡略指出李嘉圖和西斯蒙第是斯密關於生產勞動問題的見解的擁護者之後,比較詳細地考察了資產階級經濟學家在生產勞動問題上的庸俗化過程。他闡明了這一庸俗化的歷史條件以及眾多的經濟學者所提出的形形色色的庸俗觀點。馬克思的考察,為 19 世紀上半期資產階級庸俗經濟學在生產勞動問題上的演進提供了一幅相當完整的圖畫。在這裡,最值得注意的特點之一,就是這些庸俗化者或者是從斯密對生產勞動的非科學的那一種見解出發,或者是站在庸俗化者立

場，從反駁斯密這一種見解中的矛盾進而得出荒謬的和庸俗的結論。

馬克思本人對資本主義條件下生產勞動的觀點貫穿於本章的始終，它們是批判分析斯密及其先驅者和庸俗化者觀點的基礎和出發點。不過，對前人觀點的剖析和論戰是本章表述方式的特點。在本書附錄〔(12)〕，當馬克思再次回到上述問題時，則主要從正面深入地闡述了自己的理論，進一步發揮和補充了他在正文中已經提出的觀點。

〔(1) 資本主義制度下的生產勞動是創造剩餘價值的勞動〕

在這一節中，馬克思對亞當・斯密關於生產勞動第一種正確的定義進行了科學的概括，說明資本主義的生產勞動是創造剩餘價值的勞動。馬克思在本節所作的論述，是以勞動的社會規定性為依據，從質和量兩個方面的對立統一中，來表述資本主義生產勞動的規定性。本節對全章起著「引言」的作用。

資本主義制度下生產勞動的質的規定性，是生產剩餘價值的勞動。從勞動與貨幣相交換的形式來看，是與資本相交換的雇傭勞動。資本主義的生產過程，不僅是生產物質產品的過程，而且本質上是剝削雇傭工人的無酬勞動、榨取剩餘價值的過程。在這個過程中，雇傭工人的勞動不僅把生產資料的價值轉移到新的商品中，而且還創造了一個比勞動力本身的價值更大的價值，即剩餘價值。正是由於生產出剩餘價值，資本才實現了增值的目的。而資本家也正是看中了勞動力的價值和勞動力在勞動過程中的價值增值是兩個不同的量，才購買勞動力的。因此，馬克思在本節一開始就明確指出：「從資本主義生產的意義上說，生產勞動是這樣一種雇傭勞動，它同資本的可變部分（花在工資上的那部分資本）相交換，不僅把這部分資本（也就是自己勞動能力的價值）再生產出來，而且，除此之外，還為資本家生產剩餘價值。僅僅由於這一點，商品或貨幣才轉化為資本，才作為資本生產出來。只有生產資本的雇傭勞動才是生產勞動。」（第一分冊第142頁）由此可見，資本主義制度下的生產勞動，具有特定的內容，它反應著資本家通過購買工人的勞動力借以剝削工人創造的剩餘價值這樣一種特殊社會的、歷史地產生的生產關係。這也就是說，資本主義生產勞動的質的規定性，是由資本主義生產關係的特殊本質所決定的。馬克思曾非常明確地強調說：「勞動作為生產勞動的特性只表現一定的社會生產關

係。我們在這裡指的勞動的這種規定性，不是從勞動的內容或勞動的結果產生的，而是從勞動的一定的社會形式產生的。」（第一分冊第 149 頁）

資本主義的生產勞動是生產剩餘價值的勞動這一質的規定性，本身就包含了決定其性質的數量界限。唯物辯證法認為，一切客觀事物都具有質和量兩個方面，都是質和量的對立統一。質決定和制約著量，而一定的量又是作為規定質的一個必要的條件。馬克思十分重視把握量變轉化為質變的關鍵點，從而對決定資本主義生產勞動性質的數量界限進行了具體的考察。他指出：「如果一個工作日只夠維持一個勞動者的生活，也就是說，只夠把他的勞動能力再生產出來，那麼，絕對地說，這一勞動是生產的，因為它能夠再生產即不斷補償它所消費的價值（這個價值額等於它自己的勞動能力的價值）。但是，從資本主義意義上來說，這種勞動就不是生產的，因為它不生產任何剩餘價值。」（第一分冊第 143 頁）這就說明，單純的價值形成過程與價值增值過程，存在著本質的區別：前者屬於簡單商品生產的過程，後者才是資本主義的生產過程。這種本質的區別，是以勞動力成為商品、勞動者成為雇傭勞動者作為前提條件的。在資本主義條件下，價值形成過程必然要超過再生產補償勞動力本身的價值這一點而延長，使勞動者所創造的價值大於勞動力本身的價值，這就成為價值增值過程。所以，比較一下價值形成過程和價值增值過程，就會知道，價值增值過程不外是超過了一定點的價值形成過程。而作為資本主義生產勞動的數量界限，正如馬克思在本節中所指出的：「即工人不僅補償原有價值，而且創造新價值；他在自己產品中物化的勞動時間，比維持他作為一個工人生存所需的產品中物化的勞動時間要多。這種生產的雇傭勞動也就是資本存在的基礎。」（第一分冊第 143 頁）

這裡需要進一步指出，從質和量的對立統一中來認識資本主義的生產勞動，不僅單純價值形成過程中的勞動不算作資本主義的生產勞動，因為它不反應資本主義的剝削關係；就是既補償勞動力的價值又創造剩餘價值的勞動，馬克思指出，也只有生產剩餘價值的那部分勞動才是資本主義的生產勞動。他說：「當我們考察單個商品時，在單個商品的可除部分中表現為**無償**勞動的是生產勞動，換句話說，當我們考察全部產品時在商品總量的可除部分中表現為單純無償勞動的，即表現為資本家沒有花任何代價的**產品**的勞動，是生產勞動。」① 這就說明，在資本主義制度下，必要勞動和剩餘勞動是對立的，包含

---

① 馬克思. 直接生產過程的結果 [M]. 北京：人民出版社，1964：105-106.

著資本主義所固有的對抗性矛盾。雇傭勞動者必須為資本家提供剩餘價值,才能取得為自己生存而進行必要勞動的權力。因此,雇傭工人為補償自身勞動力價值的那部分勞動,只是生產剩餘價值的必要條件。

既然資本主義生產勞動的特殊規定性是生產剩餘價值的勞動,那麼,毫無疑問,勞動生產率沒有一定程度的提高,勞動者也就不能在生產他自身需要的生活資料的勞動時間之外,還有剩餘勞動時間。這樣,也就不會有剝削階級,不會有資本主義制度了。所以馬克思指出,資本家階級的存在,從而資本的存在本身,「是以相對的勞動生產率為基礎」。(第一分冊第143頁) 所謂相對的勞動生產率,是指工人在這種勞動生產率基礎上所創造的價值,要大於補償他自身消費的價值。亦即指勞動生產率的提高,要達到使資本主義剝削能夠發生的水準。這種相對的勞動生產率,不是自然界現成提供的,而是經歷了一系列的歷史發展過程才具備的。所以馬克思說:「作為資本關係的基礎和起點的已有的勞動生產率,不是自然的恩惠,而是幾十萬年歷史的恩惠。」① 這裡需要明確的是,雖然剩餘價值的生產要以相對的勞動生產率為基礎,但決不能認為勞動生產率是剩餘價值產生的原因。因為勞動生產率的提高,只提供剩餘勞動或剩餘價值的可能性,而決不能提供它的現實性。要使可能性成為現實性,必須有特殊的、歷史的生產關係,或如馬克思所說:「需要外部的強制。」② 資本關係,是在一個長期歷史發展過程的經濟基礎上才產生的。只有在資本主義的生產關係下,才會有剩餘價值的生產。

在本節的最後,馬克思用加括號的形式寫下了一個重要的提示。「假定不存在任何資本,而工人自己佔有自己的剩餘勞動,即他創造的價值超過他消費的價值的餘額。只有在這種情況下才可以說,這種工人的勞動是真正生產的,也就是說,它創造新價值。」(第一分冊第143頁) 這一思想,在我們認識和區分社會主義條件下的生產勞動和非生產勞動時,是應該認真加以研究的。

[(2) 重農學派和重商學派對生產勞動問題的提法]

亞當·斯密對生產勞動的見解,從其思想淵源來看,與重農學派有著直接

---

① 馬克思. 資本論:第1卷[M] // 馬克思恩格斯全集:第23卷. 北京:人民出版社,1972:560.
② 馬克思. 資本論:第1卷[M] // 馬克思恩格斯全集:第23卷. 北京:人民出版社,1972:563.

的聯繫,甚至還可以追溯到前古典的重商學派。所以,馬克思在進一步分析和評價斯密的生產勞動理論之前,在本節,先研究其思想淵源,指出斯密與其前輩之間的繼承和發展的關係;說明斯密在這個問題上超出前人所做的功績。

馬克思指出,斯密區分生產勞動和非生產勞動第一種正確的定義,「是從亞當·斯密對剩餘價值起源的看法,因而是從他對資本的實質的看法,自然而然地得出來的。只要他對生產勞動持有這種觀點,他就沿著重農學派甚至重商學派走過的一個方向走,不過使這個方向擺脫了錯誤的表述方式;從而揭示出它的內核」。(第一分冊第 143~144 頁)

馬克思這裡所說的「方向」,我們把它理解為是指從剩餘價值的起源來觀察和區分資本主義下的生產勞動和非生產勞動。資產階級經濟思想的各學派雖然沒有「剩餘價值」的科學概念,但其對生產勞動問題所持的觀點,究其實質,都取決於各自對剩餘價值起源的看法。而這種看法,又大都包含在其所持的財富觀和利潤來源的見解之中。所以,從這個意義上說,斯密也是沿著重商學派和重農學派走過的一個方向走,從他對剩餘價值起源的看法中,得出資本主義生產勞動的規定性。至於馬克思所說的「表述方式」,我們的看法,是指如何根據其對剩餘價值的來源以及產生剩餘價值的領域和部門的理解,對生產勞動和非生產勞動所作的說明。

重農學派在資產階級古典政治經濟學的發展中,是首次對資本主義生產勞動提出了比較系統理解的學派。儘管在重農學派的學說中,堅持了上述的正確「方向」,如馬克思所指出的:「即從資本主義觀點來看,只有創造剩餘價值的勞動,並且不是為自己而是為生產條件所有者創造剩餘價值的勞動,才是生產的,只有不是為自己而是為土地所有者創造『純產品』的勞動,才是生產的。」(第一分冊第 144 頁)但是,由於重農主義產生的特殊歷史條件,又由於重農學派以自身的片面性來反對重商學派的片面性,加之封建外觀的影響,使其學說中的這一合理內核,卻與錯誤的表述方式聯繫在一起。表現在:重農學派不僅認為只有農業勞動才是唯一的生產勞動,從而縮小了生產勞動的領域;而且對物化了剩餘價值在內的「純產品」的理解也是錯誤的。「純產品」的學說雖然在實際上就是重農學派的剩餘價值學說,但是,由於重農主義者缺乏正確的價值理論,錯誤地把價值歸結為勞動的使用價值,以致「純產品」在他們那裡也只能被理解為使用價值,是「因為例如收穫的小麥比工人和租地農場主吃掉的要多」(第一分冊第 144 頁),以物質使用價值單純數量的增

加，作為勞動是否具有生產性的標準。這樣，就不能把價值歸結為勞動時間，歸結為沒有質的差別的社會勞動，進而不能對剩餘價值有正確的理解，只是從剩餘價值借以表現的使用價值形式來看剩餘價值。不過，馬克思說：「儘管如此，他們還是有一個正確的定義；雇傭勞動只有當它所創造的價值大於它本身所花費的價值的時候，才是生產的。」（第一分冊第144頁）這就是說，在重農學派的理論中畢竟包含著合理的內核。

馬克思指出：「在重商學派那裡也有對生產勞動的同樣見解的一面，儘管他們對這一點是無意識的。」（第一分冊第144頁）重商學派的基本觀點是：「勞動只有在產品出口給國家帶回的貨幣多於這些產品所值的貨幣（或者多於為換得這些產品而必須出口的貨幣）的那些生產部門，因而只有在使國家有可能在更大的程度上分沾當時新開採的金銀礦的產品的那些生產部門，才是生產的。」（第一分冊第144頁）重商學派所以持有這種觀點，有其深刻的社會歷史根源。它與16世紀末和17世紀初貴金屬的流入有關。由於金銀礦山勞動生產率的提高，貴金屬大量流入歐洲，引起商品價格的上漲和工人實際工資的下降，從而使利潤率提高了。因為只有出口的商品才按金銀已經降低的價值來衡量，「所以在為出口服務的生產部門中，由於工資降到原有水準之下，勞動就表現為直接生產的勞動，即創造剩餘價值的勞動」。（第一分冊第145頁）由於重商學派從商業資本的運動形式出發，把研究的對象僅僅停留在流通領域，從而認為金、銀是唯一的財富，並由此進而錯誤地認為剩餘價值來源於流通，把商業資本的利潤作為勞動生產性的標記，這就使其表述方式更不科學。表現在：不僅把生產勞動部門限於為出口服務，分沾當時新開採的金銀礦的產品的那些生產部門，而且著眼點是貨幣，並非一般的產品，更不是社會生產關係。

亞當·斯密的功績在於：從其對生產勞動第一種正確的解釋來看，堅持了重商學派和重農學派曾經走過的「方向」，明確地指出利潤來源於與資本直接交換的雇傭勞動，同時，又擺脫了前人的錯誤的「表述方式」，宣稱一切生產剩餘價值的部門和勞動都是生產的。這樣，與重商學派相比，斯密堅定不移地把關於剩餘價值起源的研究從流通領域轉移到物質生產領域，與重農學派相比，他又突破了重農主義者的局限，把生產勞動的概念推廣到一切物質生產部門。這是同斯密從資本主義生產的觀點出發，以勞動一般是財富的源泉，並系統地闡述了物化在商品中的一般勞動決定價值的觀點，從而比較科學地論證了

生產勞動與價值創造之間的聯繫直接相關。在此基礎上，才有可能對剩餘價值的起源有比較正確的認識，從而才能擺脫重農學派甚至重商學派關於生產勞動的錯誤表述方式，揭示出它的內核。

馬克思在上一節中，對斯密關於生產勞動的第一種正確的解釋作了科學的概括，在本節，又通過歷史的對比，肯定了斯密在生產勞動理論上做出的貢獻。不過，這只是問題的一方面。正如斯密對其他問題的見解都具有兩重性一樣，他對生產勞動問題還有不科學的見解。馬克思在以下兩節，進一步展開了對斯密關於生產勞動理論兩重性的分析和評論。

[（3）斯密關於生產勞動的見解的二重性。對問題的第一種解釋：把生產勞動看成同資本交換的勞動]

在本節，馬克思對亞當·斯密關於生產勞動第一種正確的解釋進行了分析和評論，並進一步提出了劃分資本主義生產勞動與非生產勞動的標準與依據。

馬克思指出，亞當·斯密在他的著作中，實際上提出了兩個區分生產勞動和非生產勞動的定義，並且把正確的定義與錯誤的定義完全混淆在一起，「以致這兩種見解在同一段文字中接連交替出現」。（第一分冊第146頁）例如他在《國民財富的性質和原因的研究》一書中說：「有一種勞動，加在物上，能增加物的價值；另一種勞動，卻不能夠。前者因可生產價值，可稱為生產性勞動，後者可稱為非生產性勞動。製造業工人的勞動，通常會把維持自身生活所需的價值與提供雇主利潤的價值，加在所加工的原材料的價值上。反之，家僕的勞動，卻不能增加什麼價值。製造業工人的工資，雖由雇主墊付，但事實上雇主毫無所費。製造業工人把勞動投在物上，物的價值便增加。這樣增加的價值，通常可以補還工資的價值，並提供利潤。家僕的維持費，卻是不能收回的。雇傭許多工人，是致富的方法，維持許多家僕，是致貧的途徑。但家僕的勞動，亦有它本身的價值，像工人的勞動一樣，應得到報酬。不過，製造業工人的勞動，可以固定並且實現在特殊商品或可賣商品上，可以經歷一些時候，不會隨生隨滅……反之，家僕的勞動，隨生隨滅，要把它的價值保存起來，供日後等量勞動之用，是很困難的。」①

在這段話中，斯密以製造業工人和家僕為例，說明生產勞動者和非生產勞

---

① 參見亞當·斯密：《國民財富的性質和原因的研究》上卷，第303~304頁。

動者的區別是：①生產勞動者生產價值，不僅為雇主生產「補還工資的價值」，而且還「提供利潤」，而雇主為非生產勞動者的花費，則是「不能收回的」。②生產勞動者的勞動「可以固定並且實現在特殊商品或可賣商品上」，非生產勞動者的勞動則「隨生隨滅」，即不生產商品。據此，馬克思把斯密關於生產勞動的定義歸結為：與資本相交換的勞動和物化在商品中的勞動這樣兩個本質上不同的定義。斯密本人當然不會認為他的定義有什麼矛盾或錯誤，因而兩個本質上不同的定義在斯密的心目中安然並存。但是，在馬克思看來，斯密的兩個定義是矛盾的。斯密的第一個定義即生產勞動是與資本相交換的勞動，這是從勞動在資本主義生產中借以實現的社會形式出發的，是從資本主義生產的觀點給生產勞動下的定義，反應了資本主義生產是剩餘價值的生產這一本質。馬克思高度評價了斯密的這種區分，認為「亞當·斯密在這裡觸及了問題的本質，抓住了要領。他的巨大科學功績之一……就在於，他下了生產勞動是**直接同資本交換的勞動**這樣一個定義」。（第一分冊第 148 頁）

斯密的錯誤在於他給生產勞動又下了是物化在商品中的勞動這樣一個定義，即所謂第二個定義。這比起他上述的第一個「較為深刻的見解」來，則是一個「比較淺薄的見解」。（第一分冊第 308 頁）因為它不是從勞動的社會規定性，而是從勞動的物質規定性上來給生產勞動下定義，這就既不能區別資本主義社會的生產勞動與其他社會形態下的生產勞動的特殊性，也不能正確區分資本主義制度下的生產勞動和非生產勞動。斯密把第二個在本質上是錯誤的定義與第一個在本質上是正確的定義混在一起，「就把主要的區分大大削弱並衝淡了。」（第一分冊第 265 頁）這裡，暫且先不論其第二個錯誤的定義，馬克思在本節中主要是對斯密第一個正確的定義進行分析和評論。

斯密的第一個定義，十分明確地把生產勞動理解為不僅再生產出工人「自身生活所需的價值」，而且還為資本家「提供利潤」。按照這個定義，資本主義的生產勞動是在資本主義生產過程中同作為資本的生產條件相交換，勞動在生產過程中直接物化為資本，勞動能力的使用價值對資本家來說，不在於某種具體勞動的效用，而在於這種勞動的結果能使他收回的勞動時間量大於他以工資形式支付的勞動時間量，即能得到一個完全無償佔有的剩餘價值。也就是說：「只有通過這種交換，勞動的生產條件和一般價值即貨幣或商品，才轉化為資本（而勞動則轉化為科學意義上的雇傭勞動）。」（第一分冊第 148 頁）這樣，斯密就大體上正確地規定了資本主義生產勞動範疇的內涵，揭示了資本主義

生產勞動的實質，反應了資本主義制度下雇傭勞動與資本之間對立的經濟關係。

既然斯密認為只有生產資本從而也生產利潤的勞動才是生產勞動，或者說，只有直接同資本交換的勞動才是生產勞動，那麼，什麼是非生產勞動，也就可以絕對地確定下來了。「那就是不同資本交換，而**直接**同收入即工資或利潤交換的勞動（當然也包括同那些靠資本家的利潤存在的不同項目，如利息和地租交換的勞動）。」（第一分冊第 148 頁）非生產勞動的特徵在於它不生產價值，更「不增加什麼價值」，反而要消費收入，例如家僕的勞動。在這裡，通過揭示非生產勞動的含義也表明，為資本所有者生產剩餘價值，是資本使用生產勞動的唯一目的。

斯密的這一定義，既正確地繼承了重農學派關於生產勞動必須生產剩餘產品的思想，又衝破了重農學派把生產勞動只限於農業勞動的狹隘眼界，並擺脫了重農學派對生產勞動的錯誤的表述方式，揭示出資本主義的生產勞動是給資本家帶來投資利潤的雇傭勞動這一內核。從而把對於生產勞動的認識推進到了資產階級視野內的新高度，為生產勞動學說的發展作出了重要的貢獻，這是斯密的巨大科學功績之一。

不過，斯密的這一定義，仍然存在著重大的缺陷。由於斯密不能區分勞動和勞動力，也不懂得資本主義生產過程的兩重性，從而他不可能弄清勞動與資本直接交換這一過程的實質和所應包含的全部內容，自然也就不可能科學地解釋這種交換，又由於斯密沒有剩餘價值的科學概念，不能把剩餘價值作為一個專門範疇同它表現在利潤、利息、地租上的特殊形式區別開來，所以，他僅是看到剩餘價值的表現形式如利潤，而不能完全科學地規定資本主義生產勞動是生產剩餘價值這一實質內容。正因為斯密的這一本質上是正確的定義還存在著這樣重大的缺陷，從而使他也不能正確認識勞動的物質規定性和勞動的社會規定性之間的區別和聯繫，以致把二者經常混淆，模糊或衝淡了勞動作為生產勞動的特性只表現一定的社會生產關係這一正確的見解。

針對著斯密關於生產勞動見解的二重性，馬克思在本節中的分析和評論首先指出，斯密把生產勞動看成是同資本交換的勞動，把非生產勞動看成是與收入直接交換的勞動的這些定義，「不是從勞動的物質規定性（不是從勞動產品的性質，不是從勞動作為具體勞動所固有特性）得出來的，而是從一定的社會形式，從這個勞動借以實現的社會生產關係得出來的。」（第一分冊第 148 頁）既然如此，要把這一定義堅持到底，就應該懂得，在非物質生產領域中，

只提供服務的勞動,如果直接與資本相交換,並通過這種勞動發揮作用,為資本家帶來利潤,那麼,這種勞動對雇傭它的這一資本來說,也應算是生產勞動。而斯密卻只把生產性勞動局限於物質生產領域,忽視了非物質生產領域中資本對雇傭勞動的剝削關係,從而把演員、醜角、醫生等的勞動,都算作非生產性勞動。對此,馬克思說:「例如一個演員,哪怕是醜角,只要他被資本家(劇院老闆)雇傭,他償還給資本家的勞動,多於他以工資形式從資本家那裡取得的勞動,那麼,他就是生產勞動者」。(第一分冊第 148 頁)這就是說,這類非物質生產的勞動雖然與生產物質產品的勞動具有不同的特點,但並不妨礙資本主義生產關係侵入這一領域,「它們可以直接**資本主義式地**被利用」①。亦即資本家可以雇傭這類勞動者取得對這類勞動的暫時支配權,讓他們從事藝術、醫療、教育等活動,把這些服務出賣給公眾,從而為老闆補償工資並提供利潤。在這裡,也是勞動直接與資本進行交換,並通過勞動者提供的服務性勞動,給老闆帶來了利潤。正是在勞動和資本這樣的關係上,馬克思才認為,這類非物質生產的勞動,對雇傭它的這一資本來說,也可算作是資本主義的生產勞動。這是在廣泛的意義上來運用「勞動是同作為資本的貨幣相交換還是同作為收入的貨幣相交換」這一劃分生產勞動和非生產勞動的標準,是為了強調作為生產勞動的特性只表現一定的社會生產關係,而與勞動的物質規定性無關,從而揭露了資本主義生產關係的特殊性。物質生產領域以外的勞動既然能帶來利潤,它就再生產資本主義的剝削關係。對於生產剩餘價值來說,資本家把資本投到工廠還是投到劇院是不一樣的,但對於資本家取得利潤來說,資本家可以通過物質生產的直接生產過程來榨取剩餘價值取得利潤,也可以通過剩餘價值的再分配來取得利潤。在這兩種情況下,個別資本都會發生增值。所以,馬克思特別強調指出:「勞動的這種物質規定性同勞動作為生產勞動的特性毫無關係,相反,勞動作為生產勞動的特性只表現了一定的社會生產關係。我們在這裡指的勞動的這種規定性,不是從勞動的內容或勞動的結果產生的,而是從勞動的一定的社會形式產生的」。(第一分冊第 149 頁)

其次,既然對生產勞動和非生產勞動的區分,不能以勞動的物質規定性為依據,而必須以勞動借以實現的社會關係為依據,那麼,同一內容的勞動,既可以是生產勞動,也可以是非生產勞動。因為生產勞動是指勞動能力和勞動在資本主義生產過程內所呈現的整個關係和方式的簡稱,包含著勞動力的賣者和

---

① 馬克思. 直接生產過程的結果 [M]. 北京:人民出版社,1964:115.

買者之間的一個十分確定的關係。「例如，飯店裡的廚師和侍者是生產勞動者；因為他們的勞動轉化為飯店老闆的資本。這些人作為家僕，就是非生產勞動者，因為我沒有從他們的服務中創造出資本，而是把自己的收入花在這些服務上。」（第一分冊第 150 頁）與收入直接交換的勞動，購買者是為了把它作為使用價值、作為服務來消費，而不是把它作為資本價值增值的要素來消費，即不是生產地消費而是非生產地消費。用收入來購買服務的貨幣在這裡只不過是單純的購買手段，而不是作為資本來發揮職能。由此可見，同一內容的勞動，之所以既可以是生產勞動也可以是非生產勞動，決定的原因不在於勞動的物質內容，而在於：「在一種情況下勞動同資本交換，在另一種情況下勞動同收入交換。在一種情況下，勞動轉化為資本，並為資本家創造利潤；在另一種情況下，它是一種支出，是花費收入的一個項目。」（第一分冊第 151 頁）

在此基礎上，馬克思還進一步分析了生產勞動者與非生產勞動者的特點。假定資本已經掌握了全部生產，也就是說，商品生產只有資本家來經營。這時，非生產勞動者則絕大部分只提供個人服務，即以服務直接同收入相交換。馬克思指出，雖然對於提供這些服務的勞動者來說，服務就是商品，它有一定的使用價值（想像的或現實的）和一定的交換價值。但是，對購買者來說，這些服務只是使用價值，只是他借以消費自己收入的對象，而不是商品。非生產勞動者的服務的交換價值，也是由維持其生活所必需的生活資料的價值來決定，他們必須從生產勞動創造的商品中購買自己的這一份，但是「他們同這些商品的生產毫無關係。」（第一分冊第 149 頁）即使在提供個人服務直接與收入相交換的勞動者中間有極小部分（例如廚師、裁縫、縫補工等）也會生產出物質產品，但他們只有用自己的服務同收入交換，才參加物質生產。他們生產的不是商品，而只是使用價值，是直接的消費對象。因此，在這種條件下，生產勞動者的特點是「為他的勞動能力的買者生產商品。而非生產勞動者為買者生產的只是使用價值，想像的或現實的使用價值，而絕不是商品。非生產勞動者的特點是，他不為自己的買者生產商品，卻從買者那裡獲得商品」。（第一分冊第 151 頁）

總之，通過分析和評論，馬克思強調必須以生產關係為依據，以勞動直接與資本相交換還是與收入相交換作為劃分標準，才能科學地闡明資本主義制度下生產勞動與非生產勞動的實質，才能正確地區分資本主義的生產勞動與非生產勞動。

[（4）斯密對問題的第二種解釋：生產勞動是物化在商品中的勞動]

在本節，馬克思著重對斯密關於生產勞動的第二種解釋進行分析和評論。首先，分析了斯密所以會提出第二種解釋的原因及其錯誤的實質。其次，對這一解釋作出全面的評價。

亞當·斯密對生產勞動第二種解釋的觀點是：「家僕的勞動（與製造業工人的勞動不同）……**不能使價值有任何增加**……家僕的生活費**永遠得不到償還**，……製造業工人的勞動**固定和物化在一個特定的對象或可以出賣的商品中，而這個對象或商品在勞動結束後，至少還存在若干時候**……相反，家僕的勞動不**固定**或不**物化在一個特定的對象或可以出賣的商品中，他的服務通常一經提供隨即消失，很少留下某種痕跡或某種以後**能夠用來取得同量服務的**價值**。」（轉引自第一分冊第 152 頁）按照這個觀點，斯密認為生產勞動是生產商品的勞動。在他看來，生產勞動一定要固定並物化在可以出賣的商品中，這一勞動創造補償勞動者工資的價值，而非生產勞動，則通常是不固定或不物化在可以出賣的商品中，非生產勞動不生產任何價值。

顯然，斯密的這一解釋，強調的是勞動的物質差別，以勞動是否物化在可以出賣的商品中為依據來劃分生產勞動與非生產勞動，這就捨棄了資本主義生產勞動的社會屬性。斯密所以會在第一種正確的解釋之外，又提出第二種解釋的理由之一，馬克思指出，是由於「隨著資本掌握全部生產……生產勞動者和非生產勞動者之間的物質差別也就愈來愈明顯地表現出來，因為前一種人，除了極少數外，將僅僅生產**商品**，而後一種人，也是除極少數以外，將僅僅從事個人服務」。（第一分冊第 152 頁）資本主義發展中的這一現實，攪亂了斯密的思路，使他不能把從剩餘價值起源的見解出發所得出的關於生產勞動第一種正確的定義堅持到底，並進一步透過呈現出來的現象去探索資產階級經濟制度的隱蔽結構；從而只是把經濟生活過程中的外部現象，按照它表現出來的樣子加以描寫、分類、敘述並歸入簡單概括的概念規定之中，這也正是第二種解釋的「淺薄」所在。

斯密關於生產勞動第二種解釋的錯誤的實質，在於：「超出了和社會形式有關的那個定義的範圍，超出了從資本主義生產的觀點來給『生產勞動者』下定義的範圍。」（第一分冊第 154 頁）因此，按照第二種解釋，已經不是以是否生產剩餘價值為依據來談論生產勞動與非生產勞動，而是說，一個勞動

者，只要他用自己的勞動把他的工資所包含的那樣多的價值加到某種材料上，提供一個等價來代替已消費的價值，他的勞動就是生產勞動。這樣，就沒有了剩餘價值的生產，資本主義也就不成其為資本主義了。其實，只提供補償勞動者已消費的價值的勞動，並不是資本主義的生產勞動。斯密所說的這種情況，會存在於生產資料屬於生產者私人佔有的簡單商品生產的經濟中。在這種經濟形式中，生產者從自己年產品價值中扣除了已消耗的生產資料的價值後，他一年內可以消費的，只是他的勞動新創造的那部分價值。不過，在這種情況下，既沒有什麼資本主義生產可言，當然，也就談不到資本主義的生產勞動了。由此可見，斯密以勞動是否物化在可以出賣的商品中來劃分生產勞動與非生產勞動，就放棄了以資本主義生產關係為依據來給生產勞動下定義的正確觀點，並混淆了資本主義生產與一般商品生產的本質區別。由於一般商品生產先於資本主義生產而存在，而資本主義社會又是商品生產發展的最普遍的形式。在這裡，資本剝削雇傭勞動的生產關係，被物與物的關係所掩蓋。而包括斯密在內的資產階級古典政治經濟學者以超越歷史的觀點來研究資本主義的生產與分配，這就既不能認清資本主義與一般商品生產的區別與聯繫，又必然會把生產勞動這個範疇的特定社會生產關係的本質看作一般商品物的屬性和物的關係而加以永恆化和絕對化。

斯密所以在這裡走入歧途，提出第二種解釋，從其思想淵源上來分析原因，馬克思指出：「是因為他在闡述自己見解時一方面反對重農學派，另一方面又受到重農學派的影響。」（第一分冊第153頁）這可以在斯密《國民財富的性質和原因的研究》一書第四篇第九章對重農學派學說的批判中看到。例如：

第一，重農學派認為不從事農業的工業階級之所以是「不生產的」和「不結果實的」，是因為工業階級每年只再生產出自己的年消費價值，而不能像農業生產那樣，再生產出一個「純產品」。而斯密在反駁重農學派的這一觀點時，不僅承認了只有農業勞動才能生產「純產品」這一前提，而且在肯定工業勞動也是生產勞動時所用的論據，又恰好是重農學派否定工業勞動是生產勞動的論據。斯密認為，雖然農業勞動是生產「純產品」的真正的生產勞動，但是，不從事農業的工業階級，還是會把一個等於他消費的價值再生產出來，從而至少能保持使他們能夠就業的資金或資本。因而，「一個階級的產品超過另一個階級的產品，並不能使另一個階級成為**不生產的**和**不結果實的**。」（轉

引自第一分冊第154頁）由此可見，斯密在反對重農學派只有農業勞動才是唯一的生產勞動的觀點時，放棄了自己說過的製造業工人的勞動除創造自己生活費的價值以外，還創造他的主人的利潤的觀點，反而接受了重農學派的觀點。「這樣，在重農學派的影響下，同時在反對重農學派的情況下，便產生了他對『生產勞動』的第二個定義。」（第一分冊第154頁）

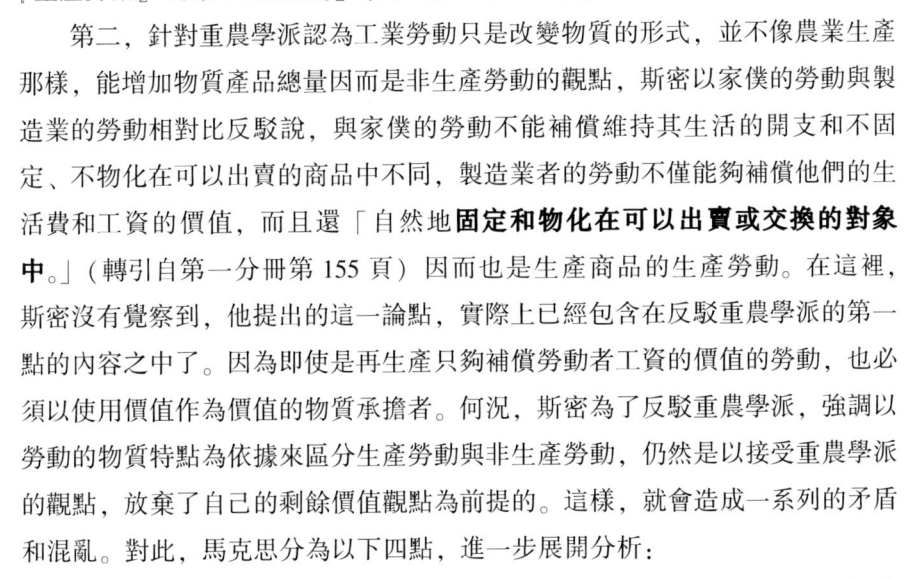

第二，針對重農學派認為工業勞動只是改變物質的形式，並不像農業生產那樣，能增加物質產品總量因而是非生產勞動的觀點，斯密以家僕的勞動與製造業的勞動相對比反駁說，與家僕的勞動不能補償維持其生活的開支和不固定、不物化在可以出賣的商品中不同，製造業者的勞動不僅能夠補償他們的生活費和工資的價值，而且還「自然地**固定和物化在可以出賣或交換的對象中**。」（轉引自第一分冊第155頁）因而也是生產商品的生產勞動。在這裡，斯密沒有覺察到，他提出的這一論點，實際上已經包含在反駁重農學派的第一點的內容之中了。因為即使是再生產只夠補償勞動者工資的價值的勞動，也必須以使用價值作為價值的物質承擔者。何況，斯密為了反駁重農學派，強調以勞動的物質特點為依據來區分生產勞動與非生產勞動，仍然是以接受重農學派的觀點、放棄了自己的剩餘價值觀點為前提的。這樣，就會造成一系列的矛盾和混亂。對此，馬克思分為以下四點，進一步展開分析：

1. 斯密把直接耗費在物質生產中的各類腦力勞動，也算作「固定和物化在可以出賣或交換的商品中」的勞動。這雖然是指在一定物質生產領域內，進行協作勞動的每一個成員，都是總體勞動者的一部分，他們的勞動都是製造商品所必需的，因而是生產勞動，但是，如果僅以勞動是否固定和物化在商品中作為區分勞動生產性與非生產性的標準，那麼，非物質生產領域中資本對勞動的剝削關係應該怎麼看呢？何況，抽掉了資本主義的生產勞動者必須是為資本家生產剩餘價值的雇傭勞動者這一社會規定性，導致斯密認為成為生產勞動者的「製造業者」還包括資本家①，這則是一種庸俗的見解。

2. 斯密認為，只有生產勞動才「固定和物化在可以出賣或交換的對象中。」馬克思舉了被私人叫到家裡來的裁縫、家具修理工、廚師等人的勞動為例，說明這類勞動同樣能夠「固定和物化在可以出賣或交換的對象中」，他們所生產的使用價值，從可能性來講，也是商品。因而，斯密所說的非生產勞動者的服務「一經提供隨即消失」，這也是不對的。馬克思針對斯密第二種解釋

---

① 參見亞當·斯密：《國民財富的性質和原因的研究》上卷，第271頁引文。

的這一矛盾,又重複強調說:「使勞動成為『生產的』或『非生產的』勞動的,既不一定是勞動的這種或那種特殊形式,也不是勞動產品的這種或那種表現形式。同一勞動可以是生產的,只要我作為資本家、作為生產者來購買它,為的是用它來為我增加價值,它也可以是非生產的,要我作為消費者來購買它,只要我花費收入是為了消費它的(勞動的)使用價值,不管這個使用價值是隨著勞動能力本身活動的停止而消失,還是物化、固定在某個物中。」(第一分冊第156~157頁)據此,進一步分析斯密所說的「固定在商品中的勞動補償開支」,而不固定在商品中的勞動不補償開支的論點,也是錯誤的。撇開利潤不談,事實是,與資本交換的勞動才能補償開支,而與收入交換的勞動不能補償開支。同一廚師的勞動力,如果被飯店老板所購買,在飯店裡生產商品,就補償老板用以支付的工資,假如被私人所購買,不是把它作為構成價值的要素,而是把它當作特定的具體勞動來使用,廚師的勞動就不補償私人用以支付的基金。馬克思指出:「這種差別在商品中間也是存在的。」(第一分冊第157頁)例如,印花布工廠的資本家,為補償自己不變資本而購買的棉布商品,會以印花布的形式為資本家補償它的價值;相反,如果資本家購買棉布或印花布這類商品,是為了自身的消費,那麼,這個商品就不會補償他的開支。

3. 關於提供純粹服務的勞動,如演員、音樂家等的勞動,被斯密認為是非生產勞動。因為它的「服務一經提供隨即消失」「不固定或不物化在可以出賣的商品中」。馬克思指出,斯密的這種認識和劃分,也是不對的。在資本主義條件下,劇院、歌舞場等的老板,可以用資本來購買演員、音樂家等的勞動能力的暫時支配權,並把這些服務出賣給公眾,從而為老板補償工資並提供利潤。雖然這些勞動看起來像是非生產勞動,因為它們的買者不能以商品的形式,只能以活動本身的形式把它們出賣給觀眾。但是,這些勞動,「對它們的買主或雇主來說是生產的,例如演員的勞動對劇院老板來說是生產的」。(第一分冊第165頁)可見,斯密混淆了勞動的物質規定性和社會規定性,就不可能正確地區分資本主義的生產勞動和非生產勞動;也不能懂得:「這些服務的生產有一部分從屬於資本,就像體現在有用物品中的勞動有一部分直接用收入來購買,不從屬於資本主義生產一樣。」(第一分冊第159頁)

4. 在分析斯密以勞動的物質差別來區分生產勞動與非生產勞動時,馬克思還指出了一個重要的事實,即固定在商品中的勞動並不總是創造價值的。因為「整個『商品』世界可以分為兩大部分:第一,勞動能力。第二,不同於

勞動能力本身的商品。」（第一分冊第 159 頁）而使勞動能力具有專門性的教師的服務或維持、保護勞動者健康的醫生的服務等，是「固定」在勞動力商品中的勞動。它加入勞動力價值，但它本身卻不創造價值。馬克思在這裡明確地說：「醫生和教師的勞動不直接創造用來支付他們報酬的基金，儘管他們的勞動加入一般說來是創造一切價值的那個基金的生產費用，即加入勞動能力的生產費用。」（第一分冊第 159~160 頁）第三，針對重農學派認為製造業者的勞動不能增加社會實際收入的觀點，斯密在反駁時所作的論證，仍然是以接受重農學派的工業階級只能再生產一個等於他消費的價值的觀點作為出發點。斯密舉例說，假定一個手工業者在收穫後 6 個月內完成了價值 10 鎊的勞動，即使他在這段時間也消費了價值 10 鎊的穀物和其他生存資料，他事實上也已給社會的土地和年產品增加了 10 鎊的價值。因為，這 6 個月內所消費和生產的價值不等於 10 鎊而等於 20 鎊。斯密也知道，生產和消費的收支相抵，現存的這個價值不會超過 10 鎊。但是，斯密對比說，如果這 10 鎊的價值不是由手工業者來消費而是由士兵或家僕來消費，到 6 個月末時，現存的年產品的價值，就會實際減少 10 鎊。由此，斯密作出結論：「可見，即使假定手工業者生產的價值從來沒有超過他消費的價值，但在任何時候市場上現有的商品的總價值，都會由於有他的勞動而比沒有他的勞動時要大。」（轉引自第一分冊第 160 頁）馬克思在分析斯密的這一結論時指出，斯密的這一論證，並不能證明只有生產勞動才能增大市場上現有的商品的總價值。斯密不理解，在市場上經常流通的有兩類商品，即物質商品和勞動力商品，市場上流通的商品價值總額等於這兩類商品的價值。而「非生產勞動者」提供的服務本身也有使用價值和交換價值，因而也會增大市場上流通的商品的總價值。所以，馬克思反駁說：「難道任何時候市場上現有的商品的（總）價值，不是由於有『非生產勞動』而比沒有這種勞動時要大嗎？……因此，消費品的總額，任何時候都比有可消費的服務存在時要大。其次，價值也大了，因為它等於維持這些服務的商品的價值和這些服務本身的價值。」（第一分冊第 160~161 頁）馬克思在這裡所說的服務的價值是指提供服務的勞動者的勞動力的價值（第一分冊第 435 頁），這個勞動力的價值是實在的，但它並不增加社會總產品的價值和國民收入的價值。因此，馬克思說：「要知道，在這裡就像每次商品和商品相交換一樣，是等價物換等價物，因而同一價值具有二重的形式：一次在買者一方，另一次在賣者一方。」（第一分冊第 161 頁）可見，斯密用市場上現有的商品總價值的增大

作為論據，是不能說明生產勞動的。

馬克思在對斯密所以會提出關於生產勞動第二種解釋的原因作了上述的分析後，中間插入了對斯密批判重農學派其他觀點的評論。然後，又回到斯密的第二種解釋上來，把斯密的第二種見解歸結為：「生產勞動就是生產商品的勞動，非生產勞動就是不生產『任何商品』的勞動。」（第一分冊第163頁）並繼續對斯密的這一見解進行評論。

首先，馬克思指出，斯密在闡述他的這一見解時，認為兩種勞動，即生產商品的生產勞動和不生產商品的非生產勞動，都是商品，這在理論上是極其錯誤的。因為商品的概念本身就包含著勞動物化在自己的產品中的意思，而勞動和勞動力是兩個不同的範疇，必須把二者區別開。馬克思說：「勞動本身，在它的直接存在上，在它的活生生的存在上，不能直接看作是商品，只有勞動能力才能看作是商品，勞動本身是勞動能力的暫時表現。只有這種觀點才能使我們既弄清楚真正的雇傭勞動的概念，又弄清楚『非生產勞動』的概念。」（第一分冊第163頁）斯密不能區分勞動和勞動力，錯誤地認為勞動是商品，這就既不能科學地說明剩餘價值的來源，也不可能真正地理解資本主義的生產勞動和非生產勞動。

其次，馬克思指出，對勞動的物化，也不能像斯密那樣去理解。在斯密看來，物化在商品中的勞動應當在商品上留下痕跡。這是斯密獨特的「蘇格蘭方式」的理解。斯密不懂得生產商品的勞動是二重性的勞動。由商品的價值來看，說物化在商品中的勞動，指的是物化在商品中一定量的社會勞動，「那僅僅是指商品的一個想像的即純粹社會的存在形式，這種存在形式和商品的物體實在性毫無關係」。（第一分冊第164頁）當然，形成價值的抽象勞動的物化，脫離不開具體勞動的形式。但是，具體勞動並不能創造價值，只有抽象勞動才創造價值。所以，創造價值的抽象勞動所必須借助的各種具體形式的勞動，可以在原料所取得的外形上保留著痕跡，也可以在商品上不留任何痕跡。例如農業和運輸業的勞動，在這些部門的商品上什麼痕跡也沒有留下，但卻同樣創造著商品的價值。斯密在這裡所以產生迷誤，是因為不能區分生產商品勞動的二重性，不懂得價值的實質是社會生產關係表現為物的形式。

最後，馬克思還評論了斯密這一見解中不可避免的另一個矛盾。即按照第二個定義——生產勞動是生產商品的勞動，那麼，斯密就應承認，不僅生產物質商品的勞動是生產勞動，就是直接把勞動力商品本身生產、訓練、發展、維

持、再生產出來的勞動，也應是生產商品的生產勞動。不過亞當·斯密受某種正確本能的支配，沒有這樣做。這雖然是自相矛盾的，但馬克思評論說：斯密意識到，「如果他在這裡把後一種勞動包括進去，那他就為各種冒充生產勞動的謬論敞開了大門。」（第一分冊第 164 頁）

總之，馬克思批評了斯密關於生產勞動第二個定義的錯誤，但是，他並沒有完全否定這一見解。對這一見解中包含的合理的、科學的因素，還是作了充分的肯定。馬克思說：「把『生產勞動』解釋為生產『商品』的勞動，比起把生產勞動解釋為生產資本的勞動來，符合更基本得多的觀點。」（第一分冊第 165~166 頁）這就是說，由於商品是資本主義財富的最基本的元素形式，要生產資本，必須生產商品。因此，把生產勞動解釋為生產商品的勞動，是更一般的起碼的觀點。儘管斯密不懂得一般勞動過程與資本主義生產過程的區別與聯繫，以致把二者混同了，但是，在把生產勞動解釋為創造物質財富的勞動這一點上，馬克思是維護斯密，反對庸俗經濟學者對斯密的攻擊的。馬克思在創立自己的生產勞動理論時，批判地吸取了這個定義中的科學成分。

綜上所述，亞當·斯密是在反對重農學派，又受重農學派的影響下產生的關於生產勞動的第二個定義。如果更進一步追溯這一定義的來源，可以看到它還帶有重商主義的痕跡。雖然斯密一方面反對重農學派，重新提出產品的價值是構成資產階級財富的實質的東西；另一方面又反對重商學派，使價值擺脫了純粹幻想的形式——金銀的形式。不過，馬克思在本節最後指出：「不可否認，亞當·斯密在這裡同時又或多或少地回到重商學派關於這些或那些勞動產品的『耐久性』（實際上是『非直接消費性』）的觀點上去。」（第一分冊第 167 頁）斯密在關於生產勞動的第二種解釋中，區分商品和服務，強調的是生產勞動要固定和物化在「耐久」的對象或商品中。這就像重商學派區分金銀和其他一切商品，要在金銀的耐久性上去尋找永久的財富一樣。可見，斯密是在更廣泛的形式上回到重商主義的區分上去了，所不同的只是，斯密在一切商品中都看出了它們具有的貨幣性質，而重商主義則只在金銀上才看出這種性質。「歸根究柢，金銀被當作『長久的財富』而放在高於一切的地位。」（第一分冊第 167 頁）

[（5）資產階級政治經濟學在生產勞動問題上的庸俗化過程]

在分析了亞當・斯密的生產勞動學說以後，馬克思簡略回顧了生產勞動學說在斯密以前的歷史起源，並且著重考察了這一學說在斯密以後到19世紀中葉這一時期的歷史演進。

馬克思指出，區分生產勞動和非生產勞動的最初嘗試，早在17世紀英國重商主義者戴韋特和同時代的英國古典政治經濟學創始者威廉・配第的著作中就已經出現了。法國重農學派事實上也有他們自己的生產勞動概念。亞當・斯密的生產勞動學說是對前人有關理論和觀點的批判繼承和發展。

亞當・斯密的生產勞動學說，如同他的其他一些學說一樣，在資產階級學者中引起了截然不同的反響。馬克思的研究表明，斯密對生產勞動和非生產勞動的第一種解釋，被李嘉圖和西斯蒙第等人所接受，但還沒有成為資產階級經濟學在這一問題上的主流。成為主流的，是資產階級庸俗的和辯護性的理論和觀點。這些庸俗的和辯護性的理論和觀點，是在一場長期的反對斯密的科學解釋的激烈論戰中形成和發展起來的。

馬克思多次論及這場論戰的特點。首先，熱衷於這場論戰的，多半是一些二流人物，其中，只有當過俄國彼得堡科學院院士和副院長的施托爾希還算是最出名的。我們在任何一個重要的或在政治經濟學上有所發現的經濟學家那裡，都沒有看到這種論戰，然而對於二流人物和庸俗化者來說，卻是一種嗜好。其次，這些反對論者通常無視斯密的第一種解釋，即符合問題本質的解釋（唯一的例外，是加爾涅以資本歸根到底要由收入來補償為理由，反駁斯密的第一種解釋），卻抓住第二種解釋不放，強調這裡不可避免的矛盾和不一貫的地方。而且，他們一般把注意力集中在勞動的物質內容而不是它的社會形式上，特別集中在反駁斯密關於生產勞動還須固定在比較耐久的物品這一點上。在反駁這一點的同時，他們力圖擴大生產的含義，以便把各種各樣非生產的活動以及寄生階級的奢侈消費行徑都囊括在生產性勞動的範疇之內（只有施托爾希的沒有成功的嘗試除外，他試圖以精神生產和非物質勞動的概念對非生產勞動作一番新的與眾不同的解釋）。

其他人所提出的論點大體可以歸納如下：

第一，「節約勞動」的觀點，即認為凡節約別人勞動的活動或勞動都是生產性的勞動，如僕人。

第二，凡有報酬的勞動都是生產的，因為它們提供了效用或服務，否則就不能得到報酬。

第三，消費是生產的源泉，消費促進生產，因此，一切和消費有關的勞動都是生產性的。

第四，效用的觀點，即認為生產即是創造效用，因此，凡生產效用的活動均是生產的，不管其結果是否體現在有形物品上。由薩伊和西尼耳所著重發揮的這種觀點，成為此後資產階級經濟學中的價值論以及生產勞動論的中心論點。

第五，斯密的區分對政府官吏、教會神父過於嚴厲，十分有害，是荒謬的。

第六，斯密只片面地注意到生產的結果，並以此劃分生產勞動和非生產勞動，但生產本身除了結果，還有行為，或力量的使用，例如，和製作皮鞋一樣，擦皮鞋這種行為也是生產。

馬克思在本節著重指出了資產階級政治經濟學在生產勞動問題上庸俗化的社會歷史的和階級的背景。他認為，反對斯密的這場論戰，主要是由以下幾方面情況引起的：

第一，「政治經濟學在其古典時期，就像資產階級本身在其發家時期一樣，曾以嚴格的批判態度對待國家機器，等等。」（第一分冊第168頁）那時候，資產階級還沒有把整個社會和國家置於自己的支配之下，封建貴族勢力（例如在英國）在政治上和經濟上還有舉足輕重的權力，渴望發展自己的經濟和政治實力的資產階級仍面臨著反對封建專制制度的歷史任務。斯密作為這樣一個尚有革命性的資產階級的先進思想家，在他所提出的生產勞動學說中鮮明地反應和代表了資產階級的這種革命要求，他把屬於舊有的統治階級範疇的君主、國家官吏、軍隊以及依附於他們的律師、法官、牧師等人，統統歸入至少無助於國富增長的同僕人一樣的非生產勞動者之中。他指出，這些人即使是必要的，也應把維持他們的費用降低到最低限度。

可是，隨著資產階級在經濟上和政治上的統治的最終確立，隨著「資產階級社會把它曾經反對過的一切具有封建形式或專制形式的東西，以它自己所特有的形式再生產出來」。（第一分冊第168頁）資產階級逐漸認識到，這些東西對它來說是必不可少的。於是，作為統治階級代言人的資產階級庸俗經濟學家們就必然要激烈反對斯密的學說，在理論上為統治階級（尤其是其中的

寄生部分）恢復地位和名譽。

第二，對生產工人以外的生產當事人，斯密採取了寬容態度。他沒有把地主和商人劃入非生產勞動者範疇，他特別強調了資本家階級在國民財富生產中的重要性。然而，隨著社會經濟和階級矛盾的發展，繼土地所有者和商人先後被李嘉圖和凱里等人分別宣布為非生產勞動者之後，資本家本人也開始被一些人（例如李嘉圖社會主義者）稱為非生產勞動者了，至少，人們對它的生產性提出了嚴重的懷疑。「因此，已經是作出妥協並且承認不直接包括在物質生產當事人範圍內的一切階級都具有『生產性』的時候了。」（第一分冊第169頁）共同的階級利益，促使大家相互幫忙，也促使資產階級在理論上作出妥協，為無所事事的人和寄生者在資本主義這個「美好的世界」中找到自己的地位。為此，就需要完全排除斯密的第一種解釋以及由此而來的劃分，反駁第二種解釋中不利於自己的部分，並把其中的庸俗因素加以擴大。

第三，隨著資本的統治從物質生產領域擴及非物質生產領域，庸俗經濟學家們便認為，對任何一個活動領域都必須加以辯護，說它是同物質生產相聯繫的，為物質生產服務的，從而為非生產勞動者和寄生者辯護。在這裡，首先要提到的就是馬爾薩斯之流。

由此可見，反對斯密的這場論戰，以及資產階級在生產勞動問題上的庸俗化，是19世紀上半期資產階級社會的階級矛盾和階級鬥爭發展的反應和必然產物。

[(6) 斯密關於生產勞動問題的見解的擁護者。有關這個問題的歷史]

[(a) 第一種解釋的擁護者：李嘉圖、西斯蒙第]

李嘉圖和西斯蒙第分別是英國和法國資產階級古典政治經濟學的完成者，馬克思在這一小節扼要評述了他們的生產勞動學說。

一、西斯蒙第的見解

馬克思在這裡指出，李嘉圖和西斯蒙第是斯密關於區分生產勞動和非生產勞動的正確解釋的擁護者。斯密的這個解釋，用西斯蒙第的話來說，就是認為生產階級和非生產階級的區別在於「其中一個階級的勞動始終要用國家資本

來交換，而另一個階級的勞動則總是要用一部分國民收入來交換」①。

依據這種理解，西斯蒙第對屬於勞動階級的各部分社會成員（生產工人除外）的地位和活動性質作了如下說明：首先，「保衛國家的人員」，包括行政官員、立法者、法官、律師以及武裝力量等，他們所進行的工作是必要的，也應得到報償，但他們不屬於生產階級，而是非生產階級；其次，從事社會所需要的精神享受的勞動的人們，諸如從事宗教、科學和藝術職業的人的勞動，也是非生產勞動，雖然是社會不可缺少的；最後，「護理人身體的工作」，如醫生的勞動，也屬於非生產勞動。可見，西斯蒙第基本上重複了斯密的有關論述。

二、李嘉圖的見解

李嘉圖沒有重複斯密的見解，甚至沒有把這個問題單獨提出來加以論述。但是，正如馬克思所說，西斯蒙第所接受的斯密對生產勞動和非生產勞動的區分所作的正確解釋，「在李嘉圖的著作中也是不言而喻的」。（第一分冊第170頁）李嘉圖作為產業革命時代產業資產階級的代表者，比斯密更明確地認識到資本主義社會的階級結構，系由雇傭工人階級、資本家階級和地主階級所組成。他從勞動決定價值的原理出發，分析了這三個基本階級之間的矛盾和對立。他依據自己的分析，確認雇傭工人階級的生產勞動是價值的源泉，強調了資本家階級的突出地位，並毫不含糊地指明，地主階級及附屬於它的各色人等均屬寄生的和浪費的階級。所有這些，同斯密的生產勞動學說是吻合的。而李嘉圖之所以沒有像斯密那樣，對生產勞動問題予以特別的論述，顯然又同李嘉圖的下述看法有關。他認為，當時影響英國經濟發展的主要因素，主要在於資本累積受到了地租的侵蝕，而不在於運用資本的方式是否妥當。於是分配問題成了注意的中心，資本的使用方式退居次要地位，儘管生產性地使用資本是發展生產力的一個前提，但在李嘉圖看來，這是不言而喻的事情。

不過，當附帶論及使用資本和收入的方式時，李嘉圖還是提出了一些比斯密更深刻或更合理的思想，這些思想可以視為對斯密生產勞動學說的深化和補充。

例如，斯密十分強調增加生產性勞動量對增加國民財富的意義。對此，李嘉圖則進一步指出，僅僅這樣做是不夠的，重要的是在於增加純收入（純利潤加純地租），因為生產的發展、國力的強盛，只同純收入成比例，而不同由

---

① 轉引自西斯蒙第：《政治經濟學新原理》第98頁。

生產性勞動所創造的總收入成比例。

又如，在各國資本用途的分配方面，按照斯密所說，似乎都應用於維持大量生產性勞動的行業。可是，李嘉圖則指出，這種情形自然會發生在貧窮國家，「因為在這種國家中要獲得新增人口的食物和必需品最為容易。反之，在食物昂貴的富足國家中，在貿易自由時，資本自然會流入無須在國內維持很多勞動的行業……流入利潤與資本成比例而不與所雇傭的勞動量成比例的行業。」①

再如，在投資所推動的生產性勞動量方面，斯密認為，農業最大，製造業次之，運輸業最小。李嘉圖則認為：「雖然我承認……在農業上運用的一定量資本除開投在最後耕種的土地上之外，投在任何其他土地上所推動的勞動量都比投在製造業上和商業上的同額資本大，但我卻不承認用在國內貿易方面的資本所雇傭的勞動量和用在國外貿易方面的等量資本有任何差別。」②

最後，在花費收入的方式上，按斯密所說，用於雇傭家僕的當然是不可取的非生產支出。但李嘉圖在分析花費收入的方式對勞動階級的影響時則指出，同地主或資本家把收入用在昂貴的家具、馬車、馬或其他奢侈品上相比，用於供養侍從或家僕，甚至是勞動者更希望的事情。因為把收入用在奢侈品上，那以後就不會有對勞動的新的需求了，而雇傭家僕，則意味著增加對勞動的需求。這就是說，李嘉圖證明，「剩餘價值（利潤，地租）的所有者把剩餘價值消費在『非生產勞動者』（例如家僕）身上，比他們把剩餘價值花在『生產工人』所創造的奢侈品上，對於『生產工人』要有益得多」。（第一分冊第170頁）

李嘉圖雖然在以上幾方面對斯密的生產勞動學說有所深化和補充，但並沒有對斯密這一學說所包含的二重性作出應有的分析，也沒有對斯密的第二種解釋進行批判。

[（b）區分生產勞動和非生產勞動的最初嘗試（戴韋南特、配第）]

一、戴韋南特的嘗試

查理·戴韋南特（1656—1714）是英國政治家、經濟學家和統計學家，

---

① 轉引自李嘉圖：《政治經濟學及賦稅原理》，第299頁。
② 轉引自李嘉圖：《政治經濟學及賦稅原理》，第299頁。

重商主義者。他曾任稅務官（1683—1689）和進出口稽查長（1705—1714），並三任國會議員（1685，1698，1700）。他的經濟觀點屬於晚期重商主義，他堅決支持東印度公司，主張發展對外貿易。他的主要經濟著作有：《供給戰爭的方法》（1695）、《論東印度貿易》（1697）、《論公共收入和英國貿易》（1698）和《論使一國人民在貿易差額中成為得利者的可能的方法》（1699）。

戴韋南特在上述最後一本書中曾經引用格雷哥里·金的一個圖表，[1] 並對之作瞭解釋。金在《1688年英格蘭不同家庭的收支表》中，把全體人民分成兩個主要階級：一個是「增加王國財富」的「生產的」階級，另一個是「減少王國財富」的「非生產的」階級。對此，戴韋南特作了如下解釋：「他的意思是說，前一個階級的人靠土地、手藝和勤勞來養活自己，並且每年都給國民資本增加一些東西，此外，每年還從自己的剩餘中分出一定數額來養活別人。在後一個階級中，有一部分人靠自己的勞動養活自己，而其餘的人和他們的妻子兒女，都要靠別人來養活。」（轉引自第一分冊第172頁）戴韋南特以「靠誰養活」來區分生產的和非生產的階級，是一個可貴的嘗試，有其積極意義。但同樣很明顯，這種說法距離對資本主義生產的實質的科學理解還很遠。事實上，他甚至沒有試圖把生產的階級和非生產的階級的區分同他對資本主義制度的實質的看法相聯繫，而他對利潤來源的看法還是重商主義的。

戴韋南特認為，對外貿易順差，從而取得利潤，「必定會使英國富裕」，而國內貿易，一方贏利不過是另一方虧損，「整個國家絲毫不會變富」。（轉引自第一分冊第172頁）馬克思指出，戴韋南特的這些話，「最能說明重商學派對剩餘價值的看法的特點」。（第一分冊第172頁）

不過，馬克思又指出：「不應當像後來的庸俗自由貿易論者那樣，把這些重商主義者說得那麼愚蠢。」（第一分冊第172頁）因為戴韋南特說：「一國真正的實際的財富是它本國的產物。」「金和銀實際上是貿易的尺度，」「貨幣實際上不過是人們在交易上習慣使用的計算籌碼，」「工商業是能夠保障消化和分配金銀的唯一手段。」（轉引自第一分冊第173頁）

---

① 格雷哥里·金（1648—1712），是17世紀英國著名學者和統計學家，他在《對英格蘭狀況的自然的和政治的考察》（1696）等著作中，對英國當時的人口、土地、物產、收支、稅收制度等各方面進行了切實地考察和比較，對瞭解當時英格蘭社會經濟狀況提供了可貴的參考材料。戴韋南特所引用的圖表，即來自金上述著作的第六部分「1688年英格蘭的收支」。

二、威廉·配第的觀點

馬克思指出:「其實,配第也已經有了生產勞動者的概念。」(第一分冊第 173 頁)

威廉·配第(1623—1687)是英國資產階級古典政治經濟學的創始人。

馬克思說配第已經有了生產勞動者的概念,這主要指的是,配第在《政治算術》等著作中,根據是否生產物質財富即是否生產「對社會有實際效用和價值的物品」① 來確定人們的社會地位。由此出發,配第認為,「土地耕種者、海員、士兵、手工業者和商人,是任何一個社會的真正的支柱。」(轉引自第一分冊第 173 頁)而官吏和牧師則被視為不生產的人,應在數量上嚴加限制和削減。② 這在當時可以說是一種創見。

但配第又受重商主義觀念的束縛,把金銀珠寶看作「產業的巨大和終極的成果」,看作財富的一般代表,因此又把生產金銀珠寶以及會使本國累積這些財富的產業,主要是對外貿易,看作最有利的產業。所以,他認為,「工業的收益比農業多,而商業的收益又比工業多」。他甚至認為,海員的勞動和船只的運費,具有一種出口商品的性質,這類商品如出口多過進口,會為本國帶回貨幣,加之海員身兼航海者、士兵和商人等三種職業,所以,「一個海員相當於三個農民」。(轉引自第一分冊第 174 頁)

馬克思往下的兩段評述,主要是指出,在配第的著作中,已有了勞動價值論的萌芽以及對剩餘價值的性質的猜測。

勞動價值論的萌芽,主要體現在,配第「用花費同樣多勞動時間生產的銀和穀物的相對量,來決定銀和穀物的相對價值。」(第一分冊第 174 頁)

而他在地租形式上對剩餘價值的觀察,則主要表現在:第一,配第把地租歸結為農業收成減去種子和食用等必需部分之後的餘額,並用貨幣表示出來。第二,配第指出,在農產品價格中,土地耕種者的工資和土地所有者的地租是成反比例變動的,工資提高,地租必然下降。他所說的地租顯然指的是資本主義的剩餘產品即剩餘價值。

關於配第的價值論及剩餘價值論,在本書附錄部分還有較詳細的論述。

戴韋南特和配第最初提出了生產勞動的概念,也都程度不同地隱隱約約地把生產勞動歸結為生產物質財富並且會帶來「餘額」的勞動,但他們的實際

---

① 參見配第:《賦稅論》,第 22~24 頁。
② 參見配第:《賦稅論》,第 22~24 頁。

劃分是不明確的，甚至是混亂的，也都沒有把他們的生產勞動的觀點同勞動價值論和剩餘價值論觀點統一起來。

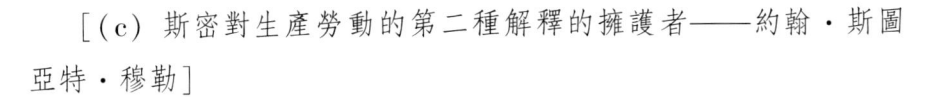

[（c）斯密對生產勞動的第二種解釋的擁護者——約翰·斯圖亞特·穆勒]

馬克思指出：「約翰·斯圖亞特·穆勒先生在《略論政治經濟學的某些有待解決的問題》（1844年倫敦版）一書中，也苦心研究生產勞動和非生產勞動的問題；但事實上他除了斷言把勞動能力本身生產出來的那種勞動也是生產的以外，對斯密的（第二種）解釋沒有增添什麼東西。」（第一分冊第176頁）這是一個公允的評價。

約翰·斯圖亞特·穆勒（1806—1873），19世紀中期英國著名資產階級經濟學家和哲學家。《政治經濟學原理》是他在政治經濟學方面的代表作，該書於1848年出版後，幾十年間一直是英國最流行的經濟學著作。馬克思在這裡評述的《略論政治經濟學的某些有待解決的問題》出版於1844年，是他於1829—1830年撰寫的五篇論文集。

「生產的和非生產的名詞之研究」是這部論文集中的一篇，他在這篇論文中確是「苦心研究」了生產勞動和生產消費問題。①

穆勒首先評述了當時流行的一些觀點，例如，認為生產勞動就是生產效用的勞動或生產財富的勞動，或生產物質財富的勞動，或是能給生產者帶來報酬的勞動，等等。在指出這些說法的不當之後，穆勒提出，解決這一問題的唯一正確途徑，在於從勞動（和開支）的目標與結果著眼，把所有的勞動（和開支）分為兩類：一類是直接為了享受，另一類則通過更新、維持或增加享受的耐久的源泉（物質的與非物質的都在內）來間接地滿足享受。前者的後果是享受源泉的減少和消滅，後者則是這一源泉的增加。穆勒認為，用於第一類目的的是非生產性勞動和非生產性開支，用於第二類目的的則是生產性勞動和生產性開支。

根據這樣的標準，穆勒對所有物品作了如下三種劃分：

第一，生產性勞動（和開支）。其中包括以增加人類適用的物質產品為目的和效果的勞動，使人或其他動物具有適當特質和本領，並使其具有交換價值

---

① 參見約·穆勒：《略論政治經濟學的某些有待解決的問題》，英文版第75~89頁。

的勞動；間接促成上述目的與效果的勞動。

第二，部分生產、部分不生產的勞動（和開支）。這些勞動雖然有助於增進享受的源泉，但其主要目的並不在於此。例如法官、律師、警察、士兵以及家僕，等等。

第三，不生產勞動（和開支）。直接或僅只為享受、不生產任何東西，而且與享受同生共滅的勞動；當然還包括那些純屬浪費的勞動。

總而言之，在穆勒看來，生產勞動和生產性開支的主要特徵在於它既為享受，又有助於享受源泉的維持和增進。

這同斯密的第二種解釋基本相同。穆勒增添的東西，主要在於斷言把勞動能力本身生產出來的那種勞動也是生產的。例如，他同斯密一樣認為，演奏家的勞動是不生產的。但他又進一步指出，樂器製造者的勞動卻是生產的，因為樂器是享受的耐久的源泉，它並不同享受一同消失，而是可以累積起來。不僅如此，演奏家的技能也是一種享受的耐久的源泉，是一種財富，具有交換價值，還能累積和增加，因此，用於獲得技能的勞動應被看作生產勞動。

在1848年初版的《政治經濟學原理》中，約·穆勒完全按照斯密第二種解釋的調子說明生產勞動：「生產勞動是固定並體現在物質產物中的勞動。」①

馬克思在本章以下各節，簡略考察了「反對亞當·斯密的那些關於生產勞動和非生產勞動的胡說八道。」（第一分冊第176頁）馬克思認為，對這些胡說八道不值得花時間詳細考察，只要引用一些典型的話就夠了。馬克思在考察過程中，除了摘記有關觀點和夾敘夾議以外，在許多地方還插入了篇幅不小的對某些問題的正面的探討和分析。對這後一方面的內容，無疑更應該予以充分的注意和重視。

[（7）熱爾門·加爾涅把斯密和重農學派的理論庸俗化]

熱爾門·加爾涅（1754—1821），法國經濟學家和政治活動家，重農主義者，斯密著作的法文譯者和批評者。他在自己翻譯的斯密《國富論》中加進了他的註釋。在生產勞動問題上，加爾涅贊同重農學派的觀點，並對斯密的觀點進行了詳細的反駁。對這種反駁的評析，是本節的中心內容，其中第（a）（c）兩小節是對加爾涅觀點本身的分析，它們的內容是直接銜接的，第（b）

---

① 參見約·穆勒：《政治經濟學原理》，英文版第一篇第三章。

小節則是對批判中所涉及的一個論據的正面論述。

[（a）把同資本交換的勞動和同收入交換的勞動混淆起來。關於全部資本由消費者的收入補償的錯誤見解]

一、加爾涅對斯密的第二種解釋的反駁；混同於資本交換的勞動和與收入交換的勞動

馬克思把加爾涅反駁斯密區分生產勞動和非生產勞動的理由，歸納為以下幾點，並且指出，這些理由中的一部分為後來的庸俗經濟學家們一再重複。

第一，加爾涅認為，斯密的區分是錯誤的，因為它所根據的是不存在的差別。他認為，從勞動對支付其代價的人提供某種享受、某種方便或某種效用來看，一種勞動同另一種勞動是一樣的，沒有差別的。加爾涅舉例說。洗衣女工或縫紉女工、小飯館主人或小酒館主人、理髮師和美容師等同僕役的勞動一樣，都是提供直接的服務的無差別的勞動。而諸如泥瓦匠、屋頂匠、木匠、玻璃匠以及房屋修繕工人的勞動同僕役的勞動也是一樣的，沒有差別的，因為，「所有這些勞動者，包括家僕在內，**都能使付給他們報酬的人節約維護自己財物的勞動**」。（轉引自第一分冊第178頁）同生產物品和增加價值的勞動（如新建房屋）相比，節約勞動正是保存物品和防止物品損壞的勞動，兩者在提供某種享受，方便或效用方面同樣是沒有差別的。所以，加爾涅說，或者他們都是生產的，或者他們都是不生產的，但斯密卻說其中的一部分（增加價值和物品的勞動）是生產的，另一部分（節約勞動的勞動）是不生產的。

當然，就提供效用或使用價值來說，上述各種勞動是沒有差別的，但這不能成為反駁斯密區分生產勞動和非生產勞動的理由。斯密對問題的第二種解釋是以勞動是否物化在商品中為基礎而不是以使用價值為基礎的。物化在商品中的勞動，在斯密看來，不僅應生產使用價值，而且應具有交換價值，還要體現在一定的耐久的商品體上。斯密的這種解釋固然不科學，但它畢竟比加爾涅所理解得更接近於資本主義條件下生產勞動的表現形式，加爾涅歪曲了斯密的觀點。

馬克思著重駁斥了加爾涅的「節約勞動」的說法，他指出，「一個人的非生產勞動，決不能由於使另一個人省去非生產勞動而變成生產勞動。這種非生產勞動總得由其中的一個人來完成」。（第一分冊第178頁）這就是說，這種勞動（如僕役）的非生產性質並不會由於不同的人從事它而改變，生火、卷

發、洗衣、做飯由主人自己干，是非生產勞動，由僕役於，固然「節約」了主人的勞動，但它節約的是主人的非生產勞動，所以它本身仍是非生產性的。可見這只是「分工」的變化，不是勞動的性質的變化。當然，並不是說，這種分工沒有必要，但斯密只是在一定條件下才承認它是必要的。事實上，如馬克思所說，「斯密所說的非生產勞動，有一部分由於分工而成為必要，這只是指消費物品時絕對必要的並且可以說是屬於**消費費用**的那一部分，而且它只有在使生產勞動者節約這部分時間的時候，才成為必要的。」（第一分冊第178頁）斯密並不否認這種「分工」，但在他看來，這絲毫不會改變沒有這種分工時，勞動本來具有的性質。

馬克思說，在加爾涅的這個批評中包含著下述正確的意思，「即亞當·斯密在他的第二個定義中，把**同一種**勞動既稱為生產勞動又稱為非生產勞動，或者確切些說，按照他自己的定義，他本來應該把他的『非生產』勞動中的某一個較小的部分稱為**生產的**」。（第一分冊第180頁）這裡指的是斯密按照他的第二個定義，本應把生產、訓練、發展、維持和再生產勞動能力的勞動（如醫生、教師等）包括在生產勞動項目之中，但他卻任意地除去了。這是斯密自相矛盾的地方，然而，「這並不是反對**區分**本身，而是反對這種區分**包括的範圍**，或者說，反對這種區分適用的範圍」。（第一分冊第180頁）

第二，加爾涅反駁斯密時所提出的第二個理由，是指責斯密把私人工商企業的監督人或經理的勞動稱為生產的，卻把政府官吏的勞動稱為非生產的。在加爾涅看來，後者負責維持公路、運河、港口、貨幣制度和其他活躍商業的重要機構的秩序，保障交通運輸的安全，監督契約的執行，等等，完全有權被認為是「大社會工廠監督人」，他們的勞動同私人工廠的監督人所從事的勞動完全是同類的，只不過規模更大罷了。

加爾涅的指責表明，他並不理解斯密的第二個定義的含義。斯密之所以不把政府官吏的勞動計入生產勞動項目，是因為在他看來，這些人並不參加物質產品的生產（或保存和再生產），而且他們的勞動成果並不是可以出賣的私人產品，儘管他完全承認政府應充分履行自己的職能，並且肯定這些職能的重要性。

第三，加爾涅的第三條理由可以歸結為道德。他問道，「為什麼『誘惑我的嗅覺的香水製造者』應當認為是生產勞動，而『陶醉我的聽覺『的音樂家應當是非生產勞動者呢？」馬克思說：「斯密會回答說，因為一個提供物質產

品，另一個不提供物質產品。道德和這兩個人的『功績』一樣，同這裡的區分毫無關係。」（第一分冊第179頁）這再一次表明，加爾涅並不理解斯密的第二個定義的真實含義。

第四，加爾涅的又一條理由，是針對著斯密把例如樂器製造者和樂器演奏家分歸於不同的勞動者而發的。他問道，「這兩種人**勞動**的最終目的是提供**同一種消費**。如果一種人（例如演奏家——引者註）勞動的最終結果不應當算作社會勞動的**產品**，那麼，為什麼偏要對不過是**達到這種結果的手段**（例如製造樂器——引者註）另眼看待呢？」（轉引自第一分冊第179頁）對此，馬克思不無嘲弄地答道：「如果這樣來談問題，那就會得出結論說：吃糧食的人和生產糧食的人一樣，也是生產的。因為，為什麼生產糧食呢？就是為了吃。因此，如果吃糧食是非生產勞動，那麼，為什麼種糧食這種不過是達到這個目的的手段，卻是生產的呢？」（第一分冊第179~180頁）

在加爾涅的這條理由中，包含著指責斯密以為非生產勞動者不會生產某種產品的意思。對此，馬克思反駁說，斯密並不否認非生產勞動者會生產某種產品，否則，在斯密看來，他根本就不是勞動者了。

加爾涅對樂器製造者是生產勞動者，而演奏家卻不是生產勞動者的這一「邏輯」表示奇怪。對此，馬克思說，這不過證明，某些生產勞動者提供的產品，其目的在於充當非生產勞動的生產資料。不僅如此，馬克思更進一步說，「歸根到底，一切生產勞動者，第一，提供支付非生產勞動者的資金，第二，提供產品，讓**不從事任何勞動**的人消費。」（第一分冊第180頁）馬克思的上述分析，徹底駁斥了加爾涅的這條理由。

總之，馬克思說，加爾涅的這條批評意見中，或是包含著一種胡說，即認為消費和生產是一樣的，而這對於資產階級社會來說是錯誤的，在這個社會裡，一種人生產而另一種人消費。或是想說明，生產勞動的一部分只為非生產勞動提供材料，而這一點，斯密從未否認過。可見，加爾涅的第四點理由也不能成立。

二、加爾涅對斯密的第一種解釋的反駁，認為全部資本由收入補償的見解

加爾涅的上述批評，都是圍繞著斯密對生產勞動的第二個定義提出來的。除此而外，他還對斯密的第一個定義進行了反駁，這個反駁意見，甚至比前面的反駁更為重要。

在反駁斯密的第一個定義之前，加爾涅首先對他所認為的被斯密劃分的生產階級和非生產階級的實際區別作了分析，並認為，這種區別正是斯密的第一個定義的緣由。他認為，斯密所想像的兩個階級之間的實際的唯一區別在於，就生產階級來說，物品製造者和消費者之間總會有一個仲介人存在，而就非生產階級來說，就沒有這種仲介，這種勞動者同消費者的關係是直接的。

在說明這一論點時，加爾涅說，享受醫生、律師、演員以及家僕的服務的人，在這些人從事他們的勞動時，必然同他們發生一種直接的沒有任何仲介的關係；反之，在所謂的生產階級職業中，「**供消費的物品是物質的、可以感覺的**，因此，在它們從製造者手裡轉到消費者手裡之前，**就能夠成為一系列中間性交換行為的對象**。」（轉引自第一分冊第 181 頁）

馬克思指出，加爾涅的這幾句話無意中表明，在斯密的二種區分之間，存在著多麼隱蔽的思想聯繫。第一，不固定在商品上的勞動，按其性質來說，大多數不能從屬於資本主義生產方式，而其他各種勞動則有可能。第二，在資本主義生產的基礎上，大部分物質商品是在資本的支配下由雇傭工人生產的，而那些非生產性勞動只能由工人的工資或雇主的利潤來支付。第三，生產工人創造著養活非生產勞動者的物質基礎。這些思想聯繫表明，斯密的第一個定義是對資本主義生產的本質的正確理解，而第二個定義則是對表面現象的描述。加爾涅無意中觸及了這兩者的實際區別，但是，從往下的分析中可以看出，他把那種使生產成為資本主義性質的生產的東西（即資本同雇傭勞動相交換）看成非本質的東西，而把收入同雇傭勞動的交換看作資本主義生產的實質。因此，馬克思說：「在加爾涅看來，資本主義生產本身是一種非本質的形式，而不是一種發展社會勞動生產力，並使勞動變為社會勞動的必然形式，儘管只是歷史的也就是暫時的必然形式。」（第一分冊第 181 頁）

馬克思接著評述了加爾涅對斯密的第一個定義的批評。

加爾涅認為，正是基於上述（有無仲介人的）區別，斯密才認為，非生產階級只是靠收入生存，而生產階級則靠資本來支付。因為在前一種場合，勞動及其享受者之間沒有仲介人存在，這個階級直接由消費者支付，而這種消費者只能用收入來支付。反之，在後一種場合，勞動通常由仲介人支付，仲介人的目的是從他們的勞動中吸取利潤，因此，這個階級大多由資本支付。

在對斯密的第一個定義作了這一番解釋之後，加爾涅接著提出了他的反對意見。他說，生產階級的勞動通常固然要由資本支付，「但是，這個資本歸根

到底總要由消費者的收入來補償；否則它就不能流通，因而也就不能給它的所有者帶來利潤。」（轉引自第一分冊第 182 頁）這就是加爾涅用以反駁斯密第一個定義的最主要的論據。如果這個論據可以成立，那將意味著斯密所作的區分沒有意義，因為，歸根到底，不存在同資本相交換的勞動，只存在同收入相交換的勞動。

馬克思立即指出，加爾涅的這個論據「十分幼稚」。因為，資本的一部分只能由資本補償，不能由收入補償。這一部分資本就是生產資料生產部門中的不變資本以及農業、畜牧業和煤炭業等部門中自行補償的不變資本。接著，馬克思用很長的篇幅對這個重要原理進行了正面的論述。

[（b）在資本同資本交換的過程中不變資本的補償問題]

一、不變資本補償的兩種途徑，通過資本同資本交換的補償

馬克思區分了生產資料產品價值中不變資本補償的兩種途徑：一部分不變資本經由流通，通過資本同資本的交換來補償，另一部分則不進入流通，直接由本部門自己補償，例如農業中的種子，煤炭工業中使用的煤炭的補償就是如此。馬克思在這一小節集中論述了前一種情況。

馬克思首先指出，以生產資料為實物形式的不變資本是生產資料產品價值的一個組成部分。肯定這一事實，是分析不變資本補償問題的前提。他指出，生產資料產品（例如煤炭），作為使用價值，都是該年新勞動的產品，是該年新勞動的成果，雖然這種新勞動是用已有的生產資料來生產這些產品的。但是，這些產品的價值，並不都是該年創造的，其中還包含著從所使用的生產資料轉移過來的過去勞動的價值。無論是就單個產品來說，還是就產品總額來說，其年產品價值都是由新加勞動和過去勞動構成的。至於這兩部分價值的比例，馬克思假定為 2：1。這個比例，還可以用產品的相應部分來表示，例如，用某種產品的 1/3 只代表加入總產品的全部過去勞動，即代表消費掉的生產資料的全部價值，而用剩下的 2/3 只代表新加勞動的產品，即代表加到生產資料上的全部勞動量。

馬克思接著分析了上述產品價值的各個部分如何實現和補償的問題。他指出，代表新加勞動的那 2/3 產品（例如煤炭的 2/3）等於生產者的收入（工資和利潤）。生產者可以消費它們，把它們花在個人消費品上，即用它們交換消費品（假定沒有累積）。這個交換來的消費品，可以代表消費品生產者的資

本,也可以代表他的收入,對生產資料生產者來說,這都沒有關係,只要他的 2/3 產品交換到消費品就夠了。

問題在於剩下的 1/3 生產資料產品,這部分產品不能當作收入來花費,收入事實上也不能再吸收它們;另外,這一部分產品價值,作為代表生產資料的價值部分,還必須轉化為有關的實物生產資料,例如,1/3 煤炭必須轉化為生產煤炭所需的鐵、木材、機器,否則煤炭的生產就不能更新和繼續。同樣,鐵、木材和機器的生產也需要煤炭作為它們的不變資本要素之一,他們要繼續生產,也必須把各自代表有關價值的那些產品轉化為煤炭。怎樣轉化呢?彼此交換。通過不變資本同不變資本的交換,通過一種實物形式的不變資本同另一種實物形式的不變資本的交換來互相補償所需的煤炭、鐵、木材和機器等生產資料。這是資本相互間的交換,既不同於資本同收入的交換,也不同於收入同收入的交換。

馬克思的分析表明,生產資料產品價值中代表新加勞動的那一部分由收入補償,而代表過去勞動的那一部分不由也不能由收入補償,只能由同種類和同等價值的生產資料以實物形式補償。這就徹底駁斥了加爾涅所謂「資本歸根到底總要由消費者的收入來補償」的謬見。

二、不變資本價值變動條件下的補償問題

最後,馬克思分析了不變資本價值變動條件下,不變資本的補償問題。他指出,不變資本價值的提高,會使包含這種不變資本的產品的價值提高,會使補償新加勞動的那部分產品在實物形式上減少。例如:假定煤炭的勞動生產率不變,鐵、木材和機器價值的提高會使煤炭的價值和實物構成發生如下表所示變化:

鐵、木材、機器價值	(煤炭)價值 產品	不變資本 產品	新加勞動 產品
提高以前	30,000 鎊 30,000 擔	10,000 鎊 10,000 擔 (占 3/9)	20,000 鎊 20,000 擔 (占 6/9)
提高以後	36,000 鎊 30,000 擔	16,000 鎊 13,333 $\frac{1}{3}$ 擔 (占 4/9)	20,000 鎊 16,666 $\frac{2}{3}$ 擔 (占 5/9)

依上述假定,由於鐵、木材、機器等價值提高,使煤炭的不變資本價值由原來的 10,000 鎊增加到現在的 16,000 鎊。同時,由於煤炭勞動生產率照舊,

所以，代表不變資本的煤炭由 10,000 擔增加到 13,333$\frac{1}{3}$擔。現在的問題是，值 16,000 鎊的這 13,333$\frac{1}{3}$擔煤炭如何實現？

依照假定，鐵、木材、機器生產者仍會像以前一樣支付 10,000 擔煤炭。不過，由於煤炭價值提高了，過去要花 10,000 鎊，現在要花 12,000 鎊。這樣，煤炭中的不變資本的一部分（值 12,000 鎊的 10,000 擔）得到了實現，轉化為相應的生產資料。但是，這不足以補償他的全部不變資本，由於價值提高，煤炭生產者要購買的生產資料不是 10,000 鎊（10,000 擔），而是 16,000 鎊（13,333$\frac{1}{3}$擔）。所以，在鐵、木材、機器等生產者作為生產資料購買了 12,000 鎊（10,000 擔）煤炭以後，煤炭生產不變資本價值中還有 4,000 鎊（3,333$\frac{1}{3}$擔）有待實現和補償。

鐵、木材和機器生產者所需的生產資料煤炭已經得到了滿足，因此不能指望再由資本的交換來實現和補償這 4,000 鎊（13,333$\frac{1}{3}$擔）煤炭了。它只能同作為消費品的那一部分煤炭（值 20,000 鎊，16,666$\frac{2}{3}$擔）一起提供給消費者，兩者相加仍是 20,000（= 16,666$\frac{2}{3}$ + 3,333$\frac{1}{3}$）擔，占產品的 2/3。由於煤炭價值提高，消費者現在為這 20,000 擔必須支付 24,000（= 20,000 + 4,000）鎊，而不是 20,000 鎊。這樣，煤炭的不變資本便全部得到了補償。分析表明，這種補償，部分是通過同資本的交換，部分是通過同收入的交換實現的。

這裡出現了一個新問題，實現上述 4,000 鎊煤炭的收入從何而來？馬克思認為，這 4,000 鎊來自煤炭消費者工資的增加，後者的增加，是由於鐵、木材和機器等部分生產率的減低所造成的。而這些部門生產率的降低，只能由以下兩個原因引起，或者由於這些生產部門中使用的活勞動的生產能力降低，或者由於這些部門中的一部分生產資料變貴了。無論哪種原因，歸根到底，生產率的降低會造成使用的活勞動量的增加，因而也造成工資的增加。

三、消費品部門的不變資本價值必須由收入補償

馬克思對生產資料產品價值中不變資本補償的分析就是這些。往下，馬克思又補充分析了一種情況：消費品部門的不變資本價值同上面分析的生產資料部門的不變資本不同，它始終要由收入來支付和補償，否則消費品部門不變資本的補償便不能最終得到解決。像第三章第十節所說的那樣，紡紗業者和機器製造業者如果要靠麻布來補償自己的一部分不變資本，那就必然會有一部分麻布不能被消費掉，而應出售以換回生產資料。這樣一來，麻布就永無被全部實現之日，一個餘額的麻布儘管越來越少，但不可能消失。要使計算得以完結，必須將麻布只當作消費品來購買，即只作為收入來消費，而實現這一點的條件，是原先靠出售麻布來補償的紡紗業或機器製造業的那一部分不變資本，不再由麻布來補償，而由不變資本同不變資本的交換來補償。這樣，麻布業者的不變資本（以麻布形式代表）的補償便通過這一部分麻布同麻布生產資料所有者的收入的交換得到瞭解決。

馬克思最後又回過頭來對他前面所作的一個假設條件的合理性進行了分析。這個假設是，一個部門的勞動生產率雖然沒有變，但是，生產資料的漲價（不變資本價值的提高）會使以該部門本身的產品來估計的活勞動的生產率降低。原因很簡單，同一勞動現在仍生產同過去同量的產品，但在這個產品價值中，不變資本價值的比重（同生產該產品的活勞動相比）增加了。「因此，紡紗工人的同量勞動現在是由較少量的棉紗來支付了，換句話說，補償這種勞動的那部分產品減少了。」（第一分冊第195頁）

[（c）加爾涅反駁斯密時的庸俗前提。加爾涅回到重農學派的見解。比重農學派後退一步：把非生產勞動者的消費看成生產的源泉]

一、加爾涅對斯密的第一種解釋的其他反駁

結束了關於資本與資本交換過程中不變資本的補償問題的正面論述之後，馬克思又回到了對加爾涅反駁斯密的那個論據的批判。馬克思指出，第一，加爾涅斷言全部資本歸根到底總要由消費者的收入來補償，是錯誤的，已如上述。第二，這種說法本身也是荒謬的，因為收入不是工資就是利潤，而它們作為收入是用於滿足個人消費而不是用來滿足生產消費和補償資本的。第三，加爾涅斷言，資本如不能由收入補償便不能流通，也就不能帶來利潤。這種說法

也是荒謬的，因為，不由收入補償的那部分資本是生產條件即生產資料，它的確不帶來利潤（確切些說，不帶來剩餘價值）。但是，如果沒有這個部分即生產資料，資本就根本不可能生產利潤。這個生產利潤的條件同它是否經由流通得到補償無關，而這個條件即便進入流通，也不是剩餘價值的源泉。

加爾涅為反駁斯密的第一個定義，還提出為了雇傭非生產勞動者，只要有收入就夠了，而為了雇傭生產勞動者，則不僅要有收入，而且要有資本。這個說法的實際含義，在於證明生產勞動所需支付的代價大，花費多，因而生產性低。所以，馬克思說，加爾涅的這一派胡言亂語，表明他根本不理解《國富論》中最本質的東西，即認為資本主義生產方式是最生產的，而且，同以往的生產方式相比較，它無疑是這樣的。

馬克思還指出，說雇傭生產勞動者不僅要有收入，而且要有資本，這是不對的。因為用資本雇用了工人，便可以為雇主創造出消費工人勞動成果的收入，因此，只要有資本就夠了。加爾涅不理解資本帶來收入，反而以為利潤是由消費者支付的，「這裡顯然暴露出加爾涅對什麼是資本一竅不通」。（第一分冊第196～197頁）

加爾涅還提出，「不是有許多**非生產**勞動者，例如演員、音樂家等等，在大多數情況下通過經理來取得自己的工資嗎？而這些經理是從投入這類企業的資本中吸取利潤的。」（轉引自第一分冊第197頁。）馬克思說，這個意見是對的。但這不過表明，這裡所說的非生產勞動者應當是生產勞動者。

在反駁斯密的第一個定義的基礎上，加爾涅進一步斷言，生產階級和非生產階級之間的比例，不取決於資本量和收入量的比例，而多半取決於國民的風俗習慣和工業發展水準。馬克思說，這種說法不過是庸俗的同義反覆。因為，事實上，資本主義生產，從而資本及收入的比例，只有在工業發展到一定水準和階段才出現的。

二、加爾涅回到重農主義見解，而且比重農學派後退一步

在對斯密作了所有這些毫無用處的反駁以後，加爾涅「就滾回到重農主義去了，他宣布農業勞動是唯一的生產勞動」（第一分冊第198頁），因為它創造一個新價值（地租）。

馬克思就此評論說，加爾涅的這個說法，實際上意味著生產勞動應是創造新價值即剩餘價值（還有工資）的勞動，而加爾涅居然不理解，斯密所說的

資本同勞動交換，正是具有一定量價值的商品同比它本身包含的更大的勞動量相交換，因此才「創造一個新價值」。

此外，加爾涅還認為，消費是生產的源泉，生產的大小由消費的大小來衡量，非生產勞動者滿足「人為的需要」並消費物質產品，因此，他們在各方面都是有用的。這實際上是對非生產勞動以及非生產消費的讚揚。與此相關，加爾涅反對節省，主張增加消費，肯定國債是好事情。比起重農學派來，這顯然是一種退步，後者確認勞動（農業勞動）是財富的源泉，反對侵蝕農業資本的寄生消費。

最後，馬克思在對德國的重農主義餘孽施馬爾茨的簡短評述中，主要指出了兩點。第一，同加爾涅一樣，施馬爾茨也是用「節約勞動」為由，反對和抹殺斯密區分生產勞動和非生產勞動。第二，施馬爾茨對重農主義的曲解，說明了加爾涅的消費主義以及浪費的經濟效用的觀點同重農主義之間的聯繫。這種曲解表現在，施馬爾茨斷言，重農主義認為，「手工業者，甚至純粹消費的人，消費有功，理由是他們的消費可以促進（雖然是間接地促進）國民收入的增加，**因為沒有這種消費，被消費的物品就不會由土地生產出來，也不能加到土地所有者的收入中去**。」（轉引自第一分冊第 200 頁）他完全忘記了，在魁奈那裡，土地所有者的消費，雖然表面上表現為一種主動的、積極的甚至左右資本累積的因素，但這不過是一種封建外觀。實際上，農業生產階級才是經濟生活和再生產的主體，因為，構成國民收入的「純產品」，從而土地所有者的收入和他的消費的源泉，是來自農業資本主義生產的。可見，加爾涅的消費主義，同重農主義學說是相抵觸的，本來沒有聯繫。

[(8) 沙爾‧加尼耳關於交換和交換價值的重商主義觀點。把一切得到報酬的勞動都納入生產勞動的概念]

沙爾‧加尼耳（1758—1836），法國資產階級政治活動家，庸俗經濟學家，重商主義的追隨者，古典經濟學的反對者。馬克思考察了加尼耳在《論政治經濟學的各種體系》（1809 年初版，1821 年再版）一書中所提出的關於生產勞動的庸俗見解；這種見解以他關於價值的看法為基礎。所以，馬克思首先對他的價值觀點進行了評析。

一、加尼耳關於價值的重商主義觀點

馬克思對加尼耳的價值觀點的評析集中在以下幾個方面：

首先，關於價值的性質和源泉。加尼耳從商品是資產階級財富的元素和交換是認識勞動以及勞動生產財富的前提出發，「一下子就跳到重商主義體系上去了。」（第一分冊第 201 頁）他聲稱，價值和財富等同，財富完全來源於商業，同樣，只有交換或商業才使物具有價值。馬克思指出，這些毫無用處的廢話，對於說明重商主義體系及其「剩餘價值」觀點的特徵，卻是非常有用的。

其次，關於價值量的決定。加尼耳從「交換使物具有價值，沒有交換，物就沒有價值」的錯誤觀念出發，把商品價值量本身看作交換的產物，認為交換確定和決定物品的價值，如果商品 A 能同大量的商品 B、C、D 等相交換，它就是大的交換價值。馬克思指出，這種看法是停留在最表面的現象上；他把價值得以表現的條件（交換）錯誤地看作決定價值的因素；最後，如果把加尼耳的說法貫徹到底，便會得出一個荒謬的結論：既然財富由交換價值構成，而交換價值又決定於商品交換的比例，那麼，全部商品的總和就沒有任何交換價值了，因為這個總和不表示任何比例，這個總和不同別的商品相交換。這意味著，「由交換價值構成的社會財富沒有任何交換價值，因而也不是財富。」（第一分冊第 207 頁）

最後，加尼耳在上述觀點基礎上，進一步指出，一國要靠國內貿易來致富是困難的，不可能的，因為在生產者和消費者之間，「一些人（在交換價值上）的虧損為另一些人的得利所補償，總財富不會有任何變化。」而「進行對外貿易的各國人民的情況就有所不同了」。據說不同之處在於，這些國家的人民得到的不單單是等價，而是多於等價。顯然，「這是老重商主義。」（第一分冊第 207 頁）

二、加尼耳把一切得到報酬的勞動都看作生產勞動

加尼耳關於生產勞動的觀點，從馬克思的引文來看，至少有三重含義：第一，「任何勞動，不管其性質如何，只要它具有交換價值，就是生產勞動，就是生產財富的勞動」。（轉引自第一分冊第 208 頁）所謂具有交換價值的勞動，實則生產商品的勞動。不過，這種商品，在加尼耳看來，不一定是物質產品，因為，「交換既不考慮產品的量，也不考慮產品的物質性，也不考慮產品的耐久性」。（轉引自第一分冊第 208 頁）可見，加尼耳的這個觀點同斯密的。第

二個定義是不同的。第二,「所有的(勞動)從它們生產出它們本身已經與之交換的總額這一點來說,**同樣都是生產的**。」(轉引自第一分冊第208頁)這個總額指的是勞動與之交換的工資額。這個說法實際上把一切得到報酬的勞動都納入生產勞動的概念,不管是物質產品的生產還是非物質產品的生產。第三,「判斷一種勞動是生產的還是不生產的,不能根據消費以後究竟留下什麼,而應當**根據交換或根據這種勞動所引起的生產**」。(轉引自第一分冊第208頁)針對斯密第二個定義而作的這個解釋,所強調的是,各種非生產勞動,在它們能引起物質產品生產(或在生產階級需要)的範圍內,都是生產的。例如,加尼耳說,音樂家的勞動如果同木匠的勞動產品一樣,可以交換到同量的生產品(例如小麥),就表明音樂家的勞動同木匠勞動都是生產的,而且生產性相同。這就是說,生產階級需要娛樂,娛樂有助於財富的形成和增長;它甚至是生產的必要條件,因為如果一旦沒有了這些非物質的生產,原先預計用來與之交換的物質產品便沒有了消費者,物質產品的生產便要停止。所以,「生產娛樂的勞動,也像那種被認為是最生產的勞動**一樣有效地參加生產**。」(轉引自第一分冊第209頁)

以上第三重含義所強調的思想也正是前二重含義所強調的,即各種「非生產勞動」,只要有交換價值,可以得到報酬,或者有助於物質生產,就都是生產的。

加尼耳由此得出結論說,如果僕人得到的物質產品報酬比土地耕種者和工業工人的勞動得到的大一倍,僕人的勞動對於財富生產的貢獻,就比後兩種人的勞動大一倍。而且情況不可能不是這樣,「怎麼能夠說財富是來源於交換價值最少,因而得到的報酬最低的勞動呢!」(轉引自第一分冊第210頁)針對加尼耳的這種為非生產消費辯護的謬論,馬克思指出:「加尼耳先生忘記了,只有工業勞動和農業勞動的生產性,總之,只有生產工人創造的、但沒有被支付過代價的那個餘額,才提供非生產勞動者的基金。」(第一分冊第210頁)馬克思還指出,即使假定,僕人的生產費用比生產工人的生產費用大,那也應當看到,工人的生產率和工人自己的生產費用是完全不同的東西,它們兩者甚至是成反比例的。

從馬克思最後所引用的一段話中可以看出,加尼耳為了替非生產消費辯解,甚至提出消費決定生產的觀點。他認為,僅僅根據勞動參加物質生產的程度來衡量它的生產性,而不考慮這種勞動的消費,是很不徹底的。「**只有消費**

才使勞動具有價值，沒有這種價值，財富就不能存在。」（轉引自第一分冊第211頁）

馬克思嘲笑了這種企圖把消費冒充為物質生產的觀點。他說，「無論『純收入』的所有者把這種收入花在僕役身上，花在姘婦身上，還是花在油炸餡餅上，那是完全無關緊要的。但是認為為了不使產品的價值去見鬼，餘額就必須由僕人來消費，而不能由生產工人本人來消費，這種想法是可笑的。」（第一分冊第212頁）馬克思還指出，馬爾薩斯也就是這樣宣揚非生產消費者存在的必要。而且，一旦「餘額」掌握在「有閒者」手裡，實際上也就有這種必要。關於馬爾薩斯的這個觀點，在本書下冊第十九章中有較詳細的論述和批判。

[（9）加尼耳和李嘉圖論「純收入」。加尼耳主張減少生產人口；李嘉圖主張資本累積和提高生產力]

本節的主要內容如標題所示，是評析加尼耳和李嘉圖關於「純收入」及其增長的見解與不同主張。在評析過程中，馬克思發揮了關於勞動生產力的發展對於生產勞動和非生產勞動的影響，特別是對工人階級狀況的影響的理論，這是馬克思對生產勞動學說的一個重要貢獻。

一、加尼耳的觀點和主張

馬克思對加尼耳的有關論點的分析，集中在以下幾個方面：

第一，加尼耳斷言，李嘉圖「複製」了他提出的一個理論，即財富不取決於總產品，而取決於純產品，即取決於利潤和地租的高低。馬克思指出：「這絕不是加尼耳的發現，但他表述這一點的方式確實有獨特之處。」（第一分冊第212~213頁）例如，重農學派最早以「純產品」概念來表示農業總收成減去工資及種子、肥料、倉庫等費用之後的餘額，即剩餘農產品。在重農學派那裡，「純產品」是剩餘價值的一般的和唯一的形式。除開這一點之外，認為「財富」取決於「純產品」的這個說法有其可取之處。因為正如馬克思接著指出的，資本主義生產的目的是剩餘價值（它表現在產品超過預付資本的餘額中）。因此，工人的必要勞動時間只有在提供剩餘勞動的情況下，才是必要的。否則，這個時間對於資本家就是非生產的。

第二，馬克思分析了提高剩餘價值的兩種方法：提高勞動生產率；延長勞動時間或增加工人人數。他強調指出（並以具體數字計算證明），在勞動生產率提高的條件下，勞動時間或工人人數不變，甚至減少時，剩餘價值量也可以增加。因為，在這些條件下，「剩餘價值的增加意味著：工人能在比以前少的時間內，生產自己的生活資料，因此，工人所消費的商品的價值就減少，就代表較少的勞動時間」。（第一分冊第216頁）加尼耳實際上也看到了這一點，因為他指出，「隨著工業取得成就……生產費用就減少，換句話說，只需要較少的工人就獲得較多的產品。」（轉引自第一分冊第215頁）

這裡出現了一個問題：由於勞動生產率提高而被解雇的工人將怎樣呢？

第三，有人認為，被解雇的工人會被遊離的資本所雇傭。但是，馬克思指出，原先用於支付那些被解雇工人的資本不能全都遊離出來，因為至少「還要留下一筆費用來購買新機器。」（第一分冊第217頁）而被雇傭來生產新機器的工人，又往往不會多於被雇傭的人數，更不必說，被雇傭者也並不就是那些被解雇的工人。「機器製造業對工人的需求的增加，最多只能影響到後來一批工人的分配，即讓剛開始勞動的那一代工人比上一代工人更大量地進到這個部門中來。這對被解雇的工人不會發生影響。」（第一分冊第218頁）馬克思還指出，由於勞動生產力增長而引起的勞動和資本的轉移，總是在以後才能發生。所以，新湧現的工人（或其子女）不是被拋上街頭，就是陷入赤貧的境地。馬克思在這裡實際上已經初步地論述了資本主義累積的一般規律。

第四，不過，馬克思還進一步論述了勞動生產率的提高對生產勞動和非生產勞動的影響。他指出，這種影響表現在，直接參加物質生產、提供生活資料的人口，從事生產勞動的人口，按照數量來說可能不斷增加，但按照同總人口的比例來說是在減少，這意味著「純收入」增加了，也意味著國民用在直接生產上的時間減少了。馬克思說，如果拋開階級對立不談，平均分配的話，所有的人就都會有更多的非生產勞動時間和餘暇。「但是，在資本主義條件下，一切看來都是對抗的，而事實上也正是這樣。」（第一分冊第219頁）這就是說，隨著生產力的發展，一方面是生產勞動者人數所占比例在減少，另一方面是剝削者和其他的非生產勞動者的比例在增長。

馬克思還指出，勞動生產率的提高在生產階級本身的構成上，會引起以下各種人的數目增加：商業的仲介人，在機器製造業、鐵路修建業、採礦工業中的就業者，農業中從事畜牧業、化肥業等的工人，還有生產工業原料的土地耕

种者同生产食物的土地耕种者相比会增加，为家畜生产饲料的人数同为人生产粮食的人数相比会增加。总之，「**不变资本不断增加，从事不变资本再生产的总劳动的相对量也就不断增加。**」（第一分册第 219 页）与此同时，随着可变资本的相对减少，在工人中相对地有更大的部分从事生产资料的生产，而不从事产品本身的再生产，农业工人的人数同工业工人的人数相比会减少；最后，由于收入已经提高，对奢侈品的需求增加，所以，从事奢侈品生产的工人人数会增加。

加尼耳在一定程度上也看出了劳动生产率的提高对生产劳动阶级和非生产劳动阶级的影响，但他完全是站在资产阶级社会统治阶级的立场上来看待这种影响的。他把上述由于生产力提高而引起的「**人口成分的变化**」，视为「现代各国人民繁荣、强大和文明的真正原因」；他为「下层阶级」的人数愈减少，就愈不必为其「贫困、无知……所不断造成的危险担心」而感到庆幸；而「上层阶级」的人数愈多，在他看来，「国家也就愈强盛、开化、理智和文明也就愈能遍于整个人口。」（转引自第一分册第 222 页）

第五，加尼耳主张减少生产人口。这是在他反驳萨伊对李嘉图关于纯收入的观点时提出来的。李嘉图是关心「纯收入」的（下面还要谈到这一点）。因此，他断言，如果生产的纯收入相等，那么只雇佣 500 万人比雇佣 700 万人更为有利。加尼耳从其维护非生产阶级的立场出发，也重视纯产品，认为「只有纯产品和消费纯产品的人，才构成它的（国家的）财富和力量，对它的繁荣、荣誉和强大做出贡献。」（转引自第一分册第 223 页）而萨伊则把总产品和总价值等同于纯产品和纯收入，认为一国的总收入是由一国的总产品构成的，并由此出发，反驳李嘉图说，700 万完全就业的工人比 500 万人会有更大的节约（储蓄），或更大的幸福。似乎李嘉图把这么多人的幸福视同乌有。①

针对这一点，加尼耳正确地指出：「这就是认为，**从工资中节约比通过停止支付工资来节约**可取，」「说什么给不生产任何纯产品的工人支付 4 亿法郎工资，只是为了使他们得到从自己的工资中节约的机会和手段，这真是太荒谬了。」加尼耳主张，「如果……在业工人人数是 700 万，那么他们的工资就是 14 亿法郎；但如果这 14 亿法郎……不能比 500 万工人得到的 10 亿法郎提供更多的纯产品，那么**真正的节约，就在于停止向那些不提供任何纯产品的 200 万工人支付 4 亿法郎工资**。」（转引自第一分册第 225 页）换句话说，加尼耳主

---

① 参见李嘉图：《政治经济学及赋税原理》，第 298 页。

張減少生產人口，解雇工人。

不過，馬克思還指出，「加尼耳先生在崇拜『純產品』方面，並不是始終一貫的。」（第一分冊第 231 頁）因為他有時又持有資產階級自由主義見解，認為「對總財富來說，社會的一切階級普遍富裕，比少數的個人擁有過多的財富更有利。」（轉引自第一分冊第 231~232 頁）

二、李嘉圖的觀點和主張

加尼耳是在反駁薩伊對李嘉圖的反駁時，提出自己的減少生產人口的主張的，而李嘉圖不但也關心純收入，而且也主張解雇多餘的工人，認為這是完全恰當的。顯然，有必要對李嘉圖關於純收入的觀點和主張作進一步的較全面的探討，並著重指明李嘉圖的觀點和主張與加尼耳等人的原則區別。

第一，馬克思指出，李嘉圖所說的「純產品」或「純收入」，是指包括地租和利潤在內的剩餘價值，即總收入中超過工資的餘額。李嘉圖指責斯密總是誇大一國從總收入而非從大量純收入中得到的利益。他明確指出，國家的賦稅和儲蓄，只能來自純收入，「一國能維持多少海陸軍以及各種非生產性勞動的能力只和它的純收入成比例」；①「納稅能力只和純收入成比例」。② 他也決不會同意靠減少純收入中的利潤來增加其中的另一部分——地租。「為什麼呢？因為這有害於資本的累積，或者在某種程度上也可以說，因為這是靠損害生產勞動者的利益來增加非生產勞動者。」（第一分冊第 226 頁）

第二，李嘉圖完全贊成斯密關於生產勞動的第一個定義，但他已經沒有斯密那種對生產工人的溫情和幻想了。斯密把同資本相交換從而為所有者帶來利潤的勞動看作生產性勞動，實際上已經觸及勞動隸屬於資本的地位和命運。但是由於歷史條件和階級的局限，斯密更強調資本累積和生產發展也是生產階級根本利益之所在，因為工人會被更多地雇傭，工資也會隨之提高。

李嘉圖則不同，在他看來，成為生產工人，這是一種不幸。生產工人是生產別人的財富的工人。因此，只有為別人生產財富時，他的生存和生產才有意義。另外，他也抛開了任何幻想明確宣稱，如果同量的純收入能由較少的工人生產出來，那麼，把多餘的工人解雇是完全恰當的，儘管這些工人是斯密所說的生產性勞動者。

---

① 轉引自李嘉圖：《政治經濟學及賦稅原理》，第 298 頁。
② 轉引自李嘉圖：《政治經濟學及賦稅原理》，第 299 頁。

不過，馬克思指出，和加尼耳不同，李嘉圖並不認為解雇這些工人就可以把以前當作可變資本（工資）消費的東西當作收入來消費，他認為收入會隨他的解雇一起消失；他也不像加尼耳那樣認為仍然會有同量的產品生產出來，他看到總產品會由於可變資本的減少而減少，但在生產率提高的條件下，純產品可以仍然不變。因此，他對總產品漠不關心，他關注的只是純產品。李嘉圖對純產品的關心，反應了產業資本在產業革命條件下對擴大資本累積的渴求，而他從能否增加純收入的角度要求解雇多餘的生產工人的觀點，同樣反應了處於上升階段的資產階級不顧一切地發展資本主義生產力的要求。他對生產工人的不幸地位所作的冷靜而坦率的觀察，則是他科學上的誠實態度的又一表現。

第三，馬克思分析了資本主義發展趨勢中存在的「二律背反」的矛盾現象：一方面，資本要求盡可能減少必要勞動時間，因而盡可能減少生產人口；另一方面，資本的趨勢是累積，把利潤轉化為資本，盡量佔有更多的別人的勞動。這種矛盾現象在李嘉圖著作中也有所反應；他一方面指出機器的使用排擠了工人，增加了「純收入」；另一方面又強調累積的重要性，強調應盡量多地把利潤轉化為資本，即轉化為排擠生產工人的手段。而生產工人的勞動，在李嘉圖看來，又是創造新價值的手段。馬克思指出，由此也就產生了李嘉圖一面告誡工人，一面又安慰工人的矛盾現象：機器排擠了工人，但資本累積對工人也有最大的利害關係。

[（10）收入和資本的交換。簡單再生產條件下年產品總量的補償：（a）收入同收入的交換；（b）收入同資本的交換；（c）資本同資本的交換]

這是馬克思《剩餘價值理論》第一冊中第三次分析年產品的補償問題了。第三章第十節，在批判了薩伊把斯密的觀點庸俗化，並把社會產品和社會收入等同起來的錯誤以後，馬克思第一次全面分析了年產品的補償問題，特別是不變資本的補償條件。在第四章第七節，在批判加爾涅關於資本最終要由收入來補償的錯誤見解時，馬克思又回到了這個問題上，分析的重點是生產資料產品中不變資本的補償問題。這一次，馬克思之所以又來分析這個問題，顯然同李嘉圖也接受了那個被薩伊加以分離和發揮的「斯密的教條」有關。在上一節後半部分，論及李嘉圖的純收入概念時，馬克思曾指出，在李嘉圖那裡，這個

概念指的是剩餘價值,而不是指全部產品中超過補償生產資料之後的餘額,相反,「他贊同把總產品歸結為總收入的這種錯誤見解。」(第一分冊第226頁)這種錯誤見解不僅阻塞了分析資本再生產的道路(因為,既然年產品都可歸結為收入,當然就可被全部吃掉),而且同斯密對生產勞動的正確見解直接相抵觸(因為,既然資本都可歸結為收入,那麼,歸根到底,也就不存在同資本而只有同收入相交換的勞動了)。李嘉圖接受斯密的教條,又贊同斯密對生產勞動和非生產勞動所作的第一種區分,可他沒有覺察到其中存在著不可調和的矛盾。顯然,必須徹底弄清楚年產品補償的條件,徹底駁斥資本歸根到底由收入來補償的錯誤見解,才能使關於生產勞動的科學規定建立在堅實可靠的理論基礎之上。而在年產品補償得以實現的各種交換中,收入和資本的交換顯得更複雜,還更易造成全部資本由收入來補償的錯覺,加上不變資本的補償等問題在前面已有較詳細的分析,因而收入和資本的交換關係便成為本節的重點。

為便於說明問題,馬克思假定:①把工資看作收入,沒有把它同利潤區別開來。②全部收入都作為收入花掉,沒有累積。這樣,年產品量就分為兩部分:一部分是作為收入被消費的消費品,另一部分是以實物形式補償已消費的不變資本的生產資料。

馬克思對簡單再生產條件下年產品總量的補償的考察,是從以下三個方面進行的:

一、收入同收入的交換

馬克思指出,這是指一種消費品的生產者從代表他們的收入(利潤和工資)的那部分產品中,拿出一部分來(另一部分自己消費),同代表另一種消費品生產者的一部分收入的產品相交換,例如麻布同穀物交換。這是加入個人消費的兩種商品的交換,是兩種(或更多)形式的收入之間的交換,是簡單商品交換。

馬克思指出,實現這種交換的唯一條件,是這些消費品按符合需要的比例生產出來,因而生產這些消費品所必需的社會勞動的相應量也按比例分配。在這種條件下,一種消費品的供給量恰好就是對它的需要量。這也就是說,在單位產品上花費的勞動時間不超過社會必要勞動時間,即不超過生產這個商品平均所需要的時間,是實現上述交換的客觀條件和要求。馬克思說,這個條件和要求「是資本主義生產的結果,資本主義生產甚至不斷降低必要勞動時間的

最低額」。(第一分冊第 234 頁)

馬克思強調指出，所謂社會必要勞動時間，不僅指花費在產品每一部分上的勞動時間是社會必要的，而且指花費在整個這一生產部門的勞動時間總量也是社會必要的。後者即這一生產部門的總產品同其他部門的產品保持應有的比例時，按比例應當花費的勞動時間。這就是馬克思所說的必要勞動時間（即價值規律）的另一種意義。它涉及必要勞動時間究竟按怎樣的量在不同的生產領域中分配。而不斷地打亂又不斷地調節這種分配的力量就是競爭。如果某個生產部門花費的社會勞動時間量過大，那麼，就只能按照應該花費的社會勞動時間量來支付等價，儘管花費在產品每一部分上的是社會必要勞動時間。當然，如果生產條件發生了變化，會使社會必要勞動時間從而商品相對價值發生變動，使價格降低，但是這同某一生產部門花費的勞動總量過大而導致的價格低於其價值，完全是兩回事。

最後，馬克思又反覆指出，這裡所說的交換，就其性質來說，不過是簡單商品交換，不包括收入同資本的任何關係。但是，即使在這種條件下，也應當看到商品供應和需求的脫節。於是，馬克思批判了薩伊等人否認生產過剩可能性的錯誤見解。例如，薩伊說，英國商品充斥義大利，是由於義大利商品不足，或者說，A 的產品的滯銷是由於 B、C 等人的產品不足。馬克思說，這可能是由於 B、C 等人的產品不夠，但也可能是 A 的產品過多，或是多於 B、C 等對該產品的需要，或是多於 A 自身對該產品的消費需要。此外，薩伊在僅僅涉及收入同收入交換的地方，就假定需求的對象不是產品的使用價值，而是這個使用價值的量，也是可笑的。因為在這裡所考察的簡單商品交換條件下，交換雙方需求的對象是使用價值，所涉及的只是需要的滿足，而不像在談交換價值時那樣涉及的是量。所以，理應以供求相符合為分析的前提。我們知道，馬克思就是這樣做的，他在《資本論》第一卷研究簡單商品生產條件下的交換規律時，抽象掉供求變動的影響，當在第三卷分析到競爭條件下的價值決定時，才把供求的變動作為一個影響的因素引進來。

二、收入同資本的交換

馬克思指出，這種交換是在這樣的客觀條件下出現的：一方面，有一些產品（消費品），代表生產者的不變資本，但這些產品按其使用價值來說只能加入個人消費，不能加入生產消費。因此，生產者必須把這部分產品轉化為他的

不變資本的實物要素。另一方面，有一些產品（生產資料，如機器），代表生產者的收入，但這些產品的實物形式並不能用於個人消費，只能用於生產消費，因此，生產者必須先把這些產品轉化為貨幣，然後把貨幣再轉化為可直接消費的商品。於是就出現了代表一個人的收入同代表另一個人的資本的交換。

這種交換從交換雙方分別來看，對 A（消費品生產者）只表現從資本到資本的轉化，通過交換補償了他的不變資本。對 B（不可直接消費的產品的生產者）只表現收入從一種形式到另一種形式轉化，通過交換，實現了他的收入。從交換雙方同時來考察，則表現為 A 的不變資本同 B 的收入相交換。

這種交換仍只是簡單商品交換，雙方只是作為簡單商品的買者和賣者相互對立。

在對這種交換的特點作進一步分析時，馬克思首先把全部社會產品從概念上劃分為兩大部類，即 A 部類和 B 部類；並且明確指出：「除了這兩個部類之外，再也沒有別的部類了。」（第一分冊第 243 頁）不過，同馬克思後來在《資本論》等處的劃分不同，這裡的 A 部類指的是消費品，B 部類指的是生產資料。然後，馬克思分析說，A 部類產品中，代表收入的那一部分通過本部類內部的交換，實現了 A 的生產者的收入；B 部類產品中代表收入的那部分產品通過同 A 部類中代表不變資本的產品交換，也實現了 B 生產者的收入。這樣，雖然 A 的總產品中只有一部分由新加勞動構成，另一部分由待補償的過去勞動構成，但它仍然能夠全部用新加勞動來購買，這意味著，「A 的總產品等於社會的總收入。而社會的總收入代表社會在一年內加到現有不變資本上的勞動時間的總和。」（第一分冊第 243 頁）

最後，馬克思指出，進入上述交換過程的 A 的不變資本，只是在 A 的生產過程中被消費的部分，即被損耗的部分，因此只有這部分需要補償。與此有關，馬克思又分析了不變資本中固定資本週轉和再生產的一些特點。

三、資本同資本的交換

馬克思指出，B 產品中代表不變資本的部分，不加入 B 的收入，也就不能由 A 來補償，不能同 A 交換；它也不是由 B 的任何新加勞動來補償，因為這個新加勞動部分已經補償了 A 產品中代表不變資本的部分。因此，B 產品中代表不變資本的部分只能在 B 部類內部，由同類的新產品以實物形式補償。馬克思說，這種補償的方式，一種是以自己的實物形式補償自己的不變資本，如

農業中的種子、煤礦業中的煤炭、機器業中的機器就是如此。另一種是該部類內部生產者之間，通過交換來相互補償各自的不變資本，這就是資本同資本的交換。

馬克思還對不變資本的構成要素（原料、固定資本、輔助材料）作了詳細的分析。

綜上所述，在以上三種形式的交換中，第一種是收入之間的交換，第三種是資本之間的交換。在第一種交換中，沒有資本關係參與其間；在第三種交換中，又沒有收入關係參與其間。因此，這裡完全談不上資本歸結為收入。只有在第二種交換即資本與收入交換中，A 部類的不變資本歸根到底才歸結為收入，也必須歸結為收入。這表明，斷言社會總產品最終都歸結為收入的說法是錯誤的，因為它把由資本和收入的交換構成的那部分商品交換等同於全部商品交換了。

亞當·斯密由這個錯誤論點出發，又引出了另一個錯誤的命題：「實業家」之間的貿易規模同「實業家」和消費者之間的貿易規模是相等的。馬克思批評了斯密的這個命題，也批評了圖克根據這個錯誤命題對於貨幣流通所做出的錯誤的實際結論，即認為年收入流通所需要的貨幣，也足以使全部年產品流通。①

在結束了上述分析之後，馬克思提出了兩個尚待解決的問題，這兩個問題是在修改了本節開頭已指出的兩個假定的條件下必然會出現的。第一，如果把工資看作收入，又看作資本家的流動資本的一部分，在這裡會有多大意義。第二，假定利潤有一部分轉化為資本，前面分析的三種交換會受怎樣的影響。對這些問題，馬克思在《資本論》第二卷（特別是第二十章第十節和第二十一章）中作了詳細和系統的回答。

最後，馬克思指出，分析年總產品補償過程和條件的「這一幕間曲就必須穿插在這個歷史批判部分，一直演奏到結束」。（第一分冊第 258 頁）的確，在本書以下各處，馬克思又不斷地回過頭來分析了這個「幕間曲」所涉及的問題，例如：本書第一分冊第六章《魁奈的經濟表》，第二分冊第十七章《李嘉圖的累積理論》，第三分冊論李嘉圖社會主義者的第二十一章以及論舍爾比

---

① 托馬斯·圖克（1774—1858），英國資產階級經濟學家和財政學家，追隨古典經濟學，曾積極參加推動自由貿易等項社會活動，著有關於價格與流通問題的多部著作，其中主要的是 1824 年出版的《三十年來價格的詳情和思潮》。此書後增訂為六卷本的《1793—1856 年價格與流通史》（1838—1857）。

利埃的第二十三章。

[(11) 費里埃。費里埃對斯密的生產勞動和資本累積理論的反駁的保護關稅性質。斯密在累積問題上的混亂。斯密關於「生產勞動者」的見解中的庸俗成分]

本節開頭是對費里埃觀點的扼要評述，然後是對斯密關於資本累積和生產勞動觀點的評述。

一、對費里埃觀點的評述

弗·路·奧·費里埃（1777—1861），法國庸俗經濟學家，重商主義的追隨者，著有《論政府和貿易的相互關係》一書（1805年）。（此書曾對德國歷史學派先驅者和保護關稅政策著名代表者弗·李斯特有過顯著影響。）馬克思著重指出了此人的社會地位同其反對斯密生產勞動學說之間的聯繫。他指出，費里埃是海關副督察，是波拿巴王室的禁止性關稅制度等的贊頌者。① 費里埃實際上認為政府及其官吏具有重要意義，所以他對斯密把國家官吏叫作非生產勞動者這一點非常惱火。他明白，斯密極力提倡個人或國家應崇尚勤儉而力戒奢侈妄為的原則，是以其生產勞動和非生產勞動的區分為根據的，因而著力駁斥這一區分。在費里埃看來，「這一區分實質上是錯誤的。**根本就沒有非生產勞動。**」（轉引自第一分冊第259頁）他認為，「國家的節約在於，購買外國產品的數量不超過能用本國產品支付的限度。有時這種節約在於完全不要外國產品。」（轉引自第一分冊第259頁）顯然，這種反駁具有保護關稅論的特點。

二、對斯密關於資本累積和生產勞動觀點的評述

為了把費里埃的觀點同他所憎恨的斯密的論斷加以對照，馬克思在這裡比較詳細地評述了斯密關於資本累積和生產勞動的觀點。本章第三、四節著重考察了斯密對生產勞動這一概念的解釋，而這一節則著重評述他對資本累積和生產勞動這兩者之間的聯繫的論點。斯密這方面的論述集中體現在《國富論》

---

① 法國資產階級革命後，代表金融資產階級和工商業資產階級利益的拿破崙政權，為了扶持國內工商業的發展，實行了嚴格的保護關稅政策。為爭奪歐洲和世界霸權，拿破崙於1806年宣布實行「大陸封鎖政策」，嚴禁歐陸和英國發生任何經濟關係，企圖扼殺英國。

第二卷第二篇中，尤以其中第三章為主。不過，斯密在第一篇第六章結束了關於價值源泉和構成的論述之後，已經提出了年產品的變動取決於什麼因素的問題，因此，馬克思這次的考察便從這裡開始。

1. 斯密認為，年產品價值的變動取決於年產品在工人和有閒者之間的分配比例。斯密的思路是：絕大多數商品（或勞動的年產品）的交換價值由工資、利潤和地租構成，所以，年產品所能購買的勞動量比生產該年產品所花費的勞動量大；如果社會每年能利用所購買的全部勞動，那麼，由於這個勞動量逐年會有很大的增加，來年的年產品就會具有更大價值；但是，沒有哪個國家會把全部年產品都用在工人生活費上，很大部分都是歸有閒者消費的，所以，年產品是增加、減少或是不變，就取決於年產品在工人和有閒者之間的分配。

馬克思說，在斯密想解開累積之謎的這段論述中，包含著不少混亂。首先，又出現了前面已談過的錯誤前提，即認為勞動年產品價值由工資、利潤和地租構成，排除了不變資本。然而，在年產物中確有一部分只能用於生產消費的產品即加入不變資本的各種要素，另外，甚至可消費的產品也有一部分不能被消費，而必須用於生產消費，轉化為勞動材料、種子，等等，否則，再生產便沒有可能。因此，在考察累積時必須把不變資本計算在內，單只考慮工資（勞動量）是不夠的。

其次，斯密把產品價值中的活勞動和物化勞動同活勞動中的有酬勞動和無酬勞動混同起來了。當他說勞動年產品所能購買的勞動量比生產它所花費的勞動量大的時候，他實際上（或應該）是指加入年產品價值的不僅有活勞動，而且有物化勞動。在物化勞動能交換並支配等量活勞動的前提下，就會出現上述結果，因為創造價值的活勞動量多了。然而，斯密不是這個意思；這同他的價值由收入（即活勞動的產品）構成的觀點不符，又顯得無用。他仍堅持勞動決定收入的觀點，但肯定收入分為有酬與無酬兩部分，前者是工資，後者是利潤（和地租）。因此，如果把全部產品都花在工資上，它所推動的勞動量自然會比生產這個產品的勞動量大。他以為，這樣一來，便為年產品的增加找到了合適的條件和原因。但他沒有看到，這個條件意味著必須從利潤和地租中扣除出一筆新的工資基金，還得購置必需的生產資料。換句話說，年產品價值不能僅僅分解為收入。這同他的前提直接相矛盾。

最後，斯密認為，隨著生產資本的增加，所使用的勞動（活勞動）會按同樣的比例增加，這是錯誤的，是他認為全部產品分解為收入的觀點的直接繼

續。他根本忘記了不變資本的存在，更沒有注意到不變資本比可變資本增加更快的事實。

2. 馬克思再次表述了斯密對區分生產勞動和非生產勞動的二重性觀點，指出斯密由於把自己的兩種區分混在一起，就把主要的區分大大削弱並衝淡了。不過，馬克思又以斯密把社會成員的「有用才能」和「技能」視為固定資本之一項的事實，證明斯密並沒有把勞動的固定化完全歸結為純粹的表面的固定化。

3. 奇怪的累積來源和累積的必要性：斯密一方面認為在累積以前沒有任何分工，說「按照事物的本性，**資本的累積是分工的必要的先決條件**。」（轉引自第一分冊第 266 頁）另一方面又認為，好像在分工以前沒有任何資本累積，「在這種狀態中，沒有必要為了維持社會經濟生活而把資財預先累積或儲存起來」。（轉引自第一分冊第 265 頁）

不過，斯密的主要思想是強調資本累積的必要性，認為資本累積促進了勞動分工的發展和勞動生產率的提高。而要增加資本累積，在斯密看來，關鍵在於減少非生產性消費，盡可能地增加生產性勞動者人數。

值得注意的是，從馬克思的詳細引文中可以看出，斯密甚至提到，要擴大生產規模，不僅要增雇勞動者，而且要「補償資本」，這個「資本」，斯密偶而指「原料、勞動工具和生活資料」，並把它同利潤和地租形成的收入加以對照；但更多的場合，他把這個生產資本的量同用來維持生產勞動的那部分生產資本的量等同起來，又把不變資本忽略了。馬克思認為，這同斯密所瞭解的大工業實際上還只處在萌芽狀態有關，那時候機器和其他生產資料在整個資本中的比重還比較低。

另外需要注意的一點，是斯密從其生產勞動學說出發所提出的國家節約的原則。他強調，個人的奢侈妄為影響不大，而政府的奢侈妄為，卻有時使大國變窮。他指出，在大多數國家，國民收入全部或幾乎全部用來維持非生產人員，諸如朝廷王公大臣，教會牧師神父以及陸海軍等，「**這種人自己什麼也不生產，全靠別人的勞動產品來養活**。」（轉引自第一分冊第 271 頁）如果他們的人數及消費超過了必要限度，剩下的產品便不足以維持必須在下一年把產品再生產出來的生產勞動者。這正是費里埃所憎恨的原則。

三、斯密把生產勞動又歸結為使用和推動生產勞動

斯密根據資本所推動的生產勞動量的大小，把資本的用途從大到小排了一

個次序：農業、製造業、商業和零售商業。並且說，「凡是把資本用於這四種用途之一的人，自己就是**生產勞動者**。」（轉引自第一分冊第 271 頁）馬克思說：「這裡我們又得到一個關於『生產勞動者』的全新的定義。」（第一分冊第 271 頁）的確，按照這個定義，從事上述各種事業的資本家，都應被看作生產勞動者。這又是一個糊塗觀念。更糊塗也更庸俗的一個說法，是認為農業生產性最大的原因之一在於，除了自然和人一起勞動之外，役畜也在勞動，也是生產勞動者。

[（12）羅德戴爾伯爵，把統治階級看成各種最重要生產勞動的代表的辯護論觀點]

詹姆斯·羅德戴爾伯爵（1759—1839），生於蘇格蘭，曾在格拉斯哥大學及愛丁堡大學學習法律，畢業後任蘇格蘭法庭律師。1781—1788 年任國會議員。1789 年繼承其父爵位並任元老院議員，並出使國外，是一位資產階級政治活動家。羅德戴爾又是一位政治經濟學家，他在價值、財富及資本等一系列理論問題和實際問題上，都站在庸俗政治經濟學立場上批評亞當·斯密的學說。他的主要經濟學著作是《論公共財富的本質及起源，兼論其增長的性質及原因》（1804 年初版，1819 年再版）。

馬克思在這裡評述了羅德戴爾的利潤觀點和生產勞動觀點。

馬克思認為，他的生產勞動觀點以其利潤觀點為前提，因此，首先引述並批判了他的利潤觀點。

一、羅德戴爾把利潤看作資本本身的產物

馬克思指出，羅德戴爾「直接否認斯密提出的對剩餘價值的解釋」（第一分冊第 272 頁）在回答「資本利潤的本質及起源是什麼」的問題時[①]。羅德戴爾首先引述了亞當·斯密關於利潤是對勞動者增加到原料上的價值的扣除的兩大段論述，[②] 又引述了約翰·洛克把利潤實際上歸結為對勞動報酬的一種剝奪的說法。[③] 然後反駁說，「如果對資本利潤的這種理解真正正確的話，那就會

---

① 參見詹姆斯·羅德戴爾：《論公共財富的性質和起源》，英文版第 155 頁。
② 參見亞當·斯密：《國民財富的性質和原因的研究》上卷，第 43、321 頁。
③ 參見約·洛克：《論降低利息和提高貨幣價值的後果》第 33 頁。

得出結論說：利潤不是收入的原始源泉，而只是派生源泉，並且決不能把資本看作財富的源泉之一，因為資本帶來的利潤不過是收入從工人的口袋轉到資本家的口袋而已」①。很顯然，這是用斯密的三種收入是價值源泉的庸俗觀點反駁斯密和洛克的含有科學成分的觀點。不過，應當指出，羅德戴爾並不贊成斯密的勞動價值論，也不贊成斯密的三種收入價值論，而認為「每一個物品的價值完全取決於對它的需求和該物品數量之間的比例」②。並傾向於把價值解釋成一種主觀範疇：「價值一詞，無論在其本來意義上，還是在人們通常的說法中，都不表示商品固有的某種屬性。具有真實的、內在的或不變價值的東西是沒有的。」③

羅德戴爾是財富源泉三要素論的擁護者，他認為：「土地、勞動和資本確實是財富的唯一源泉，是財富的來源和構成部分。」④ 他以此出發，把資本利潤說成是資本本身的產物，說成是資本因「代替」勞動而得到的報酬。羅德戴爾在敘述了資本可運用於製造業、國內外商業、農業等各領域並分析生產者或所有者的收入而得到利潤（實指利息）之後，作出結論說：「現在很明白，在運用資本的每個場合，資本利潤的取得，總是或者因為資本代替了人必須用自己的手去完成的勞動，或者因為資本完成了人的個人力量不能勝任和人自己不能完成的勞動。」⑤ 這顯然是一種「辯護性觀點」。

二、羅德戴爾關於生產勞動的辯護性觀點

馬克思接著評述了羅德戴爾在生產勞動問題上的辯護性觀點。

馬克思說，羅德戴爾「極力反對斯密提出的對**生產勞動者和非生產勞動者**的區分」。（第一分冊第272頁）這種反對集中在對斯密關於生產勞動的第二種解釋的反駁上。羅德戴爾指出，斯密把製造業者和工匠看作生產勞動者還是可以的，同人們流行的觀念沒有什麼抵觸，但是如果根據勞動所提供的服務的耐久性來區分，就站不住腳了。這是因為，按照這種區分標準，勢必引出一個荒謬的結論：同是廚師，如果在家為我做蛋糕，他是非生產勞動者，因為蛋糕可以馬上被我吃掉；而如果是在糕點店裡干活製作蛋糕，則又是生產勞動者

---

① 參見詹姆斯·羅德戴爾：《論公共財富的性質和起源》，英文版第157~158頁。
② 參見詹姆斯·羅德戴爾：《論公共財富的性質和起源》，英文版第17~18頁。
③ 參見詹姆斯·羅德戴爾：《論公共財富的性質和起源》，英文版第12頁。
④ 參見詹姆斯·羅德戴爾：《論公共財富的性質和起源》，英文版第111頁。
⑤ 參見詹姆斯·羅德戴爾：《論公共財富的性質和起源》，英文版第161頁。

了，因為他的蛋糕會經歷一些時候才被消費掉。羅德戴爾的這種反駁不無道理，但如馬克思所說，他抓住的不過是些膚淺的東西。

羅德戴爾的用意在於，以此為據，反對斯密把君主、神職人員等劃入非生產勞動者。在他看來，既然財富由人們所需要的各種物品組成，所以，不能把可以累積起來，經久使用以滿足人的將來需要的物品說成是財富；而不能耐久，一經提供隨即消失，以滿足人的眼前需要的物品就說不是財富。生產財富的勞動都是生產勞動。

另外，在羅德戴爾看來，既然交換價值是財富的基礎，那麼，從君主、神職人員等所取得的報酬來看，人們對這些服務是尊敬的。這就是說，提供服務的勞動即是生產勞動。

羅德戴爾的結論是：「無可爭辯，製造業者和工匠的勞動，那些與農民不同，其服務一經提供隨即消失的階級的勞動，均應看作財富的生產性勞動。」①

羅德戴爾在論述流動資本（這裡指貨幣）在帶來利潤的過程中所起的作用時，又提出了生產性勞動的另一個論點：節約勞動。他指出，製造業工人的勞動是生產性的，這一點比較明顯，因為他們的勞動固定並體現在某種可以出賣的商品上（例如機器）。流動資本（指貨幣）的生產性，同僕人的勞動的生產性一樣，就不如製造業工人那麼明顯，這是因為，同僕人一樣，貨幣的作用也是隨生隨滅，轉瞬即逝的。可是，它的作用也是生產的，因為，同僕人一樣，貨幣的使用可以節約和代替勞動。否則，這一部分勞動勢必要由貨幣的主人或所有者來完成。②總之，僕人也好，流動資本也好，由於能節約勞動，所以都是生產的，儘管它們的生產性不太明顯。

羅德戴爾認為，亞當·斯密把金銀幣看作是極有價值但不為本國生產任何東西的一部分財富，這是因為他堅持認為雖節約勞動但不固定和體現在耐久產品上的勞動是不生產勞動，所以，斯密把僕人勞動稱為非生產勞動，也就必然要把貨幣的作用也稱為非生產勞動。③

總而言之，羅德戴爾認為，凡為財富生產作出「貢獻」、提供「服務」以及「節約勞動」的勞動，無論是製造業者和工匠的勞動、僕人的勞動還是君主、官吏、神父等的活動，都是生產性的勞動。而且，由於君主、官吏和神甫

---

① 參見詹姆斯·羅德戴爾：《論公共財富的性質和起源》，英文版第153頁。
② 參見詹姆斯·羅德戴爾：《論公共財富的性質和起源》，英文版第195～196頁。
③ 參見詹姆斯·羅德戴爾：《論公共財富的性質和起源》，英文版第195～197頁。

等人擔任著最重要的、受人尊敬的職務，他們理應被看作最重要的生產勞動的代表。

馬克思還指出，「『伯爵』先生極力反對斯密關於累積和節約的學說。」（第一分冊第272頁）斯密強調勞動是主動的生產要素，資本的作用在於推動勞動，資本本身又是節約的結果。因此，財富的增長有賴於增加節約從而增加資本，以推動更多的勞動。羅德戴爾則認為，資本也是主動的生產要素，其作用不僅在於推動勞動，而且可以「代替」勞動；資本具有生產力，既可節約勞動，又可創造新產品。因此，他認為財富增加之途徑，在於增加資本以增加生產，而節約則有礙於財富的增長。

[（13）薩伊對「非物質產品」的見解。為非生產勞動的不可遏止的增長辯護]

本節評述薩伊關於生產勞動的庸俗觀點。這些觀點，集中體現在他的《政治經濟學概論》（又譯作《論政治經濟學》）第一篇第十三章中。

薩伊從其生產即提供效用或服務這一定義出發，認為凡提供或增加產品效用或服務的勞動都是生產性勞動，不管這種效用或服務是否體現在物質產品上。薩伊從這個基本思想出發，既批評斯密，又不贊成加爾涅的某些說法。馬克思對這兩方面都作了評述。

薩伊非難斯密，說他「不把醫生、音樂家、演員等人這類活動的結果叫作產品。他把這些人從事的勞動稱為非生產勞動」。（轉引自第一分冊第274頁）

對此，馬克思澄清說：「斯密完全不否認『這類活動』會產生某種『結果』，某種『產品』。他甚至直接提道：『國家的安全、安定和保衛』是（『國家公務人員』）、『年勞動的結果』。」（第一分冊第274頁）

斯密確是把這些人稱為非生產勞動者，理由是這些人的勞動及其產品通常一經提供，隨即消失，並不固定在可以耐久使用的商品體中（第二個定義）。薩伊承認這些人的服務及其產品具有這種特點，從而不能增加國民資本，但他不同意以此為理由而把這些人稱為非生產勞動者。他認為，這些人所提供的是「非物質產品或一生產出來就被消費掉的價值」，是真實的果實，它們能滿足人們精神上、身體上和社會活動中的各種需要，能用以交換物質財富甚至發財致富。因此，他認為，斯密把這些人歸入非生產勞動者是錯誤的，他把這些人

叫作「生產非物質產品的人」。（轉引自第一分冊第 274 頁）這就是他給各種非生產勞動發明的一個新名稱，「這就是他的獨創性、生產性和發現方式。」（第一分冊第 275 頁）

薩伊的說法，不過是加爾涅的「節約勞動」說法的變種。馬克思指出，薩伊想把加爾涅的觀點據為己有，所以發明了這個新名稱。

可是，薩伊又說：「不能同意加爾涅先生的意見，他根據醫生、律師等的勞動是生產勞動這一點，就得出結論說，增加這種勞動和增加其他任何勞動一樣，對國家有利。」（轉引自第一分冊第 275 頁）理由是：「生產非物質產品的勞動，也像其他任何勞動一樣，只有在增加產品的效用從而增加產品的價值（即增加產品的使用價值，但薩伊把效用同交換價值混為一談）的時候，才是生產勞動；一旦超出這個界限，它就成為純粹的非生產勞動了。」（轉引自第一分冊第 275 頁）

馬克思說，薩伊的這種邏輯是自相矛盾，自己推翻自己。既然都是生產勞動，而生產勞動的增加一般「都對國家有利」，為什麼不能同意加爾涅的意見呢？這種自相矛盾的說法，實際上反應了法國當時新興的資產階級對非生產勞動者既需要又想限制在不過分侵蝕資本，不妨害發展資本主義生產的限度之內的願望。

最後，馬克思指出，薩伊始終認為，物質產品決不會生產過多，非物質產品也是一樣。這是因為，某些產品滯銷，是由於另一些產品太少。而究竟是多是少，相比之下，物質產品比較容易確定，而非物質產品只有靠猜測了。還有一些「生產」勞動者（例如僕役），其所提供的效用恰巧只取決於他們的人數，人數越多，他們「生產」的效果就越大。非生產勞動者人數決不會增加到充足的程度。所以，「歸根到底，在薩伊的書中，優勢是在『非生產勞動者』方面」。（第一分冊第 276 頁）

[（14）德斯杜特·德·特拉西伯爵，關於利潤起源的庸俗見解。宣稱「產業資本家」是唯一的最高意義上的生產勞動者]

德斯杜特·德·特拉西伯爵（1754—1836）是法國庸俗經濟學家，感覺論哲學家，法國研究院倫理學和政治學學院院士；君主立憲制的擁護者。他在

《思想的要素》，第四、五部分《論意志及其作用》（1815年初版）中闡述了關於利潤和生產勞動問題的觀點。馬克思的評述主要集中在以下幾個問題上：

一、生產勞動的定義及階級劃分

德斯杜特認為，「任何有用勞動都是真正的生產勞動，社會上的任何勞動階級都同樣應當稱為**生產**階級」。（轉引自第一分冊第277頁）他認為，在這個生產階級中，有「**直接生產**我們的一切財富的勞動階級」（轉引自第一分冊第277頁），即斯密所謂的生產工人，還有「養活其他一切人」的產業資本家。不生產階級包括消費自己的土地的租金或貨幣的租金的富人，即土地所有者和貨幣資本家；還有被他們雇傭的、「為他們提供享受」的不生產勞動者，前一種人是「真正的不生產階級。」

「真正的不生產階級」是有閒者階級，他們無所事事，專靠土地或貨幣的租借而取得收入，過著養尊處優的生活。他們的收入不外是「勞動市民的活動的產品的扣除部分。」（轉引自第一分冊第278頁）但追根溯源，這種收入不過是產業資本家所得利潤之扣除部分。產業資本家不同於有閒者階級，他們擁有資本並利用資本，獲得利潤並從中支付租金。「支付給有閒者的這種租金，只是利潤的一部分。」（轉引自第一分冊第280頁）

馬克思說：「直到現在為止，談得都很好。」（第一分冊第280頁）當然，在有閒者收入來源問題上，應把他表面上贊美工人，實際上贊美產業資本家的說法除外。

德斯杜特還指出，生產工人靠工資為生。工資來自產業資本家的資本。因此，應當把生產工人的支出和消費看作產業資本家的實際支出和他本身的消費。德斯杜特由此得出結論，要確定這種消費對現有財富增減的影響，「就必須知道資本家如何使用他們所購買的勞動，因為一切都取決於這一點」。（轉引自第一分冊第280頁）

馬克思說：「好極了。」（第一分冊第280頁）這特別是因為，德斯杜特通過把生產工人的支出和消費歸結為產業資本家的支出和消費，從而突出了產業資本家支付這種消費和支付有閒者收入的利潤究竟從何而來的問題。

二、關於利潤起源的庸俗見解

德斯杜特認為，利潤是產業資本家按高於生產成本的價格出賣他們的產品

的結果，簡言之，是貴賣的結果。賣給誰呢？德斯杜特說，賣給如下三種人。馬克思對此逐一作了分析。

第一，產業資本家互相貴賣，從而用自己的一部分利潤支出各自需要的消費品，或者說，各自取得對方的一部分利潤。馬克思說，這只能說明資本家如何支出自己的一部分利潤，沒有說明從哪裡取得這部分利潤。事實上，不能設想，欺騙總是單方面的。而互相欺騙，互相把自己的產品賣得比成本貴，等於都按照實際價值互相售賣，所以，它無論如何不能說明資本家階級怎樣發財致富，不能說明利潤的來源。

第二，產業資本家把產品貴賣給生產工人和不生產的勞動者，通過這種途徑，收回全部工資（工人的少量積蓄除外），從而取得利潤。馬克思批判了這種說法。他指出，產業資本家不能從這種同生產工人的交換中取得利潤。原因很簡單，資本家從生產工人那裡收回的東西，始終只是他給工人的東西。他不可能收回比給予工人的更多的東西，充其量把給予工人的全部收回，他也不會因此而得到利潤。德斯杜特的說法等於說，資本家給工人兩鎊（一鎊是工資，一鎊是商品），收回一鎊，於是有了利潤。馬克思指出，德斯杜特在這裡把貨幣流通和實際的商品流通混為一談了。當工人用資本家支付給他的貨幣（工資）購買資本家的商品以滿足自己的需要時，同一貨幣流回資本家手中，德斯杜特誤以為資本家這樣就把工資「取回」了。

即使資本家按高於成本的價格售賣商品給生產工人，或者反過來說，資本家支付給工人的是降低了的工資，在這種情況下，資本家當然會撈到便宜，但這種推論與德斯杜特所說的必要工資的前提相矛盾。事實上，這頂多只能歸結為工資上的詐騙勾當。它不能說明，在勞資正常交易的情況下，在工人得到必要工資的情況下，資本家何以能夠獲得利潤。德斯杜特的說法表明他「完全忘記了什麼是生產工人，他對利潤的源泉一竅不通」。馬克思接著說：「最多也只能說，在資本家不是把產品賣給自己的雇傭工人，而是賣給有閒資本家的雇傭勞動者的時候，他用高於產品價值出賣產品的辦法來創造利潤。」（第一分冊第283頁）不生產勞動者的消費，事實上只是有閒資本家消費的一部分。所以，通過對德斯杜特所列舉的第三種情況的分析，便可看出，利潤同樣不能用貴賣給不生產勞動者的途徑來取得。

第三，產業資本家把產品貴賣給有閒資本家，後者用收入支付給他們，他們每年支付給有閒資本家的租金再流回到自己手中，形成利潤。馬克思指出，

認為通過這種途徑可以收回租金,同前面談的取回工資一樣,「又是一種幼稚的看法。」要知道,有閒資本家並不是用自己的基金,而是用產業資本家的貨幣購買商品的,而德斯杜特竟以為租金可以通過這種辦法流回,「多麼愚蠢,這是第一個荒謬之處」。(第一分冊第 284 頁)馬克思又說,即使假定產業資本家用某種詭計把租金全都收回來,也不能說明利潤的來源。因為這無非是說,產業資本家歸根到底沒有向有閒資本家支付租金,他把全部利潤都留給自己,而沒有售賣卻有了利潤,這正是問題之所在。如果說,不能用把利潤留給自己來說明問題,那麼,同樣不能用把以前支付的東西收回來說明問題。「這是第二個荒謬之處。」(第一分冊第 285 頁)

通過貴賣給有閒者階級,情況又如何呢?馬克思分析說,就產業資本家靠欺騙土地所有者而發財致富來說,在中世紀衰落和資本主義生產上升時期確實存在過。在這種不等價交換之下,有閒者為了維持原有的消費水準,必須把越來越多的資財租借出去,結果新興的資產階級就逐漸地把土地所有者的資產掌握到自己手中。德斯杜特注意到並大體正確地描述了這個過程。但是,這只是資本主義原始累積的一部分,它根本不能說明資本主義一般利潤和一般累積的來源。馬克思還指出,即使就歷史上的情況而論,「德斯杜特先生認為出借貨幣的資本家也同樣受到欺騙,這就又不對了。相反,這些資本家取得高額利息,他們直接或間接地分享這種高額利潤,參加這種欺騙。」(第一分冊第 286 頁)

總而言之,德斯杜特對利潤起源所作的雙重說明,並不能說明問題。第一,貨幣回流到產業資本家手中,僅僅表示貨幣與商品的交換,只不過說明他們並沒有雙重地支付工資和租金(他們支付了貨幣,就不再支付商品了,工人和有閒者只有通過購買才能得到商品),不能說明價值的增值。第二,產業資本家高於成本的貴賣不過是一種欺騙。貴賣給自己是自欺和相互欺騙;貴賣給工人無非是自欺,貴賣給租金所得者還是一種欺騙,它無非表明總利潤作了更有利於產業資本家的分配,但不能說明總利潤從何而來。「德斯杜特什麼也沒有回答。」(第一分冊第 287 頁)但他自以為發現了真理。

三、宣稱「產業資本家」是唯一的最高意義上的生產勞動者

德斯杜特承認勞動是價值的源泉。他說:「很清楚,我們的體力和智力是我們唯一的原始的財富,因此,這些能力的運用,某種勞動,是我們的原始的

財寶；凡是我們稱為財富的東西，總是由這些能力的運用創造出來的」。①

他甚至實際上承認，利潤也是由雇傭工人生產的，承認利潤來自雇傭工人所生產的、超過維持自己生活費用的東西，即來自剩餘產品。

但是，德斯杜特由此得出的結論是，不應把生產工人，而應把產業資本家看作一切財富的源泉，看作唯一的最高意義上的生產勞動者。理由是，產業資本家「養活其他一切人，只有他們能夠增加公共財富，創造我們的全部享受資料。情況必定是這樣，**因為勞動是一切財富的源泉**，因為只有他們這些人**才有利地運用累積的勞動，從而給現時的勞動指出有用的方向**」。（轉引自第一分冊第 289 頁）馬克思在評論這段話時指出：「德斯杜特天真地概括了構成資本主義生產實質的矛盾。因為勞動是一切財富的源泉，所以資本是一切財富的源泉；並且日益增長的財富的真正創造者不是從事勞動的人，而是從別人的勞動中取得利潤的人。勞動的生產力就是資本的生產力。」（第一分冊第 290 頁）德斯杜特把產業資本家看作唯一的最高意義上的生產勞動者，正是上述矛盾現象在一個資產階級經濟學家頭腦中的反應。

[（15）對斯密關於生產勞動和非生產勞動的區分的反駁的一般特點。把非生產消費看成對生產的必要刺激的辯護論觀點]

馬克思在這一節分析了對斯密關於生產勞動和非生產勞動的區分的反駁的一般特點，並著重分析了爭論的客觀基礎。

這種反駁的一般特點，就是把非生產消費看成對生產的必要刺激而予以肯定。在持這種觀點的庸俗經濟學家中，有的人（更確切地說，是大多數）據此否認區分生產勞動和非生產勞動的必要。在他們（例如加爾涅和施馬爾茨）看來，非生產勞動者甚至從創造物質財富的意義來說，也和生產工人一樣是生產勞動者，因為他們擴大消費的範圍，從而擴大生產的範圍。另一些人（例如馬爾薩斯）則強調非生產消費的極端必要性，卻並不否認生產勞動者和非生產勞動者有區別。

馬克思指出，前一種人的目的，在於一方面為有閒者階級及為其服務的非

---

① 馬克思. 資本論：第 1 卷 [M] // 馬克思恩格斯全集：第 23 卷. 北京：人民出版社，1972：97 頁註 31.

生產勞動者辯護，另一方面為政府及其官吏，為教會神父等人辯護。至於後一種人，也是抱著同樣的目的。

對斯密的反駁和爭論有怎樣的客觀基礎呢？或者說，上述的一般特點的存在，除了有為統治者和有閒者辯護的階級意圖以外，還有沒有客觀的社會歷史條件？馬克思的回答是肯定的。

馬克思的分析表明，這個客觀基礎和社會歷史條件就在於資本主義生產體系內，生產和消費的分裂，使一些階級只代表生產的職能，另外一些階級只代表消費的職能。

工人是剩餘生產即為別人而生產的生產者，這一點容易理解。馬克思說：「工人的消費，平均起來只等於他的生產費用，而不等於他的產品。」（第一分冊第292頁）全部的餘額都是為別人而生產的。馬克思又以贊同的口吻轉述西斯蒙第的話說，勞動生產力的發展使工人有可能得到愈來愈多的享受，但這些享受如果給了工人，就使工人不適宜於勞動了。這就是說，對雇傭工人來說，消費不過是維持其勞動力再生產從而進行為別人的生產的一個條件，並且不能超過作為一個生產條件所需要的限度，否則他就不能執行自己的生產的職能了。

馬克思說：「產業資本家』也是**剩餘生產即為別人而生產**的生產者。」（第一分冊第293頁）誠然，作為雇主，他迫使工人進行剩餘生產，想方設法盡量增加這種剩餘生產，並把剩餘產品據為己有。「但是，作為人格化的資本，他是為生產而生產，想為發財而發財。」（第一分冊第292頁）作為資本職能的執行者，他追求的不是使用價值而是不斷增加的交換價值，他只關心抽象財富的增加，對別人勞動的愈來愈多的佔有，所以，「工人的剩餘生產是為別人而生產，正常的資本家，即『產業資本家』的生產則是**為生產而生產**」。（第一分冊第293頁）這當然不是說產業資本家不想揮霍，不過，他一旦成為享用財富的代表，一旦開始追求享受的累積，而不是累積的享受，他就或多或少不能執行自己的職能了。

這樣，在資本主義生產體系內，雇傭工人和產業資本家就代表生產的職能。與此相對，土地租金和貨幣租金的所有者則代表消費的職能，進行剩餘消費，追求為消費而消費。這種消費固然減少了產業資本家的財富，但使其發財的慾望旺盛不衰，從而保存他的資本主義靈魂。如果土地租金和貨幣租金所有者不作這種非生產消費而把收入花費在生產上，那他們就成為產業資本家了。

生產的職能和消費的職能截然分離了，可是，「生產和消費是**內在地**不可分離的」。（第一分冊第293頁）於是就出現了通過它們的對立而恢復的統一：如果A必須為B生產，B就必須為A消費。因此，除了馬爾薩斯那樣赤裸裸地為有閒者階級的寄生性消費進行辯護的人以外，大多數資產階級庸俗經濟學家通常也把非生產消費看作對生產的必要刺激和條件，這是完全可以理解的，它完全符合資產階級的要求。事實上，如馬克思最後所指出的，從重商主義體系以來就產生了這樣的觀念：一方是為生產而生產，因此另一方就是消費別國的產品。

[（16）昂利·施托爾希對物質生產和精神生產相互關係問題的反歷史態度。關於統治階級的「非物質勞動」的見解]

馬克思指出：「在加爾涅之後，施托爾希事實上是第一個試圖以新的論據來反駁斯密對生產勞動和非生產勞動的區分的人。」（第一分冊第295頁）這個新的論據，一言以蔽之，就是認為應當把非物質勞動和物質勞動加以區分。施托爾希根據這一點，既反駁斯密，也反駁加爾涅。馬克思對施托爾希所提出的這兩方面的反駁都進行了評述，最後對他的正面觀點的實質進行了分析。

在批判施托爾希的觀點時，馬克思闡明了物質生產和精神生產的關係問題。

一、施托爾希對斯密的反駁及其反歷史特點

施托爾希的反駁是在他的《政治經濟學教程》第三卷的「文明論」中提出來的。所謂「文明論」，在施托爾希看來，就是研究「非物質資本」的學說，它應該研究文明要素的生產規律。① 非物質資本，他也叫非物質財富、內在財富、文明要素、非物質價值。他認為其中包括健康、才能、知識、技能、宗教、安全、餘暇等。或者說包括人的體力、智力和道德力。而生產這些資本、財富或價值的勞動就是非物質勞動。與此相對照的是物質財富和物質勞動。

從精神生產和物質生產的這種區分出發，施托爾希斷言，斯密把一切不直

---

① 參見《俄國經濟思想史》第1卷，1958年俄文版，第115頁。

接參加物質財富生產的人排除在生產勞動之外，就是犯了沒有對非物質價值和物質財富做出應有的區分的錯誤。這就是說，財富不限於物質，還有精神。精神生產也是生產，斯密只研究了物質財富及其生產，而沒有研究精神財富及其生產。

馬克思在評析這個反駁時，著重指出以下兩點：第一，斯密確實沒有考察精神生產中的生產勞動問題，也沒有考察精神生產和物質生產的關係；但是對於他所要考察的東西——物質財富的生產，而且是這種生產的一定形式即資本主義生產方式來說，生產勞動和非生產勞動的區分，具有決定性意義。前面已經指出過，在斯密看來，這種區分及其比例關係，直接涉及資本累積，涉及國民財富的增長。

第二，施托爾希雖然指出物質分工是精神分工的前提（這是一個「機智的見解」），但是，對於精神生產和物質生產的相互關係所持的態度從根本上來說卻是反歷史的。馬克思指出，要研究這兩種生產之間的聯繫，首先，必須把物質生產不是當作一般形式來考察，而是從一定的歷史的形式來考察，否則就不可能理解與它相適應的精神生產的特徵以及這兩種生產的關係。其次，從物質生產的一定形式產生：①一定的社會結構；②人對自然的一定關係。人們的國家制度和人們的精神方式由這兩者決定，因而精神生產的性質也由這兩者決定。最後，統治階級中執行社會職能的各個階層的存在及其職能，只有根據生產關係的一定的歷史結構才能夠理解。

但是，施托爾希卻沒有歷史地考察物質生產，所以，他也就失去了理解精神生產的性質、特徵及其同物質生產相互關係的基礎。他對這種關係的考察，沒有能夠超出泛泛的毫無內容的空談。

二、施托爾希對加爾涅的反駁。對精神財富和物質財富的表面類比

施托爾希指出，加爾涅等人批評斯密，但他們自己並沒有弄清非物質勞動和物質勞動的區分，反而把兩者混淆了，硬說非物質生產就是物質生產，是物質生產勞動。施托爾希說，其實，支配這兩種生產的原則並不相同。

馬克思說，施托爾希的這個批評是正確的。

馬克思又指出，他的下述說法，不過是對精神財富和物質財富的最一般的表面的類比和對照。這些說法包括：精神財富不會因使用而消滅，反而會不斷增加和擴大；還會累積起來，形成資本，用於再生產，非物質勞動分工以物質

勞動分工為前提；精神財富的生產不會減少國民財富，反而是促進國民財富增加的有力手段；等等。

施托爾希的這些說法常被後來的著作家所引用。

三、關於統治階級的「非物質勞動」的見解

施托爾希既不同意斯密把舊有的統治階級及依附於他們的階層劃入非生產勞動者，也不同意加爾涅把這些人說成物質生產勞動者。在他看來，這些人所從事的是「非物質勞動」：醫生生產健康，教授和作家生產文化，詩人、畫家生產趣味，道德家生產道德，傳教士生產宗教，君主生產安全，等等。而健康、才能、宗教、安全，等等，如前所述，在施托爾希看來都是精神財富。

馬克思指出，這種說法是經不起推敲的。因為完全也可以說，疾病生產醫生，愚昧生產教授和作家，不道德生產道德，等等。施托爾希的觀點實際上是說：「所有這些活動，這些『服務』，都生產現實的或想像的使用價值」（第一分冊第298頁），因而都是有用的。

由此可見，施托爾希的觀點同那種認為凡生產效用的勞動都是生產性勞動的辯護論觀點並無原則區別。所以，雖然他自己並沒有把上述各種人稱之為生產勞動者，但後來的著作家卻不斷重複他的這些說法，並得出了這些人都是斯密所謂的生產勞動者的荒謬結論。其實，施托爾希的觀點本來也就是要論證封建農奴制俄國的統治階級及依附於它的各階層的存在是必要的和合理的。

[（17）納騷·西尼耳宣稱對資產階級有用的一切職能都是生產的。對資產階級和資產階級國家阿諛奉承]

威廉·納騷·西尼耳（1790—1864），19世紀30年代最露骨地為資本主義制度辯護的英國庸俗經濟學家。在經濟學說史上，西尼耳以提出臭名昭著的為利潤辯解的「節欲」論和反對縮短工作日的「最後一小時」論而聞名，其主要著作是1836年發表於《首都百科全書》的《政治經濟學大綱》。

馬克思在這裡所評論的，是因政治原因流亡法國的義大利經濟學家讓·阿里瓦本伯爵選編並翻譯的西尼耳的《政治經濟學基本原理》（1836年）。如果說，在生產勞動問題上，西尼耳在《政治經濟學基本原理》中主要是反駁亞當·斯密，那麼，在《政治經濟學大綱》中則側重於正面論述自己的觀點。

兩本書的基本看法既一致又互為補充。

一、宣稱對資產階級有用的一切職能都是生產的

西尼耳的這一觀念貫穿在他對斯密的生產勞動的第二個定義的反駁中。西尼耳擺出一副高傲的樣子說，「照斯密看來，猶太人的立法者是非生產勞動者」。他問道，醫生開藥方治病，使人的生命延續下去，難道不是生產持久的結果嗎？他又問道，荷蘭人和英國人為反暴政而舉行的起義，難道只生產了短暫的結果嗎？還有，沒有士兵的保衛便不可能耕種土地，為什麼不把士兵也看作同土地耕作者一樣的生產勞動者呢？

馬克思逐一批駁了西尼耳的反駁和指責。他指出，企圖把聖經傳說中解救古猶太人的先知稱為生產勞動者，不過是西尼耳之流拘守於資產階級固定觀念的表現。他們不懂得，無論是古希臘奴隸主思想家亞里士多德，還是古羅馬著名統帥愷撒，單是「勞動者」這個名稱，就會使他們感到被侮辱了，而照西尼耳的意思，還應把他們稱為生產勞動者呢！他指出，說治好了病孩是生產了持久的結果，從而證明醫生是生產勞動者，這是胡說八道！因為孩子死了，結果同樣是持久的，又該怎麼說呢？他又指出，在研究生產勞動和非生產勞動問題時，把起義的結果扯進來，多麼愚蠢！至於借口士兵的活動有助於生產，便應當被稱為生產勞動者，這也是錯誤的。因為士兵保衛生產，但不生產穀物，他們不過是必要的然而又是非生產的勞動者，這是第一。第二，如布坎南所說，如果上述看法成立的話，那麼生產工人就有同樣的權利得到軍人的榮譽了，因為沒有工人，士兵也不能去打仗並取得勝利。

西尼耳在對斯密的反駁中發表的「庸俗的美文學」，不過表明他是有教養的資本家的代表。他企圖證明，對資產階級有用的一切職能，甚至那些同財富生產毫不相干的職能和活動（如武裝起義），都是應當加以承認的生產性勞動。

西尼耳關於國民財富取決於生產服務的人和生產價值的人之間最能使每種人的勞動具有最大生產能力的那種比例的論點，只不過是重複了斯密關於在一定條件下（即兩國人口相等，勞動生產力的發展水準相同）兩國財富應取決於生產勞動和非生產勞動的比例的論點，並沒有什麼新東西。

馬克思反覆指出，庸俗經濟學家反對區分生產勞動和非生產勞動，一方面是向資產階級阿諛奉承，證明資產階級世界是最美好的世界；另一方面是要人

們確信，非生產人員消費大量產品完全理所當然。

二、「對斯密所做的本質區分一竅不通」

西尼耳認為，斯密對生產勞動和非生產勞動所作的第一種區分只適用於大土地所有者，而國家及其官吏、教師等人「都是靠資本維持，即靠預付在再生產中的資金維持」。所以不能算作非生產勞動者。

對於這個「確實使人驚訝得目瞪口呆」的發現，馬克思認為無須作進一步的註解。他只指出，西尼耳如果是說國家和教師靠資本的利潤生活，那他忘記了，「資本的收入並不是資本本身」；如果他這樣想是因為有一些稅收加入某些商品的生產費用，因而加入某些生產的開支，「那他應該知道，這只是對是收入課稅的一種形式。」（第一分冊第 303 頁）

馬克思指出，「總的說來，納騷是抄襲施托爾希的著作。」（第一分冊第 304 頁）至少，在肯定非物質生產也是生產性勞動這一方面，這兩個人是類似的。施托爾希對此作了論證，在他看來，非物質生產的結果（健康、趣味等）同其他有價值的物品一樣，是擁有這些結果的人的收入的一部分，並且可以交換。西尼耳則聲稱這樣說是錯誤的，一是如果這些結果可以購買，則與一般人所謂的財富定義相抵觸，二是人們購買的不是健康和趣味，等等，而是醫生、教師等人生產這些結果的「手段」，即使這些手段沒有取得預期結果，也須支付報酬。馬克思說，這些說法不過是西尼耳在自作聰明。

三、反駁斯密，但「又接受了斯密的區分」

西尼耳反駁斯密，把對資產階級有用的一切職能都宣布為生產的，把斯密所說的那些非生產勞動者（除大土地所有者以外）都宣布為生產勞動者。照此說來，幾乎不存在什麼非生產勞動，也不存在什麼非生產消費了。

但是，西尼耳作出了「生產消費和非生產消費」的區分，並以此代替斯密的生產勞動和非生產勞動的區分。這同上述立場是抵觸的。

按照西尼耳的說法，生產消費是指使用再生產勞動能力本身的勞動（如教師或醫生的勞動）的消費，或使用再生產用來購買這些勞動的商品的價值的勞動。非生產消費則是指以上兩者都不生產的那種勞動的消費。這同斯密所說的只能用於生產消費的勞動是生產勞動，否則便是不生產勞動的說法並無二致。「可見，西尼耳先生在這裡是靠事物的新名稱來證明自己的才智。」（第一

分冊第 304 頁）

四、《政治經濟學大綱》中的庸俗觀點

西尼耳在《政治經濟學大綱》中更明確地宣稱一切對資產階級有用的職能都是生產的，並力求對此作理論上的論證。他搬用薩伊的觀點，聲言生產不是也不能是創造物質，只是變更物質的狀態，創造具有效用的產品。產品可分為物質的（商品）和非物質的（服務）兩類。凡能創造產品者，無論是創造商品還是提供服務，都是生產的。「如果把那種一切其他勞動非此就不能有效地進行的勞動說成是非生產性，卻不免感到困難」①。

西尼耳力求抹殺生產勞動和非生產勞動的區別。在他看來，人們作此區別時所依據的並不是事物本身的差別，而是人們觀察事物的方式上的差別。他進一步解釋說，如果我們所注意的是變化了的事物即結果，比如制鞋工人將皮革、線和蠟改變成的一雙鞋，那麼我們就把他叫作生產勞動者，或是商品即物質產品的生產者。反之，如果我們注意的不是結果，而是造成這一結果的動作，比如擦皮鞋工人把一雙髒鞋變成一雙乾淨的鞋的動作，那麼我們就把他叫作非生產勞動者，或是服務即非物質產品的生產者。換言之，生產勞動和非生產勞動的區別純粹是一種主觀隨意設想的區別，並無客觀依據。

對生產性消費和非生產性消費的區分的解釋，在《政治經濟學大綱》中也進一步庸俗化了。在他看來，生產性消費是能「導致另一種產品」的消費，反之，則是非生產消費。他還認為，把商品分成生產性消費物品和非生產性消費物品倒還可以，但是，「如果要把人類分成生產性消費者和非生產性消費者兩類，實際上是虛假的劃分」②，「社會中的大多數既不是生產性消費者，也不是非生產性消費者，只是以所考慮的某一時間、某一部分的消費為依據時，才能把他們說成是屬於這一類或那一類」③。例如，即使是一個剛夠維持溫飽的農民，不免還備有菸鬥和酒，本人及住房總還有些裝飾品，這就表明，他也是一個非生產消費者！

---

① 參見西尼耳：《政治經濟學大綱》，第 82 頁。
② 參見西尼耳：《政治經濟學大綱》，第 88 頁。
③ 參見西尼耳：《政治經濟學大綱》，第 90 頁。

[（18）佩·羅西對經濟現象的社會形式的忽視。關於非生產勞動者「節約勞動」的庸俗見解]

佩勒格里諾·魯伊治·羅西（1787—1848），義大利資產階級庸俗經濟學家、法學家和政治活動家，長期住在法國。他在《政治經濟學教程》（1842）中用專門一章攻擊斯密對生產勞動和非生產勞動的正確區分，並提出了他的庸俗見解。馬克思對羅西的觀點進行了評析；在評析過程中，對生產勞動和非生產勞動區分的社會歷史規定性作了進一步闡發；馬克思在這裡所闡發的思想，對於生產勞動問題的研究具有原則性意義。

一、羅西對斯密的反駁

羅西對斯密的反駁，就理論內容來說，沒有什麼新東西，但就提出反駁的角度和方法來說，又同其他人不盡相同：他竭力從整體上和方法上反駁斯密。這當然不能使其論點變得正確，徒然暴露了他不過是一個「妄自尊大的空談家」（第一分冊第308頁），一再顯示了他的「假聰明」和「絕頂聰明」。（第一分冊第308、309頁）但是，羅西的反駁無疑從反面也提出一些值得思考的問題，馬克思正是在回答和分析這些問題時，進一步闡發了自己的思想。

羅西認為，對生產勞動者和非生產勞動者的錯誤區分，是由三個原因造成的。馬克思逐一進行了分析。

第一，羅西認為，在人們考察交易時，如果只注意交換價值而忽視使用價值，就會犯斯密的錯誤。在他看來，「一部分人購買產品或勞動，是為了個人直接消費它們」（轉引自第一分冊第305頁），對這些人來說，有決定意義的是使用價值。而「另一部分人購買它們，只是為了把他們用購得的產品和買到的勞動製造的新產品出賣」。（轉引自第一分冊第305頁）對這些人來說，有決定意義的是交換價值。因此，斯密根據勞動是否生產並增加商品價值這一點來區分生產勞動和非生產勞動，在羅西看來就是犯了忽視使用價值的錯誤。他還問道，即使承認僕人的勞動對主人來說是非生產的，「但是，難道這種勞動對他自己來說也是非生產的嗎？」（轉引自第一分冊第305頁）

這裡涉及的實際上是兩個密切相關的問題：第一，怎樣理解資本主義生產的基礎和實質。第二，怎樣理解區分生產勞動和非生產勞動的意義。

誠然，在買者當中，有的人是為了使用價值，有的人是為了交換價值，換句話說，並不是所有的人都是為了交換價值。但是，如果據此把生產勞動和非

生產勞動的區分置於使用價值的基礎上，那就必然要犯羅西這樣的錯誤：以生產一般代替資本主義特殊生產，因為資本主義生產的特點和實質恰在於生產和佔有盡可能多的價值和剩餘價值。因此，馬克思說：「既然整個資本主義生產的基礎是：直接購買勞動，以便在生產過程中**不經購買**而佔有所使用的勞動的一部分，然後又以產品形式把這一部分**賣掉**；既然這是資本存在的基礎，是資本的實質，那麼，生產資本的勞動和不生產資本的勞動二者之間的區分，不就是理解資本主義生產過程的基礎嗎？」（第一分冊第 305~306 頁）羅西的反駁表明，他完全不理解資本主義生產的實質和基礎，也不理解斯密以能否生產並增加價值作為劃分生產勞動和非生產勞動的標準，正是他的科學貢獻而不是錯誤。事實上，斯密在這裡的缺點，恰在於他又提出了區分的第二個標準，按照這個標準，實現在商品上，從而能夠經歷一些時候的勞動是生產勞動，而隨生隨滅的便是非生產的勞動。這第二個標準之所以是膚淺的和表面的，就是因為它著眼於使用價值，從而離開了對資本主義生產的實質和基礎的科學理解。

不過，無論出於哪一種理解，僕人的勞動在斯密看來都是非生產的勞動，這種勞動既不增加價值，還會隨生隨滅。但是，他又認為：「家僕的勞動，亦有它本身的價值，像工人的勞動一樣，應得到報酬。」① 也許正是在這個意義上，馬克思說：「斯密並不否認，僕人的勞動對他自己來說是生產的。」（第一分冊第 306 頁）事實上，在這個意義上，完全可以說，每種「服務」，不管它多麼卑鄙、凶惡，只要不是無酬的，對進行這些勾當的人來說就都是生產的。

問題在於，在斯密看來，提供服務以取得報酬的人（如僕人）決不因此而成為生產勞動者。但是，按照羅西的看法，僕人以及其他那些不管從事何種勾當以取得報酬者卻都是生產勞動者，不僅是財富的生產者，而且是資本的生產者。馬克思說，「這樣說來，如果全部問題只在於生產一種滿足『需要』的『結果』……那麼，這個騙子手就是生產勞動者了。」（第一分冊第 306 頁）

第二，羅西認為，亞當·斯密的「第二個錯誤是沒有區分直接生產和間接生產。因此，在亞當·斯密看來，官吏是非生產的」。（轉引自第一分冊第 306 頁）但在羅西看來，凡有助於生產的、間接參加生產的人，包括官吏、法官和軍隊，等等，都是生產勞動者。對此，馬克思作了直截了當地批駁。他說：「這種間接參加生產的勞動（它不過是非生產勞動的一部分），我們也稱為非生產勞動。否則就必須說，因為官吏沒有農民就絕對不能生活，所以農民

---

① 參見亞當·斯密：《國民財富的性質和原因的研究》上卷，第 303 頁。

是司法等的『間接生產者』。真是胡說八道！」（第一分冊第306頁）

第三，羅西認為，第三個錯誤是「沒有仔細區分生產現象的三個基本事實：**力量即生產手段**、這種力量的**使用**、**結果**」。（轉引自第一分冊第306頁）在他看來，斯密對生產勞動的第二個解釋只注意到生產現象的一個方面，即「結果」，而忽視了其他方面，而其他的方面（力量及其使用）也是生產的現象。他舉例說，向裁縫買一件現成的衣服，我們購買的是結果，引出這個結果的是生產，裁縫是生產的。但是，還有一些「老古板的人」，他們把裁縫叫到家裡來，供給他衣料和工錢，要他做一件衣服，這些「老古板的人」購買的是什麼呢？購買的是力量及其使用，它也是生產。在這兩種情況下所得的結果是一樣的，都是上衣，因此不能說前一種是生產勞動，後一種是非生產勞動。

馬克思指出，羅西的錯誤在於根本不理解資本主義生產方式的本質，也不懂得經濟現象的社會形式的意義。羅西以為「交換形式」是無關緊要的，不管是購買來的還是雇人做的，只要交換的結果都是上衣，裁縫都是生產的。馬克思說，然而問題正是在於，上面所說的：老古板的人。所使用的生產方式同資本主義生產方式毫無共同之處。上衣就是上衣。但如果它是在購買的交換形式下生產出來的，那就是資本主義生產和現代資產階級社會；在這種情況下，裁縫工人不只生產上衣，他生產資本，就是說，也生產利潤，他同雇主是作為資本和雇傭勞動相對立的。如果上衣是我把裁縫叫到家裡為我個人製作的，那就是某種甚至和亞洲關係或中世紀關係等相適應的手工勞動形式；在這種情況下，裁縫工人只是為我生產一件具有使用價值的產品，不包含任何資本關係在內，他和我只是作為單純的買者和賣者相對立。

由此可見，如馬克思所說，「交換形式」絕不是無關緊要的，「當問題是要瞭解某一社會生產方式的特殊性質時，恰好只有這些形式才是重要的……這些**形式**對於物質財富本身是有決定作用的。」（第一分冊第308~309頁）

二、關於非生產勞動者「節約勞動」的觀點

羅西在反駁所謂斯密斷言僕人的勞動不會留下任何痕跡時說，當工廠主不雇傭家僕，不得不從事自己服侍自己的非生產勞動時，「他將怎樣進行他的生產勞動呢？您的僕人所完成的工作使您能夠從事更適合於您的能力的勞動，這難道還不明白嗎？」（轉引自第一分冊第310頁）

馬克思說：「這又是加爾涅、羅德戴爾和加尼耳已經說過的節約勞動。」

（第一分冊第310頁）在批判加爾涅的類似觀點時，馬克思已經指出：「一個人的非生產勞動，決不能由於使另一個人省去非生產勞動而變成生產勞動。」（第一分冊第178頁）當然，這種非生產勞動，在真正節約生產勞動者的個人服務的限度內是必要的，但這種必要性不會使這種勞動變成生產的。對這種分工的必要性，斯密是肯定的，馬克思也是肯定的。「但這絕沒有消除生產勞動和非生產勞動的區分，相反，這種區分本身表現為**分工**的結果，從而促進一般勞動生產率的發展，因為分工使非生產勞動變成一部分人的專門職能，使生產勞動變成另一部分人的專門職能。」（第一分冊第311頁）

馬克思指出，即使同意羅西的觀點，「節約勞動」的說法仍然不能把所有的非生產勞動者包括在內。「例如只當作奢侈品的那些家僕，以及所有這樣的非生產勞動者：他們只生產享受，並且只有在我**為享用他們的勞動而花費的時間同這種勞動的賣者為生產這種勞動**（完成這種勞動）**而花費的時間一樣多的時候**，我才能享用他們的勞動。在這兩種情況下，都談不到『節約』勞動。」（第一分冊第310頁）

但是羅西斷言，就連專門用來使主人擺闊、滿足主人虛榮心的那些家僕的「勞動」，也「不是非生產勞動」。因為它生產某種東西：滿足虛榮心，使主人能夠吹噓、擺闊。照此說來，妓女和殺人犯也都可以說是生產某種東西的生產勞動者了。真是胡說八道！

此外，馬克思還指出，即使同意羅西的觀點，也應看到，「甚至真正節約勞動的個人服務，也只有在它們的消費者是生產勞動者的情況下，才是生產的」。（第一分冊第310頁）如果它們的消費者本來就是不從事任何生產活動，飽食終日無所用心的有閒者，那麼節約他的勞動，不過意味著讓他更懶，連本來可能幹的一些非生產活動也不幹了，「節約」了這種勞動的勞動有何生產性呢？

可見，以「節約勞動」和生產某種東西來證明非生產勞動的生產性是荒謬的。

最後，馬克思還批判了羅西把非生產消費（比如聽音樂和喝酒）說成生產性消費的觀點。他指出，聽音樂雖然如羅西所說，留下了「回憶」，但它是非生產消費，喝酒雖然生產了「頭昏」，但也是非生產消費，它們決不會由於留下了什麼「痕跡」而變成生產性的。羅西還認為消費無論是否緊跟生產，進行得快還是慢，都不會使產品喪失財富的性質。馬克思指出：就羅西這裡所

理解的財富即使用價值而言，他實際上是認為「只有消費才使產品成為財富，而不管這種消費是快還是慢。」（第一分冊第312頁）這是當時流行的消費決定和促進生產、反對節約和單純增加資本累積這一觀點的一種變形。按照這種消費決定論的庸俗觀點，只有消費增加，才會使生產增加，而一切能夠滿足消費的勞動，不管是物質的還是精神的勞動就都是生產性的。

在對資產階級政治經濟學在生產勞動問題上的庸俗化過程的考察即將結束的時候，馬克思對前面的考察作了如下的總結：

馬克思說：「把反對斯密關於生產勞動和非生產勞動的區分的所有胡說八道總括一下，可以說，加爾涅，也許還有羅德戴爾和加尼耳（但後者沒有提出什麼新東西），已經把這種反駁的全部內容都表達出來了。後來的著作家（施托爾希沒有成功的嘗試除外）只不過發一些美文學式的議論，講一些有教養的空話而已。加爾涅是督政府和執政時代的經濟學家，費里埃和加尼耳是帝國的經濟學家。另外，羅德戴爾是伯爵大人，他尤其願意把**消費者當作「非生產勞動」的生產者加以辯護**。對奴僕、僕役的頌揚，對徵稅人、寄生蟲的讚美，貫穿在所有這些畜生的作品中。和這些相比，古典政治經濟學粗率嘲笑的性質，倒顯得是對現有制度的批判。」（第一分冊第312頁）

馬克思的這段話，對前面所考察的反對斯密的論戰的性質和特點，對那些二流人物在這場論戰中所起的不同作用，所處的不同地位，作了一個扼要而又深刻的總結。

[（19）馬爾薩斯主義者查默斯為富人浪費辯護的論點]

托馬斯·查默斯（1780—1847），英國基督教神學家和資產階級經濟學家，最狂熱的馬爾薩斯主義者之一，著有《論政治經濟學和社會的道德狀況、道德遠景的關係》一書（1832年再版）。

馬克思概括地指出了查默斯的政治及經濟的觀點和主張。查默斯從維護教會、統治者及富人的反動立場出發，認為消除社會弊端的唯一手段是通過宗教對工人灌輸馬爾薩斯人口論；為替富人的揮霍浪費辯護，他要求實行重稅；反對節約，他當然也反對斯密對生產勞動和非生產勞動的區分，「不過其中除了斷言節約等對『生產勞動者』只有害處以外，沒有任何新的東西。」（第一分冊第313頁）而其真正的傾向在於，斷言斯密的區分對教會等是有害的，他指責說，「**今日的政治經濟學對教會過於嚴厲、過於敵視了**，我們不懷疑，**斯密**

的有害的區分大大促進了這一點。」（轉引自第一分冊第313頁）馬克思說：「至少，這個牧師是很坦率的。」（第一分冊第313頁）

[（20）關於亞當·斯密及其對生產勞動和非生產勞動的看法的總結性評論]

在結束本章的這個總結性評論中，馬克思著重指出了斯密對區分生產勞動和非生產勞動的第一種解釋的階級實質及歷史意義，以及資產階級政治經濟學在生產勞動問題上的庸俗化的社會歷史根源和階級根源，還指出了斯密的第二種解釋中所包含的貨幣主義痕跡。

一、斯密的第一種解釋的階級實質及歷史意義

馬克思首先引用了斯密「發泄了自己對非生產的政府的憎恨」的一段話。在這段話中，斯密指責國王和大臣們要求監督私人節約和限制私人開支，認為「這是他們最無恥、最專橫的行為。他們自己始終是並且毫無例外地是社會上最大的浪費者。」（轉引自第一分冊第314頁）接著，馬克思又引用了斯密的另一段話，在這段話中，斯密把上至君主及其全部文武官員，下至演員和醜角的各色人等，統統稱為和家僕一樣的非生產勞動者。①

馬克思說：「這是還具有革命性的資產階級說的話，那時它還沒有把整個社會、國家等等置於自己支配之下。」（第一分冊第314頁）18世紀下半期的英國，資本主義工場手工業已有長足發展，產業革命的條件漸趨成熟，但舊的政策法令，諸如行會制度、稅收制度、貨幣制度以及對外貿易中的保護關稅政策，仍在繼續發生作用，嚴重阻礙著資本主義經濟的發展。另外，封建地主和金融貴族勢力在議會中仍佔有重要地位，他們力圖維護自己的利益，頑固地阻撓實行有利於新興資產階級的改革。這就使英國資產階級不能不起來同封建殘餘勢力進行鬥爭，不斷清除經濟關係和政治關係上的封建殘污，以擴大和發展資本主義生產力。斯密正是這樣一個先進的資產階級思想家。他對生產勞動的第一種（科學）的解釋，以及據此對當時社會各階級和階層的正確區分，尤其是把所謂「上等階級」的人士以及「從事最受人尊重的職業的人」，都毫不含糊的劃入非生產勞動者，和僕人相並列，並要求盡可能減少這些人的人數及

---

① 參見亞當·斯密：《國民財富的性質和原因的研究》上卷，第304頁。

費用，等等，都充分體現了斯密所代表的這個階級的歷史要求和革命性。

馬克思指出，斯密的觀點具有歷史的意義。因為斯密的生產勞動學說實際上把物質生產勞動看作社會各階級生存的基礎，從而把生產勞動者提高到前人所不可能或不願看到的地位。所以，斯密的觀點既同古代的見解形成尖銳的對立，又同由於中世紀瓦解而產生的專制君主國的見解形成尖銳的對立。前一種見解把物質生產勞動「看作僅僅是有閒的市民的立足基石」，後一種見解則由孟德斯鳩天真地表述為「富人不多花費，窮人就要餓死。」（轉引自第一分冊第315頁）

馬克思對生產勞動問題上的庸俗化的歷史必然性和階級實質作了歷史唯物主義說明。他指出，當資產階級占領了地盤，在政治上、經濟上和意識形態上占據了統治地位，資產階級本身也想從事「有教養」的消費，而無產階級越來越起來反對資產階級的時候，事情就反過來了。資產階級從自己的階級立場出發，力求證明它從前批判過的東西是合理的。「加爾涅等人就是資產階級在這方面的代言人和良心安慰者。」（第一分冊第315頁）

馬克思還引用了斯密《國富論》第四篇第九章中的一段話，[①] 在這段話中，斯密明確論證了自由勞動比奴隸勞動的優越性——有利於提高生產率，從而證明工業等的進步要以自由勞動為前提。

二、斯密的第二種解釋中的貨幣主義痕跡

斯密是堅決反對重商主義的理論和政策的。在他看來，金銀及貨幣不過是商品交換的一種工具，它本身是國民資本的一個極小部分，但不能因其性質不易消耗、比較耐久而成為財富的獨立存在，也不能把流通看作致富之源。斯密認為，真正的國民財富是由商品構成的，它的源泉在於物質生產。可是，在一些問題上，斯密又沒有完全擺脫重商主義的影響。馬克思在這裡指出了如下兩點：

第一，在《國富論》第二篇第三章論及以什麼方式花費收入最有利於國民財富增加時，斯密提出這樣的觀點，即這要看消費品存在的時間是較長還是較短。他說，消費耐久物品（商品），而不是花費於隨生隨滅的物品（服務），由於有助於商品的蓄積，可獎勵私人的節約習慣，因而有利於資本的增進。還由於所維持的是生產者而不是不生產者，所以有利於國民財富的增長。由於斯

[①] 參見亞當·斯密：《國民財富的性質和原因的研究》下卷，第249~250頁。

密在此是從所消費的物品的耐久性來看問題的,同重商主義者從耐久性來看金銀(認為金銀是交換價值的不可毀壞的、永久的存在)相類似,所以,馬克思說:「這裡可以看出他的貨幣主義觀點」。(第一分冊第 317 頁)

第二,「斯密在他關於生產勞動和非生產勞動的第二種區分上,完全回到——在更廣泛的形式上——貨幣主義的區分上去了」。(第一分冊第 317 頁)因為斯密在這裡提出的區分標準,同貨幣主義區分金銀和其他一切商品一樣,都著眼於「耐久性」,著眼於商品,或者說,著眼於能否帶來貨幣。「貨幣主義認為,只有生產**貨幣**,生產金銀的勞動,才是生產的。在斯密看來,只有為自己的買者生產**貨幣**的勞動才是生產的。」(第一分冊第 318 頁)所不同的是,斯密在一切商品中都看出了它們具有的貨幣性質,而貨幣主義則只在金銀中看出這種性質。

不過,斯密畢竟作出了生產勞動和非生產勞動的區分,而「這種區分是以資產階級生產實質本身為基礎的」。(第一分冊第 318 頁)就是說,是以商品生產為基礎,以財富是商品,勞動是財富源泉這些觀念為基礎的,這同貨幣主義有原則區別。貨幣主義不懂得,貨幣的創造和增加是商品生產和流通發展的產物,不懂得貨幣固然成為交換價值的獨立存在形式,但它不僅喪失了它們所代表的商品的使用價值,而且作為交換價值的代表,它並沒有改變商品的價值量。可見,斯密雖在某些問題上沒有完全擺脫重商主義影響,但他的理論總的來說比重商主義大大前進了。

[第五章] 奈克爾[試圖把資本主義制度下的階級對立描繪成貧富之間的對立]

在這簡短的一章中，馬克思評述了奈克爾的某些經濟觀點。

奈克爾（1732—1804年），法國財政學家和政治活動家，他以自己的財務活動和一些反對重農學派的經濟著作而著名。18世紀70~80年代，他曾三度出任法國財政總稽核和財政部部長。法國資產階級革命前夕，為緩和國內極端嚴重的財政危機，他曾進行過一些不觸及封建制度本身的局部性財政改革。作為經濟學家，奈克爾不是什麼重要人物，在《剩餘價值理論》中，馬克思給予他的篇幅是不多的。

奈克爾的主要經濟著作有：《論立法和穀物貿易》（1775年），《論法國財政的管理》（1784年）。奈克爾站在封建制度的立場批判資本主義，與法國資產階級政治經濟學的主要流派重農學派特別是與杜爾哥論戰，揭露了資產階級社會的階級對立，同時也隱約地表達了他關於剩餘價值的起源的觀點。

本章首先對奈克爾的觀點進行了總的評述，然後，分別引述和評論了奈克爾的上述兩部著作。

馬克思首先概括指出，在奈克爾的兩部著作中，都指出了資本主義的發展加劇了資本主義社會的階級對立。根據奈克爾的意見，勞動生產力的發展，只不過使工人用較少的勞動時間再生產自己的工資，從而用較多的時間無代價地為雇主勞動。奈克爾以最低限度的工資作基礎，認為工人只能得到最必要的生存資料，生產力的發展，只是增加剩餘勞動的產品。但他並未沿著這個正確的開端去進一步考察剩餘勞動轉化為資本，以及資本如何由於這個過程而累積。他關心的只是貧富之間、貧困與奢侈之間對立的一般發展。他指出這種對立發展的一般基礎在於：隨著生產必要生存資料所需勞動時間的減少，就會有愈來愈多的一部分勞動時間成為剩餘的，因而一部分勞動就可用來生產奢侈品，可

以用在別的生產領域。這種奢侈品的一部分具有可以長期保存的形式，所以，奢侈品就可以在剩餘勞動的佔有者手裡累積起來，從而使貧富之間的對立愈來愈嚴重。

但是，重要的是，奈克爾看到了非勞動階級的財富——利潤和地租——都來源於剩餘勞動。從這個角度講，他隱約地接觸到了剩餘價值的起源，在法國經濟學家中，奈克爾那麼早就注意到了地租和利潤都來源於剩餘價值，這是難能可貴的。而且，在考察剩餘價值時，他實際上注意到了相對剩餘價值。因為這種剩餘不是從工作日的一般延長，而是從必要勞動時間的縮短得到的。

在作了總的評述之後，馬克思分別摘評了奈克爾的上述兩部著作。

第一，《法國財政的管理》。

在這部著作中，奈克爾指出：在資本主義社會中，一個階級的收入幾乎始終不變，而另一個階級的財富則不斷增長。因此，與貧困對立的奢侈現象，必然隨著這種不平衡的發展而發展，並日趨顯著。馬克思認為，在這裡已經很好地指出了兩個階級之間的對立。

對上述對立的形成，奈克爾進行了具體分析，他指出：在資本主義社會中，勞動階級的命運，似乎是由法律固定了，這個階級靠自己的雙手勞動過活，被迫服從所有者的法律，他們不得不以領取相當於最迫切的生活需要的工資為滿足，這種狀況是無法改變的。在工人階級收入不變的情況下，生產力的發展只是給所有者帶來好處，機械工藝的簡單化和工具的發明，增加了所有者的財富。其中，一部分工具的發明減少了土地的耕作費用，使土地所有者的收入增加；而另一部分發明則減少了工藝中的勞動，使工人在同樣的時間內拿同樣的工資，生產更多的產品，這就增加了生產資料所有者的收入。同時，由於生產力的發展使較少的工人可以完成過去由較多的工人完成的工作，這樣，多餘下來的工人就可以投身於別的職業，生產更多的產品，增加富人的享受和奢侈。

可見，在這些地方，奈克爾一方面看到資本主義社會階級對立的一般發展，另一方面他實際上也看到土地所有者的地租和生產資料所有者的利潤都來源於剩餘勞動。

奈克爾指出，一切不需要特殊技藝的勞動的報酬，總是同工人的必要生存資料的價格成比例。因此，生產力的發展，只是增加所有者的財富。這些工業製品，逐漸在所有者手裡累積起來，這就使這些人的享受和廣大勞動階級之間

的收入之間的不平衡愈來愈大，愈來愈明顯。

這些地方表明，奈克爾只看到了斯密所說的消費基金的累積，和貧富的一般對立，而沒有看到資本的累積，對資本累積的實質和作用，他是很少瞭解的。

第二，《論立法和穀物貿易》。

在這部著作中，奈克爾進一步指出：手工業者和土地耕作者一旦喪失儲備，他們就無能為力了，他們必須今天勞動，才不致明天餓死。在這裡，奈克爾不僅從法律上，而且已經從經濟上找到了工人必須以自己的勞動來換取最低生活資料的原因。

奈克爾還看到，經濟上這種貧富之間的對立，又造成了知識的對立，知識和勞動的分離。他指出：知識是通過教育獲得的，如果財產的分配是平等的，每個人就會適度勞動，每個人就都會有空閒的時間去學習知識；如果財產的分配不平等，無財產者就必須以全部時間去勞動，他們就沒有受教育的機會。同時，為維護財產的不平等，知識的不平等又成為必要的。在這裡，奈克爾不僅指出了知識的不平等來源於財產的不平等，而且也看到知識的不平等是維護財產不平等的必要工具。

最後，奈克爾嘲笑了經濟學家們對概念的混淆。重農學派對土地就有這種混淆，後來的所有經濟學家對資本的各物質要素也有這種混淆：例如，重農學派就把農業生產中的各種物質要素直接當作資本來理解；以後的所有資產階級經濟學家，幾乎都把資本的物質要素當作資本來表述。由於有了這種混淆，他們就認為生產條件的所有者，同生產條件本身一樣，對生產過程也是必要的。這就否認了資本主義生產方式和資本主義所有制的歷史暫時性。奈克爾批評了重農學派所持有的這種觀點。當然，他並不是站在一個更高級的社會的立場上來進行這種批判的。

[第六章] 魁奈的《經濟表》
（插入部分）

馬克思在這一章詳盡地剖析了魁奈《經濟表》的內容，指出了《經濟表》在政治經濟學史上的意義。這是馬克思對《經濟表》的第一次集中而詳細的論述。這個論述連同馬克思後來為《反杜林論》所寫的「《批判史》論述」中的分析，第一次解開了魁奈《經濟表》之謎，「對於這個謎，以前的政治經濟學批評家和歷史家絞盡腦汁而毫無結果。」① 「直到馬克思，可以說是第一個使重農學派重見天日。」②

馬克思在本章引用的魁奈《經濟表》，錄自施馬爾茨的著作《政治經濟學》（1826年）中所用的《經濟表》圖解。為了使該表一目了然，馬克思又加了一些字母符號，其中 a、a′、a」表示魁奈認為是流通出發點的地方，b、c、d 表示由 a 出發的流通的下一個環節，b′表示由 a′出發的流通的下一個環節，b」表示由 a」出發的流通的下一個環節，如下圖所示。

本書附錄 [（8）對論重農學派的各章的補充] 中，馬克思引用的是魁奈在其1766年發表的《經濟表的分析》中所用的那種《〈經濟表〉算學範式》的圖式。

實際上，施馬爾茨的這個圖解也只是《〈經濟表〉算學範式》圖式的演化。而《〈經濟表〉算學範式》圖式又是魁奈於1758—1759年所作的《經濟表》原表的簡化形式。

---

① 恩格斯. 反杜林論 [M] // 馬克思恩格斯選集：第3卷. 北京：人民出版社，1972：284.

② 參見恩格斯：《致斯蒂凡·鮑威爾（1895年4月10日）》，《馬克思恩格斯〈資本論〉書信集》，第586頁。

魁奈的《經濟表》

一年總產品（圖爾利弗爾）

租地農場主以原預付和年預付形式支出	土地所有者以地租形式取得	不生產階級支配的基金數額

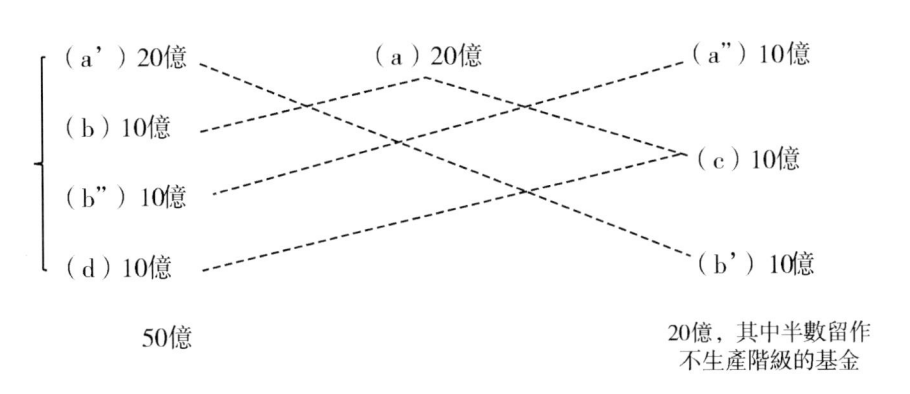

　　（a'）20億　　　　　（a）20億　　　　　（a"）10億
　　（b）10億
　　　　　　　　　　　　　　　　　　　　　　（c）10億
　　（b"）10億

　　（d）10億　　　　　　　　　　　　　　　（b'）10億

50億　　　　　　　　　　　　　　　20億，其中半數留作
　　　　　　　　　　　　　　　　　不生產階級的基金

　　除了本書以外，馬克思在1863年7月6日給恩格斯的信中，在《資本論》中，在《反杜林論》第十章中所引用或所分析的，一直都是《〈經濟表〉算學範式》的圖式。

　　值得注意的是，馬克思在整個這一插入部分，幾乎沒有引用過他提到的一些作者的著作。據研究，這是由於當時馬克思手頭沒有魁奈等人的著作。幾乎全部插入部分，很可能是馬克思1862年4月住在曼徹斯特恩格斯家裡時寫的。

　　本章內容，在馬克思的手稿中，緊接在評述「德國的重農主義餘孽」施馬爾茨關於生產勞動和非生產勞動的錯誤觀點之後（第一分冊第200頁）。本章實際上是對第二章的補充。

[（1） 魁奈表述總資本的再生產和流通的過程的嘗試]

　　馬克思在引用了施馬爾茨著作中所用的魁奈《經濟表》圖式以後接著指出，「這個表上首先值得注意並且不能不使同時代人留下深刻印象的，是這樣一個方式：貨幣流通在這裡表現為完全是由商品流通和商品再生產決定的，實際上是由資本的流通過程決定的」。（第一分冊第324頁）這是因為，在此以前，流行於西歐各國的重商主義觀念和政策，從狹隘的財富觀和利潤觀出發，在理論上只局限於考察流通過程，尤其注重貨幣流通的作用。在他們看來，導致貨幣流入國內的對外貿易是致富之源，是經濟活動的主體，而商品流通和商

品生產不過是為貨幣流通和貨幣增值服務的附屬性手段。重農學派的重大功績之一，就在於打破了這種長期的傳統觀念，明確地把財富及其源泉的研究從流通領域轉向生產領域。他們從自己的財富觀和利潤觀出發，把商品生產和流通視為經濟生活的基礎，而把貨幣流通降到流通手段和支付手段的地位，這勢必引人注意。

事實上，這樣來表現貨幣流通和商品流通及商品生產的關係，也是魁奈能夠對一國總財富的生產和流通過程作出最初表述的一個前提。社會資本再生產和流通過程的實現，不僅取決於價值補償，而且取決於實物補償；不僅有賴於個人消費的實現，而且有賴於生產消費的實現。這就需要對各階級之間的商品和資本的流通作出分析。可見，《經濟表》把貨幣流通表現為完全由商品流通和商品再生產決定，實際上看作由資本的流通過程決定，是一個歷史性的進步和科學的貢獻。

《經濟表》怎樣表述社會資本的再生產和流通過程？貨幣流通在其中起什麼作用？這正是馬克思在以下各節分析的中心問題。

[（2）租地農場主和土地所有者之間的流通。貨幣流回租地農場主手中，不表現再生產]

馬克思首先分析了《經濟表》所表述的租地農場主和土地所有者之間的流通。這裡有兩個流通行為：第一個是租地農場主首先把 20 億貨幣作為地租支付給土地所有者，第二個是後者用其中 10 億貨幣向租地農場主購買食物。於是，10 億貨幣流回租地農場主手裡，同時「總產品」的 1/5 得到實現，最終由流通領域轉入消費領域。現在的問題是：①在這兩個流通行為中，貨幣執行了什麼職能；②貨幣流回出發點的運動具有什麼性質和意義。

馬克思指出，在第一個流通行為中，「貨幣對租地農場主來說，作為**支付手段**付給土地所有者」（第一分冊第 329 頁），執行著支付手段的職能。在第二個流通行為中，「貨幣對土地所有者來說，作為**購買手段**付給租地農場主」（第一分冊第 329 頁），起著購買手段的作用。

一方面，馬克思接著指出，當這兩個流通行為完成時，有 10 億貨幣流回租地農場主手中，然而，這種貨幣回流無論形式上還是內容上都不同於一般商品（更不必說資本）流通中的貨幣回流。後一種貨幣回流，是貨幣與商品的

單純形態變化，G—W—G，貨幣轉化為商品，商品再轉化為貨幣；同時也表現同一個生產者進行的商品的不斷再生產，他用貨幣購進生產資料和生活資料，從事生產，然後再把產品賣出去，於是當初付出的貨幣又流回他的手中。可是，在租地農場主和土地所有者之間流通中所出現的貨幣回流，卻不表現任何再生產過程，也不是簡單的商品與貨幣的形態變化，原因在於，土地所有者是用從租地農場主那裡無償得到的貨幣向後者買回產品的。在這裡，貨幣和產品都出自租地農場主，貨幣實際上只起一種表明土地所有者有權佔有農產品的憑證或票券的作用。因此上述流通實際上是一種開票—付兌—承兌的過程。換句話說，農產品雖出自租地農場主，但其所有權在流通之前已屬土地所有者。在這裡，租地農場主和土地所有者的關係其實是債務人和債權人的關係。如果雙方同意，地租不以貨幣而以實物支付的話，這裡甚至不發生任何貨幣流通，而只出現產品的簡單的轉手。

另一方面，如果租地農場主必須先出售產品以換回貨幣，才能向土地所有者支付地租，仍不影響貨幣在第一個流通行為中的轉手的含義：不表現商品的任何形態變化，而只是貨幣從它的直接掌握者手裡轉到它的所有者手裡。

由此可見，租地農場主和土地所有者在這裡是作為生產者和收入所有者相對立的。因此，在他們之間的流通中，貨幣的換位總是多於商品的換位，當貨幣作為支付手段時（第一分冊第一個流通行為），商品仍在生產者手中，貨幣的轉手只不過表明商品所有權的變換；只是當貨幣接著作為購買手段（流通手段）時，商品才從租地農場主手中轉到土地所有者手中。貨幣換位兩次，商品換位一次。貨幣第一次換位同商品的形態變化無關，貨幣第二次換位（回流）雖表現了商品與貨幣的形態變化，但不表現、不包含任何再生產。這就是租地農場主和土地所有者之間的流通的特點。這個特點表明，在《經濟表》中，土地所有者和租地農場主不是簡單的商品交換者的關係，而是收入及生產資料所有者同受雇傭的生產者之間的關係。

馬克思進而指出，上面這種性質的貨幣回流不限於租地農場主和土地所有者之間，「凡是在生產者不把自己的一部分產品而把這種產品的價值用貨幣支付給他的債權人的時候，都必定會發生貨幣流回生產者手裡的這種回流」。（第一分冊第329頁）「貨幣回流這個環節——這種特殊的、不由再生產決定的貨幣回流——每當收入同資本交換時，都一定要發生。」（第一分冊第329頁）例如，當用來支付稅收、利息等的貨幣流回支付稅收、利息的人手裡的

時候，就是如此。

前已指出，在上述第一個流通行為中，貨幣的換位，同商品的形態變化無關，因為貨幣在此執行支付手段的職能。但是，馬克思指出，貨幣在此執行這一職能的前提與通常情況有所不同。在通常情況下，當貨幣執行支付手段職能時，總是假定支付人先取得了商品，以後才進行支付。而在租地農場主的場合，他卻不必先取得商品，商品本來就在他手裡；然而，歸他掌握的商品並不歸他所有，只有在他向土地所有者用貨幣支付地租以後，商品才歸他所有。所以，在這個流通中，商品本身沒有轉手，只是對商品的權利發生了變化。

[(3) 資本家和工人之間的貨幣流通問題]

[(a) 把工資看成資本家對工人的預付的荒謬見解。把利潤看成風險費的資產階級觀點]

在分析了租地農場主和土地所有者之間的流通之後，馬克思暫時離開了對《經濟表》的分析，而轉向分析資本家和工人之間的流通。有人想利用這兩種流通的某些相似之處來為利潤進行辯解，馬克思對此進行了批駁。第(a)小節分析了資本家用貨幣雇傭勞動者這一過程。

在這個過程中，資本家以貨幣支付工人的工資，貨幣是作為支付手段出現的，於是有人企圖據此把工資說成是資本家在把他的商品變為貨幣之前向工人所作的預付，就像租地農場主在向土地所有者支付了貨幣之後才佔有商品一樣。但實際情況並非如此。馬克思說：「資本家只是在他消費了勞動之後，才對勞動支付代價，而其他商品則在被消費之前就得到了支付。這個情況的產生是由於資本家購買的商品具有特殊的性質，這種商品實際上只是在被消費之後，才完全轉到買者手裡……資本家把『勞動』這個商品占為己有，總是**在對它支付代價之前**。」（第一分冊第333頁）馬克思又說：如果從再生產過程來看，「資本家只是用工人自己的產品支付給工人，工人支取的只是工人自己的產品的一部分，因而預付純粹是假象」。（第一分冊第334頁）

既然不是預付，所以有人例如詹·穆勒又說，在商品變為貨幣之前，工人已把產品中歸自己所有的那一份賣給資本家了。馬克思說：「如果這樣看問題，資本家就不成其為產品的所有者了，他借以**無償**佔有別人勞動的整個過程也就消失了。這樣一來，互相對立的就都是商品所有者。」（第一分冊第334~

335頁）果真如此，利潤就只好求助於價格高於價值的不等價交換了。

還有人把利潤看成使工人不必為了親自把作為工資歸他所有的那部分商品變為貨幣而承擔的風險的報酬。馬克思說：「如果這樣提問題，雇傭勞動和資本的全部關係就被抹殺了，從經濟學上對剩餘價值的解釋也就勾銷了。」（第一分冊第333頁）

馬克思正面回答了剩餘價值的真正來源問題。他說，「資本家的剩餘價值正是這樣來的：他向工人購買的不是商品，而是工人的勞動能力本身，而勞動能力所具有的價值比它的產品所具有的價值小，或者同樣可以說，勞動能力所實現的物化勞動量比實現在勞動能力自身的物化勞動量大。」（第一分冊第334頁）

[（b）工人向資本家購買商品。不表現再生產的貨幣回流]

這一小節分析資本家同工人之間的流通的後一半過程。在這裡，工人用資本家作為工資支付給他的貨幣向資本家購買商品，於是貨幣流回資本家手裡，出現了 G—W—G 運動。馬克思說：「這種貨幣回流按其本身來說根本不表現再生產。」（第一分冊第341頁）因為流回資本家手中的貨幣不過是當初資本家用來支付工資的那筆貨幣。這筆貨幣的回流只表現資本家對工人來說既是買者又是賣者，表現工人和資本家在這裡不過是一般的商品和貨幣所有者。這種回流之所以發生，是因為工人必須把貨幣換成商品才能消費。因此，這種貨幣回流同資本增值（發財）無關，資本家之所以發財，是由於在生產過程中的價值增值（如前所述），而不是由於貨幣的這種形式上的回流。

事實上，這種回流如同在租地農業家和土地所有者的第二個流通行為中的貨幣回流一樣，只表明用自己的商品去兌現原先所開出的貨幣形式的支票。

馬克思進一步說，G—W—G 這種回流形式，凡是在買者又成為賣者的地方都存在，因而它在整個商業資本中都存在，在不變資本交換中也存在。最後，當資本家彼此實行結算，貨幣對他們起支付手段的作用時，情況也是如此。不過，馬克思補充說，工人向資本家購買商品所引起的貨幣回流，只是就其本身來說，不表現任何再生產；而就這一流通過程的經常重複和貨幣的不斷回流來說卻表示再生產，因為工人或資本家，作為買者，如果不把他賣出的商品再生產出來，他就根本不可能經常作為賣者出現，也就是說，貨幣的不斷回流以再生產的存在為條件。

[（4）《經濟表》上租地農場主和工業家之間的流通]

第（2）節考察了《經濟表》上的頭兩個流通行為，本節接著考察第三到第六個流通行為，從而完成了對《經濟表》本身所表述的各階級之間流通過程的分析。

為了敘述的方便，馬克思除了用前面的圖式中已標出的字母符號表示流通過程外，還分別用 P、S 和 F 表示土地所有者、不生產階級和租地農場主。

第三個流通行為，是以 a—c 線表示的 P 向 S 購買 10 億工業品。10 億商品從 S 轉到 P，進入消費，10 億貨幣從 P 轉到 S。這是簡單流通，貨幣在此執行流通手段的職能。同時，這種轉化，對 S 來說，又是他的資本的形態的變化，即由工業品變成貨幣。

第四個流通行為，是以 c—d 線表示的 S 再用 10 億貨幣向 F 購買食物，於是「總產品」的第二個 1/5 離開流通，進入消費（第一個 1/5 是通過第二個流通行為進入消費的）。這仍是簡單流通，10 億貨幣執行了流通手段職能。但是，同 S 與 P 之間的流通相比，這個 S 與 F 之間的流通中出現了兩種新現象：第一，在兩個流通中，雖都有 10 億貨幣變成生活資料，但其意義截然不同。對於 S 與 P 流通中的 P 來說，這是單純的消費，對於 S 與 F 流通中的 S 來說，卻是生產的消費和再生產，因為 S 是把 10 億貨幣轉化為食物，在魁奈那裡就是轉化為工資，以補償他投在工資上的、已消費的資本。因此，對 S 來說，這個流通是他的再生產的開始，又是他的資本的形態變化的繼續，即從貨幣變成資本再生產所必需的構成要素之一。第二，在兩個流通中，雖都有 10 億貨幣回流，但其意義也大不一樣。對 F 來說，他從 S 手中收到 10 億貨幣，不過是用 10 億的商品等價物把他們先前作為地租付給 P 的另一半從流通中再贖回而已，只是經歷了 S 的仲介，這是由於 P 還需要工業品的緣故，否則，P 可以用 20 億貨幣全部向 F 購買農產品，從而使 20 億貨幣直接流回 F 手中。因此，貨幣從 S 轉到 F 手中，如同在第二個流通行為（P 到 F）中貨幣回流一樣，對 F 來說，並不反應商品形態變化。可是，對 S 來說，10 億貨幣從 P 轉到他的手中，如上所述，卻表現了他的商品和資本的形態變化。

第五個流通行為，是以 a'—b' 線表示的 F 向 S 購買 10 億商品，以補償他的預付。這是簡單的流通過程，是貨幣與商品的轉手。同時雙方都發生資本的形態變化，S 得到再生產所必需的 10 億貨幣，F 得到再生產所必需的 10 億工

業品，這 10 億工業品離開流通，進入生產消費。

第六個流通行為，是以 a」—b」線表示的 S 向 F 購買 10 億原料等，於是 S 手中的 10 億貨幣又回到了 F 手中。這是簡單流通，又是雙方資本形態的變化，現在，「總產品」的最後 1/5 離開流通，進入生產消費。

流通的結果，對租地農業家來說「總產品」的 1/5 被土地所有者消費掉，2/5 由不生產階級取得，1/5 不進入各階級之間流通，直接加入租地農場主的再生產過程，共計 4/5。馬克思在這裡採用魁奈的說法，即只有 1/5 農業總產品不加入流通，而留歸租地農場主作為農業經營資本使用。但實際上，正如馬克思後來在《反杜林論》中分析《經濟表》時所指出的，租地農場主以實物形式補償他們的流動資本從而不加入各階級間流通的那部分產品，應是 2/5，而不是 1/5。所以，結果應當是：2/5 的「總產品」不進入流通，1/5 被土地所有者消費掉，2/5 由不生產階級取得，共計 5/5。同時，租地農場主拿到 20 億貨幣，這是他為了繼續生產所必須交納的地租。

對土地所有者來說，流通的結果是取得了 10 億農產品和 10 億工業品，把 20 億純收入花完了。

對不生產階級來說，流通的結果，是以自己的工業品換回了 10 億農業原料和 10 億食物，滿足了他生產和生活的需要。

馬克思在分析了上述流通過程和結果以後，還指出，魁奈的分析是有缺點的。第一，魁奈假定不生產階級手中進入流通之前應握有 10 億貨幣，這是沒有必要的。因為不生產階級在同租地農場主的貨幣結算中，完全可以用從租地農場主那裡換來的貨幣來進行，不必另外儲備 10 億貨幣在自己手中。全部流通只需租地農場主向土地所有者作為地租交納的 20 億貨幣就足夠了。第二，魁奈認為農業總產品就是社會總產品，這是錯誤的。其實後者不僅包括農業總產品 50 億，而且包括工業品 20 億，共計 70 億。魁奈這個錯誤的看法，同其狹隘的重農觀點直接有關。

[（5）《經濟表》上的商品流通和貨幣流通。貨幣流回出發點的各種情況]

為什麼魁奈假定不生產階級應預先有 10 億貨幣儲備呢？馬克思指出，這同下述情況有關：S 向 F 購買 10 億食物和 10 億原料，共計 20 億，而 F 只向 S

購買10億商品以補償他的預付。因此，S要支付10億差額。這個「支付」發生在最後一次「購買」（a」—b」）即S向F購買10億原料中。「看來，魁奈把向F**支付**這10億，同向F**購買**10億產品混淆起來了。」（第一分冊第354頁）他沒有看到，向F購買10億產品，從而支付10億差額，既不是用S的工業品，也不是用自己另外儲備的貨幣，而是用租地農場主自己的貨幣去償還（支付）租地農場主。在這種情況下，S和F之間的流通過程是：S用從P那裡取得的10億貨幣向F購買10億食物，F用這10億向S購買商品，S又用這10億貨幣向F購買原料。在這裡，S向F的購買分兩次進行，只需10億貨幣，而且貨幣不流回S而流回F手中。10億貨幣運動三次，流通了30億商品。執行了流通手段或購買手段的職能。

　　以上是魁奈《經濟表》向人們展示的第一種情形。即馬克思在第一冊355頁所說的第一種情況和第357頁所說的（Ⅰ）第一。除此而外，馬克思指出，S和F之間的流通還可能有如下一些情形。第二，即第355頁所說的第二種情況和第358頁所說的（Ⅳ）第四，S向F的購買食物和原料，不是分兩次先後進行，而是一次完成，然後F又向S購買10億商品。在這種情況下，流通就需要20億，而不是10億貨幣，否則S不能一次購進20億農產品。S的20億貨幣，有一半得自P，另一半是自己事先儲備的。流通結果，F手中有10億貨幣，還有10億貨幣流回S手中。在這裡貨幣仍執行流通手段的職能。第三，即第357頁所說的（Ⅱ）第二，S和F交易內容照舊，但交易的方式不是現金購買，而是彼此進行結算。在這種情況下，S要用貨幣支付10億差額，10億貨幣落入F手中，但它一直沒有起過流通手段的作用，只執行了支付手段職能。10億貨幣運動一次，完成了與前面同額的交易。這表示已有發達的信用。第四，即第358頁所說的（Ⅲ）第三，F首先作為買者出現，用從P那裡取得的10億貨幣向S購買10億商品。於是S就有了20億貨幣（另外10億是從P那裡取得的）。他用這20億貨幣向F購買了價值20億的商品。20億貨幣流通了30億商品。貨幣執行流通手段職能，不過，來自F的10億流通兩次，來自S的10億只流通一次。流通結果，20億貨幣回到F手中。但其中他得到的只有10億，另外10億是他自己投入流通的。

　　分析了上述S與F之間的各種流通情形以後，馬克思又專門分析了其中的貨幣流通，並作出以下結論：「在互為買者和賣者兩次對立的雙方之間作為流通手段流通的貨幣，都是流回的；這些貨幣的流通可能有三種情況。」（第一分冊第

361 頁）

第一，雙方交換的商品價值相等，貨幣流回那個把它預付到流通中去的人手裡。

第二，雙方交換的商品價值不等，有一個差額要支付，如果流通的貨幣量沒有超過為支付這個差額所必需的貨幣，那麼，這筆貨幣終將落入收入這個差額的最後賣者手裡。如上述第一種情況，流回 F 手中。

第三，其他條件與第二種相同，但流通的貨幣多於為支付這個差額所需要的貨幣，那麼，超出這個差額的貨幣將流回預付貨幣的一方。在上述第二種情況下，流回應付差額的人（S）手裡，在第四種情況下，流回收進這個差額的人（F）手裡。

在指出上述各種情況並不違背通常的貨幣流通規律之後，首先，馬克思又回到貨幣回流的意義問題上，他指出：「貨幣的回流首先表明，**買者又變成了賣者**……買者變成賣者表明，要出賣的是新的商品。」（第一分冊第 364 頁）這種流通的繼續和更新，從而貨幣回流的繼續和重複，表現了一個再生產過程。如果買者變成賣者（如廠主對工人），但卻沒有貨幣的不斷回流，則不表示再生產。

其次，在一定條件下，貨幣回流可以表示一個週轉的結束和再生產過程的重新開始。

再次，貨幣回流可能表示，在一系列的買賣之後，貨幣差額由首先開始這一系列過程的買者收進。

最後，貨幣回流可能不表示支付差額，這種情況可以在雙方收支平衡，沒有差額要支付時出現，也可在雙方收支不平衡，需要支付一個貨幣差額時出現。上面分析的各種情況中，除了第三種情況外，其他三種都屬於這裡所說的後一種情形。

這樣，馬克思就結束了對《經濟表》中商品流通和貨幣流通的詳盡分析。這樣的分析，為全面而深刻地評價《經濟表》提供了依據。

[（6）《經濟表》在政治經濟學史上的意義]

馬克思認為，《經濟表》在科學史上的意義在於，它是表述社會資本再生產和流通的一次偉大嘗試：①把資本的整個生產過程表現為再生產過程，把流

通過程僅僅表現為再生產過程的形式。②把貨幣流通僅僅表現為資本流通的一個要素。③把收入的起源、資本和收入的交換，生產與消費的關係都包括到再生產過程中，把資本和收入的流通包括到資本流通中。④把農業和工業兩大生產部門之間的流通表現為再生產過程的要素。總之，在一張表上，從整體上大體正確地描述了社會總資本的再生產和流通過程。這也是魁奈勝過後來的亞當‧斯密的地方。

[第七章] 蘭蓋[對關於工人「自由」的資產階級自由主義觀點的最初批判]

本章介紹了蘭蓋對關於工人「自由」的資產階級觀點的批判，在這種批判中，蘭蓋比較深刻地揭露了雇傭勞動的實質。雖然蘭蓋是站在舊制度的立場上批判資本主義的，但在法國的思想家中，他是較早地揭露了雇傭勞動制度本質的一個人，這是值得一提的。

蘭蓋（1736—1794），法國律師、政論家、歷史學家和經濟學家。他的《民法論，或社會的基本原理》發表於1767年。馬克思對這部著作評價很高，他指出，「蘭蓋的『民法論』是一部很有天才的著作」，① 並在《資本論》中多次引用。

在本章中，馬克思主要是採取摘引的方法剖析蘭蓋的著作。馬克思對他的評述不多，主要是摘引要點。但從所摘引的地方看，也確實包含了若干有價值的思想。

與空想社會主義者不同，蘭蓋是站在舊制度的立場反對資本主義。「他維護亞洲的專制主義，反對文明的歐洲形式的專制主義，他捍衛奴隸制，反對雇傭勞動。」（第一分冊第367頁）這是錯誤的。但他對雇傭勞動的本質的揭露，卻是比較深刻的。當然，作為法學家，蘭蓋主要是從法理的角度來批判資本主義的。

蘭蓋與同時代的資產階級啓蒙運動者和法國政治經濟學的主要代表重農學派做鬥爭，他的著作也充滿這種色彩。

馬克思首先摘評了他的《民法論》第一卷。在這裡他揭示了資本主義社會階級對立的根源就是所有權。

---

① 馬克思. 論普魯東 [M] // 馬克思恩格斯全集：第 16 卷. 北京：人民出版社，1972：36.

蘭蓋反對資產階級啓蒙運動者孟德斯鳩。後者不是把法律看成物質生產關係的產物，而是把法律看成國家的統治形式和理性的產物，而國家的統治形式和理性，又依存於地理環境。「蘭蓋只用『法的精神就是所有權』這樣一句話，就把孟德斯鳩幻想的『法的精神』推翻了。」① 這句話充分表明，法是生產關係的產物，法的實質或法的「精神」，是由所有權的性質決定的。蘭蓋就以此為基礎，來分析資產階級社會的階級對立。

「蘭蓋證明，富人佔有一切生產條件；這是**生產條件的異化**，而最簡單形式的生產條件是自然要素本身。」（第一分冊第 368 頁）馬克思指出，在當代各文明國度裡，一切自然生產條件，都為富人所佔有。因此，勞動者要取得被富人佔有的財富的一部分，就必須以增加富人財富的繁重勞動為代價。這樣，整個自然就不再為人們提供維持生命的源泉了。自然的恩賜必須以辛苦的勞動為代價，自然的賜予必須以頑強的勞動來換取。為了分享富人的財富，就必須努力勞動來增加他的財富。這樣，就必須放棄自由的幻想。法律的存在，只是為了保護對私有財產的最初的奪取，以防止以後的奪取，是為了保護富人對財產的佔有而反對人類的大多數。所以，是社會創造了法律，而不是法律創造了社會。「所有權先於法律」——這就是他的結論。

馬克思概括蘭蓋的上述思想時指出：「『社會』本身……是所有權、建立在所有權基礎上的法律以及由所有權必然產生的奴隸制的根源。」（第一分冊第 368 頁）

由於喪失了生存條件，工人就不得不靠出賣勞動力為生。「貧困迫使喪失生產條件的工人為生活而勞動，去增加別人的財富。」（第一分冊第 369 頁）蘭蓋指出；由於沒有別的活路，農業短工才不得不耕種土地而享受不到它的果實，石匠才建造房屋而自己不能居住，貧困把他們趕到市場上，等待主人開恩購買他們。

由此，蘭蓋看到了工人靠出賣勞動力為生，只不過是他們喪失生產條件而富人佔有這些生產條件的結果。但是，在解釋私有財產的產生時，蘭蓋卻陷入暴力論的觀點。他認為，社會由暴力產生，所有權由奪取產生。

接著，馬克思摘引了他的《民法論》第二卷。在這裡，蘭蓋著重分析了所謂工人「自由」的實質。

---

① 轉引自馬克思. 資本論：第 1 卷 [M] // 馬克思恩格斯全集：第 23 卷. 北京：人民出版社，1972：676 頁註.

蘭蓋對資產階級所謂的「自由」進行了嘲笑和批判，他指出所謂自由雇傭制度實際上也是一種奴隸制度。他說，奴隸制是同社會的存在分不開的。社會和市民的受奴役同時產生。他這裡所說的社會，就是指資產階級社會。

蘭蓋對所謂工人的「自由」進行了淋漓盡致的揭露。他指出，工人的不幸正在於這種「自由」。他同任何人無關，任何人也同他無關。當需要他的時候，人們就用最低的價錢雇傭他，付給他們工資，只夠他交換出去的一個工作日的必需生存資料的價格。人們叫監工監督他盡快勞動，拉長勞動時間，不放心地監視著他，只要他稍一中斷工作，就大加斥責；只要他休息一下，就硬說是偷竊了主人。工作一完，他就被解雇。

在這裡，關於資本家對剩餘勞動的貪欲的刻畫，是相當深刻的。

蘭蓋把雇傭勞動與古代奴隸制進行了對比。他指出，正因為雇傭工人是自由的，所以人們在雇傭他來干活時才極端不愛惜他，才更加肆無忌憚地浪費他的生命。而在古代奴隸制度下，奴隸對自己的主人來說是一種有價值的東西，因為主人為他花了錢，而工人則沒有使雇用他的主人花費什麼，所以自從停止販賣人口以來，人實際上就沒有任何內在價值了。所以，在實行雇傭制度的軍隊裡，工兵的價格比一匹馬的價格低得多。

馬克思在《資本論》中的有關章節裡，充分引用了蘭蓋這些精彩敘述。

蘭蓋也看到了資本對勞動人口的支配。他指出：只要財富往地上一踩腳，就會從地上鑽出一大群勤勞的人，爭先恐後地為它服務。如果損失了一個人，空缺是看不出來的，它馬上會被填補起來。工人的情況就像大河中的水一樣，很容易找到新的補充者。正因為如此，所以主人才對他特別殘酷。

雇傭勞動的辯護者鼓吹，說什麼工人沒有主人，他可以自由地更換自己的雇主。蘭蓋對這種論調進行了批判。他指出，工人有主人，而且是一切主人中最可怕、最專制的主人，這就是貧困。貧困使他們陷入最殘酷的奴隸地位。他們不是聽命於某個個別的人，而是聽命於所有一切人。因此他們的奴隸地位是沒有界限的、極端殘酷的。貧困迫使他們只能靠出租自己的雙手來生活。他們必須找到一個雇傭他們的人，要不就餓死。這就是他們的「自由」。

蘭蓋還指出，工人工資的菲薄竟成了工資進一步下降的原因。工人愈窮，他就愈便宜地出賣自己，他窮得愈厲害，他的勞動報酬就愈低。

蘭蓋還指出，奴隸和雇傭工人的鎖鏈是用同樣的材料製成的，只不過顏色不同。一種人的鎖鏈是黑色的，看起來比較重；另一種人的鎖鏈不那麼黑，看

起來比較輕。但如果公平地把它們衡量一下，就會發現它們之間沒有任何差別，兩者都同樣由貧困制成的。如果說有一個更重一些，那恰好是看來較輕的那一種。

在以上這些論述中，蘭蓋實際上表達了資本支配勞動，雇傭勞動制度實際上就是一種奴隸制度的思想。

最後，蘭蓋就工人問題向法國啓蒙運動者大聲疾呼。他把工人比作被關入畜欄的羊，並指出，在談論把他們從畜欄中引出去之前，你們首先應當把畜欄即社會砸爛。在這裡，他把矛頭直接指向資產階級社會。

蘭蓋對雇傭奴隸制度的本質的揭露是相當深刻的。但他從舊的專制制度的立場來反對剛剛誕生的資本主義生產方式，則是反動的。

附錄

《剩餘價值理論》第一冊附錄部分，收入了馬克思《1861—1863年經濟學手稿》中和這一冊內容有關的單獨的評論、札記、計劃等。就內容看，它是本書重要的、有機的組成部分，而不是一般的補充說明。由於本書的編者嚴格按馬克思的手稿的次序編排，因而把這部分內容編為附錄。這樣做是有道理的。但我們感到閱讀本書時，如能將附錄和正文有關部分聯繫起來，將有助於更好地理解馬克思的基本觀點及其思想脈絡。

附錄共有十三節，大體上可以劃分為四個部分：一、［（1）］～［（7）］節；二、［（8）］～［（10）］節；三、［（11）］～［（12）］節；四、［（13）］節。

一、［（1）］～［（7）］節的基本內容是評述了斯密以前的英國經濟學家關於勞動價值論和剩餘價值論的若干思想萌芽及其發展過程。這一部分又可分為兩段。第一段包括［（1）］～［（2）］節，是評述17世紀中葉關於價值、地租、利息等問題的初步論述。第二段包括［（3）］～［（7）］節，著重闡明了17世紀末到18世紀中葉，地租、利息、利潤理論的演變和發展。

在第一段中，馬克思揭示了17世紀政治經濟學創立時期經濟學家們的理論的特點。在《政治經濟學批判》的《導言》中，馬克思曾指出政治經濟學的研究經歷了一個從生動的現實出發到抽象出一般的關係，然後又回過頭來從抽象的簡單的一般關係再到內容豐富的現實的過程。「在第一條道路上，完整的表象蒸發為抽象的規定；在第二條道路上，抽象的規定在思維行程中導致具體的再現」①。馬克思還進一步指出：「第一條道路是經濟學在它產生時期在歷史上走過的道路。例如，17世紀的經濟學家總是從生動的整體，從人口、民

---

① 馬克思. 政治經濟學批判：導言［M］// 馬克思恩格斯全集：第46卷（上）. 北京：人民出版社，1972：38.

族、國家、若干國家等開始，但是他們最後總是從分析中找出一些有決定意義的抽象的一般的關係，如分工、貨幣、價值，等等。」① ［（1）］～［（2）］節中評述的霍布斯和配第正是沿著這條道路前進的。特別是配第，他從英國的人口、土地、財富等現實出發，抽象出分工、交換價值、工資、地租、利息等一般的經濟關係，並對其作了初步地探討，對政治經濟學理論的研究作了勇敢的嘗試。他把交換價值歸結為生產商品的勞動，把地租歸結為剩餘產品。這些觀點，成為創立近代政治經濟學理論的開端。

　　第二段，即［（3）］～［（7）］節，中心是在配第提出的若干基本範疇的基礎上，論述他的後繼者洛克、諾思、馬西、休謨對剩餘價值的現象形態認識上的演變和發展。這段時期認識上演變的一條基本線索是從地租到利息的確認，再從利息到利潤的確認。

　　17世紀，由於離封建時代較近，資本主義經濟關係還不發達，決定了配第仍把地租看作基本的收入，把利息看作貨幣的租金，由地租引出。洛克、諾思都接受了配第的觀點，他們都首先肯定地租，同時又以利息和地租對比，確認利息的合理性，表現了資本和土地所有權的初步的抗衡。馬克思還著重指出了諾思對利息的認識有了重要的進步，他開始使用STOCK② 這個概念對貨幣資本和貨幣加以區別。配第和洛克都認為利息率的高低取決於貨幣數量，諾思則前進了一步，認為利息率的變動取決於貨幣資本的供求，從而確立了對利息的正確認識。

　　18世紀，英國資本主義經濟關係有了較大發展。馬西和休謨從較發達的資本主義經濟關係出發，已不再由地租引出利息，而是把利息和利潤聯繫起來。配第還沒有把地租和利潤分開，馬西和休謨已初步確立了利潤的概念。馬西明確地指出利息是利潤的一部分。休謨則論述了利息和利潤互相制約的關係。

　　通過這幾節，馬克思深刻地揭示出：從把利息看作地租的派生形態，到把利息看作利潤的一部分；從地租到對利息的確認，再從利息到對利潤的確認。從而表現了剩餘價值理論從17世紀到18世紀的發展歷程。

　　二、［（8）］～［（10）］節，馬克思在這一部分著重評述了以下兩方面內

---

　　① 馬克思. 政治經濟學批判：導言［M］// 馬克思恩格斯全集：第46卷（上）. 北京：人民出版社，1972：38.
　　② 《馬克思恩格斯全集》第26卷第1冊第389頁註為儲備、基金，資金。

容：第一，對魁奈《經濟表》的補充評析。馬克思在此引述了魁奈的眾多《經濟表》中最簡潔而又最能反應魁奈本人觀點的那張表，對這張表中所包含的豐富內容作了簡明的概括，同時又指出了魁奈《經濟表》中所反應出的錯誤前提。第二，重農學派的追隨者對土地貴族的不同態度。這些追隨者雖然都程度不同地贊同重農學派的基本理論觀點和政策主張，但其中有的人（例如畢阿伯爵）被重農主義的外觀所迷惑，贊美土地貴族，而另有一些作者（例如格雷），則從重農學派的觀點出發，對土地所有者階級存在的合理性提出了懷疑，從而在事實上拋開了重農主義所特有的封建外觀。這無疑是經濟思想史中的一個重要事實。

三、[（11）]～[（12）]節，這一部分的內容可以看作是馬克思在正文第四章中對生產勞動和非生產勞動論述的延伸和發展。在［（11）]節中，馬克思對庸俗經濟學家為非生產勞動辯護的觀點作了進一步的批判。在［（12）]節中，馬克思正面闡述了自己的生產勞動和非生產勞動的理論，提出了生產勞動的定義和補充定義。並以此為基礎從不同的角度、不同的領域（如從生產總過程的角度，從非物質生產領域）等方面對生產勞動的表現形式作了進一步的考察。

四、最後一節收錄了《資本論》最初的計劃草稿。這些草稿，對研究馬克思經濟學說的發展史和《資本論》創作史，具有重要意義。

[（1） 霍布斯[①]論勞動，論價值，論科學的經濟作用]

在這一節中，馬克思從歷史的角度，探討勞動價值論和剩餘價值論思想的淵源；摘要評述了17世紀英國著名唯物主義哲學家霍布斯的有關論點。

本節所引霍布斯的論點皆出自其主要著作《利維坦：或教會國家和市民國家的實質、形式和權力》一書。該書是一本系統的哲學著作和政治著作。霍布斯作為17世紀英國新興資產階級和資產階級化的貴族的思想代表，已經

---

① 霍布斯‧托馬斯（1588—1679），傑出的英國唯物主義哲學家。他出身於牧師家庭受教於牛津大學，做過家庭教師和哲學家培root的秘書。英國資產階級革命開始後，他逃往法國，斯圖亞特王朝復闢後，同到英國。隨後他因同情革命又遭到封建貴族和僧侶的迫害。霍布斯是17世紀英國資產階級和資產階級化的貴族的思想代表。在政治上他擁護中央集權的君主政體，具有明顯的反民主傾向。在哲學上，他持機械唯物主義觀點，反對唯心主義的經院哲學。霍布斯用「社會契約論」解釋國家的起源。最早說明了國家、國家權力不是由神創造出來的，而是由人自己創造出來的。他的主要著作有：《論公民》（1642）、《利維坦》（1651）、《論物體》（1055）、《論人》（1657）。

用資產階級的觀點觀察和認識問題。因此，書中的論述涉及經濟問題時，表現出了某些對資本主義經濟關係認識上的思想萌芽。

馬克思從以下三方面作了摘要和評述：

一、從勞動價值論的角度，評述了「霍布斯認為技藝之母是**科學**，而不是**實行者的勞動**」（第一分冊第 377 頁）的觀點。

17 世紀在英國已是資產階級革命的時代。隨著社會生產力和資本主義經濟關係的迅速發展，現代科學已初步興起。《利維坦》一書中就詳細地對科學作了分類，他把哲學看作各門科學之綜合，下分政治哲學和自然哲學，自然哲學又包括數學、天文學、地理學、力學、航海學等學科。在這種情況下，霍布斯用哲學家的敏銳眼光已洞察到了科學的興起對生產力發展的巨大推動作用。他在《利維坦》第一編論人類第十章論權力身價尊顯榮譽及身分中，① 在論人們取得社會地位、榮譽的條件時，說明了工匠勞動和科學的關係，強調了科學家腦力勞動的重要性。工匠的勞動，如修築要塞、製造兵器等，對社會是有意義的，也是人們容易看得到並能給予應有評價的。促進工匠技藝發展的科學——數學，以及創造它的科學家的勞動，一般人則認識不到它的重要性，因而往往不能給予應有的評價。馬克思依據勞動價值論的觀點肯定霍布斯已從對勞動及其產品評價的角度，比較工匠生產產品所花費的勞動和科學家創立科學所花費的勞動。馬克思指出，最初生產科學所需要的勞動時間，遠遠多於學會和運用科學所必要的勞動時間。例如這就像發明二項式定理所需勞動時間和學生學會二項式所用勞動時間之差別。而當時社會還不能對這兩種不同的勞動及其產品作出正確的評價，「對腦力勞動的產物——科學——的估價，總是比它的價值低得多」。（第一分冊第 377 頁）

二、關於勞動力商品。馬克思在這一段中引了霍布斯兩句話。第一句：「**人的價值**，和其他一切物的價值一樣，等於他的價格，就是說，等於**對他的能力的使用**所付的報酬。」（轉引自第一分冊第 377 頁）這裡霍布斯是從如何評價人的權力、地位的角度提出來的。第二句：「**人的勞動**（因而人的勞動力的使用）也是**商品**，人們可以有利地交換它，就像交換其他任何**物品**一樣。」（轉引自第一分冊第 377 頁）從以上引文可以看出，霍布斯已經把人的勞動看成和其他商品一樣是可以出賣的商品，並把付給勞動能力的報酬看成它的價格。這裡表明霍布斯已有了對勞動力商品的最初認識。

---

① 參見霍布斯·托馬斯；《利維坦》，商務印書館 1934 年版，第 55 頁。

三、關於生產勞動和非生產勞動。這裡的一段引文出自《利維坦》中第二編論國家第三十章論統治者之職權。這一章中霍布斯論述了國家的作用,強調國家予人民以保護,人民應支付保護的費用。他指出要能負擔國家的費用,「人僅僅為了維持自己的生活而勞動是不夠的。他還應當在必要時為**保衛自己的勞動**而**戰鬥**⋯⋯或者要雇傭別人來為他們戰鬥」。(轉引自第一分冊第 377 頁)這就是說,霍布斯已看到生產者不僅要為維持自身的生存進行必要的勞動,還必須為社會提供剩餘勞動。就這個意義上說,生產勞動應當是能提供剩餘勞動,或者以支付費用的形式提供剩餘價值的勞動。

[(2) 歷史方面:配第對於非生產職業的否定態度。勞動價值論的萌芽。在價值論的基礎上說明工資、地租、土地價格和利息的嘗試]

在這一節中馬克思繼續從歷史的角度探尋勞動價值論和剩餘價值論的萌芽和發展。英國古典政治經濟學創始人配第把資本主義生產關係的研究發展到一個新的階段,創立了「政治經濟學作為一門獨立科學分離出來的最初形式。」[①]從而對經濟理論的發展作出了顯著的貢獻。

配第從事經濟學著作主要是在 17 世紀 60~70 年代。這時英國已進入了資本主義工場手工業的初期階段。產業資本正在逐漸代替商業資本在社會經濟中取得主要地位。配第作為新興的產業資本和資產階級化的貴族的代表,適應社會發展的需要,力求探尋資本主義經濟關係的內在規律性。他在理論上逐漸擺脫重商主義的影響,把研究從流通領域轉向了生產領域。在思想方法上他受資產階級唯物主義哲學家培根和霍布斯的影響,力圖用統計和數學方法研究經濟問題,即如他所說的用「數字、重量和尺度」說明事物的原因。這種方法對他在理論研究中取得成就起到了重要作用。

17 世紀下半葉,配第從事的政治經濟學的研究還是一個新的開創性的事業。這決定了他還只能從當時社會存在的許多實際經濟問題出發,探討其發生的原因及其變化的規律性。因此,他的許多深刻見解散見於對各種問題的論述之中,還沒有以系統理論的形式表述出來。但是正如馬克思所指出的,配第關

---

① 馬克思. 政治經濟學批判 [M] // 馬克思恩格斯全集:第 13 卷. 北京:人民出版社,1972:43.

於「**剩餘價值的起源和計算**」這個問題的敘述有些雜亂無章，但是，在苦苦思索尋求適當表達的過程中，分散在各處的中肯的見解就構成某種有聯繫的整體」。（第一分冊第 379 頁）馬克思正是在對配第的一些重要觀點的評判中，闡述了自己有關的科學見解。

一、對非生產職業的否定態度

馬克思在本書第四章「關於生產勞動與非生產勞動的理論」中已評述了配第區分生產勞動和非生產勞動的嘗試，說明了配第把土地耕種者、海員、士兵、手工業者和商人看作社會的支柱，並把他們劃在生產勞動者之內。

這裡，馬克思又補充摘錄和評述了配第關於非生產勞動的觀點。馬克思把配第劃歸非生產勞動者的人分為四類：（a）牧師；（b）批發商和零售商；（c）律師、醫生、官吏；（d）貧民。從引文中可以看出，配第對這幾類職業持否定態度，主張縮減他們的人數，以減少非生產性支出。

（a）牧師。配第認為他們是不生產的，應盡量減少他們的人數。他主張制止牧師的「繁殖」能力，讓他們恢復獨身生活，並說：「我們的**不結婚的牧師**就能夠以他們現有俸祿的一半，來維持他們現在用全部俸祿所過的生活。」（轉引自第一分冊第 378 頁）

（b）批發商和零售商。在第四章中配第把商人劃為生產勞動者，這裡把批發商和零售商劃為非生產勞動者，如何理解？第四章中引語出自《政治算術》一書，從有關部分可以看出配第在那裡主要是指對外貿易商人。本節的引語出自《賦稅論》一書，在講批發商和零售商時主要指國內的商業。這裡表現出配第的觀點受重商主義的影響，把對外貿易看作是生產的，把國內貿易看作是不生產的。配第認為國內商業僅起商品流通的作用，「只是像靜脈和動脈那樣，把社會機體的血液和營養液，即工農業產品，**分配**到各方。」（轉引自第一分冊第 378 頁）他們不為社會生產什麼，這部分人的數目應該大量減少。

（c）律師、醫生、官吏等。配第把這幾類人的工作也劃為非生產勞動，認為這部分人為社會工作極少，而所得報酬極高，應當削減他們的人數，以減少公共費用的開支。

（d）貧民。配第主張對貧民進行救濟，用多餘的東西養活他們。他又指出最好的辦法是讓無業的貧民去參加修築道路、疏浚河流、建造橋樑、開採礦

藏等有益的勞動,為社會創造福利。

馬克思還指出,配第把人口看成一國的財富,認為「人口少是真正的貧窮」。(轉引自第一分冊第379頁)

馬克思還說明,這部分內容是屬於計劃寫作的《資本論》第一篇中關於生產勞動和非生產勞動一節的。顯然這裡的摘錄評述是為寫作《資本論》準備材料。

二、勞動價值論的萌芽

「剩餘價值的規定取決於價值規定」。(第一分冊第379頁)配第關於剩餘價值的見解是以他的勞動價值論為基礎的。

為了探尋商品交換的自然基礎,配第區分了「自然價格」「政治價格」和「真正的市場價格」。他說:「自然價值的高低,決定於生產自然必需品所需要人手的多少」[1],基本上是以生產商品時花費的勞動為基礎說明的。因此,「自然價格」實際上是指價值。「政治價格」是生產中和自然需要人手不一致時,依據實際情況計算出來的價格。「真正的市場價格」是以銀幣來表現的政治價格。

配第是怎樣提出對「自然價格」——價值探討的呢?他說:「在我們詳細的論述**各種租金**之前,我們試圖一方面聯繫**貨幣**(**它的租金叫作利息**),另一方面聯繫**土地和房屋**的租金,來說明租金的神祕性質。」(轉引自第一分冊第380頁)他正是在論述地租和利息的「神祕性質」時,追尋到了勞動價值論這個基礎。

什麼是商品的價值?配第是以穀物為代表來說明的。他指出:「假定有人從秘魯地下獲得1盎司銀並帶到倫敦來,他所用的時間和他生產1蒲式耳穀物所需要的**時間相等**,那麼,前者就是後者的自然價格;假定現在由於開採更富的新礦,獲得2盎司銀像以前獲得1盎司銀花費一樣多,那麼在其他條件相同的情況下,現在1蒲式耳穀物值10先令的價格,就和它以前值5先令的價格一樣便宜。」(轉引自第一分冊第380頁)馬克思針對配第這一論述,深刻地指出:他「實際上用商品中包含的**勞動**的比較**量**來確定**商品的價值**」。(第一分冊第380頁)在配第看來,「勞動種類的差別在這裡是毫無意義的——一切只取決於勞動時間」。(第一分冊第382頁)不同商品生產時所費勞動的等一

---

[1] 轉引自配第:《賦稅論,獻給英明人士,貨幣略論》,第95頁。

性，成為商品交換的基礎，「在這裡，**勞動**被看作**價值的源泉**」。（第一分冊第 386 頁）

同時，配第還認識到商品的價值量同生產該商品的勞動生產率有反比例的關係。勞動生產率提高，單位時間生產的商品量增加，每個商品中包含的價值量減少，使商品價格便宜。

雖然配第已認識到勞動是商品價值的基礎，但他又認為「貨幣表現為**價值的真正形式**」。（第一分冊第 386 頁）他不懂得勞動的二重性，更不知道形成價值的抽象勞動的性質，因而不能離開價值的表現形式，認識以勞動時間計算的抽象社會勞動的尺度。在他眼中商品的價值總是表現為一定的貨幣量。正如馬克思所指出的，他所尋找的「不是價值的『**一般尺度**』，而是**貨幣**是價值尺度這個意義上的**價值**尺度」。（第一分冊第 388 頁）「他把交換價值看成貨幣，正如交換價值在商品交換過程中**表現**的那樣，而把貨幣本身看成存在著的商品，看成金銀。」① 他不能認識形成價值的抽象勞動，又「把特種的實在勞動即採掘金銀的勞動，叫作生產交換價值的勞動」②。就這個意義上說，配第所講的「自然價格」不僅把價值和交換價值混在一起，而且把它們和以貨幣表現的商品價格混在一起。這裡表現出配第還「受著貨幣主義的觀念束縛」。③

配第論述「自然價格」時，沒有區分商品的使用價值和交換價值。他實際上「把使用價值歸結於實在勞動」。④ 當然他也就不能區分生產使用價值的勞動和形成價值的勞動。配第還說：勞動是財富之父，土地是財富之母。這句話對使用價值即物質財富的生產而言，無疑是正確的，如果用它來說明價值則是錯誤的。配第在這裡實際上是「把作為交換價值的源泉的勞動和作為以自然物質（土地）為前提的使用價值的源泉的勞動混為一談。」（第一分冊第 386 頁）

配第還進一步尋找土地和勞動之間的等同關係，力圖把兩個不同的單位折算為統一的單位。他說：「我要指出的是：一切東西都應由**兩個自然單位——土地和勞動來評定價值**……既然這樣，我們就很想找出**土地和勞動之間的自然的等同關係**。」（轉引自第一分冊第 386 頁）於是他又找到了「平均**一個成年男人的一天食物**」（轉引自第一分冊第 388 頁）作為衡量商品價值的標準。他

---

① 馬克思. 政治經濟學批判 [M] // 馬克思恩格斯全集：第 13 卷. 北京：人民出版社，1972：43.
② 馬克思. 政治經濟學批判 [M] // 馬克思恩格斯全集：第 13 卷. 北京：人民出版社，1972：43.
③ 馬克思. 政治經濟學批判 [M] // 馬克思恩格斯全集：第 13 卷. 北京：人民出版社，1972：43.
④ 馬克思. 政治經濟學批判 [M] // 馬克思恩格斯全集：第 13 卷. 北京：人民出版社，1972：41.

甚至說：「有些人吃得比別人多，這是無關緊要的，因為我們所說的一天食物是指 100 個各種各樣的、體格不同的人為生活、勞動和繁殖所吃的食物的 1%。」（轉引自第一分冊第 388 頁）這裡，他進一步離開了勞動決定價值的正確觀點，轉到了商品價值由工資衡量的錯誤觀點。馬克思深刻地指出，配第在尋求土地和勞動的等同關係時，已不是把土地看作與具體勞動相結合的自然物質的土地，而是看作已被人佔有，可以根據「資本化的地租」自由買賣的地產。這就是說，配第尋求的勞動和土地的關係，實際上已是工資和地租的關係。

三、工資和對剩餘價值的性質的猜測

這裡，馬克思講的「勞動的價值」實際上是指勞動力的價值——工資。資產階級古典經濟學家都認為工人出賣的是勞動，工資是勞動的價值。馬克思創造性的區分了勞動和勞動力，指出工資是勞動力的價值，而不是勞動的價值。馬克思早期著作中曾接受了古典經濟學工資是勞動的價值的概念，後來隨著研究的深入，逐漸把勞動和勞動力區分開來。1862—1863 年馬克思寫作《剩餘價值理論》時，已有了區分勞動和勞動力的思想，這裡只是仍沿用了資產階級經濟學家的概念。

剩餘價值是雇傭工人創造的價值超過工資以上的餘額。要認識剩餘價值的起源，必須先對工資有一個基礎的認識。馬克思評論配第關於工資的論述時，揭示出了其中已經包含著「對**剩餘價值**的性質的猜測」。（第一分冊第 174 頁）

17 世紀中葉起，英國已進入了資本主義生產的工場手工業階段。社會上出現了最初的現代無產階級——手工業雇傭工人。工資已成為社會上的一個重要經濟現象。同時配第所處的時代，工人的工資是由政府規定的。配第對工資的論述，既是尋求工資的自然基礎，又是為了給政府制定工資政策提供理論依據。

配第作為新興產業資本的代表，關心的是如何能維持資本主義的正常生產，保證有適當的勞動力的供給，又能夠從工人身上榨取更多的剩餘產品。他正是在這一指導思想下提出了對工資的看法。他說：「法律……**應當使工人得到僅僅最必要的生活資料**，因為，如果給工人雙倍的生活資料，那麼，工人做的工作，將只有他本來能做的並且在工資不加倍時實際所做的一半。**這對社會說來，就損失了同量勞動所創造的產品。**」（轉引自第一分冊第 380 頁）配第

認為工資量應當包含工人最必要的生活資料，即勞動者「為了生存、勞動和傳種接代」①所必需的東西。他實際上已把工資理解為勞動力的價值。這是他的一個貢獻。

馬克思還進一步指出：配第這句話「應該這樣理解：如果工人勞動 6 小時，得到他在這 6 小時內創造的價值，那他就得到他現在所得的**二倍**，現在，他勞動 12 小時，只得到他 6 小時內創造的價值」。（第一分冊第 387 頁）可見配第所看到的工人的勞動日已分為必要勞動時間和剩餘勞動時間，工人勞動所創造的價值分為勞動力的價值和剩餘價值兩部分。工人在必要勞動時間中再生產出必需的生活資料，以工資的形式歸工人所有。工人在剩餘勞動時間創造的剩餘產品，為雇主無償佔有。從而揭示了剩餘價值的源泉和工人受剝削的本質。馬克思深刻地指出，配第的這段話中已顯示出：「工人之所以注定要生產剩餘產品，提供剩餘勞動，不過是因為人們強迫他用盡他全部可以利用的勞動力，以使他本人得到**僅僅最必要的生活資料**。」（第一分冊第 380 頁）

馬克思還引證配第的另一段話說明他對剩餘價值的性質的猜測。配第在《政治算術》一書中指出：工資提高，地租就會相應的下降，「例如，假定 1 蒲式耳小麥的價格為 5 先令或 60 便士；如果生長小麥的土地的地租為 1/3 捆（即收成的 1/3），那麼在 60 便士中，就要有 20 便士歸土地，40 便士歸土地耕種者；但是，如果後者的工資提高 1/8，也就是從每天 8 便士提高到 9 便士，那麼，在 1 蒲式耳小麥中，土地耕種者分得的份額就會由 40 便士增加到 45 便士，結果地租就要由 20 便士下降到 15 便士。」（轉引自第一分冊第 175 頁）這段論述觸及了工資和地租的對立關係，從而也包含了對剩餘價值性質的認識。

此外，馬克思指出配第還認為工資的高低（勞動的貴賤）「決定於兩種情況：自然肥力和因氣候影響而造成的費用（需要）大小」。（第一分冊第 380 頁）配第認為工資由工人必需的生活資料決定，土地肥力和氣候影響穀物生產時投入的勞動量，從而影響工資包含的價值量，影響工資的高低。

四、剩餘價值的兩種形態

在論述工資時，配第雖然接觸到了對剩餘價值本質的認識，但是他沒有提出剩餘價值的範疇，也沒有把利潤作為剩餘價值的一般形式。「在配第看來，

---

① 轉引自配第：《愛爾蘭政治解剖》，第 57 頁。

剩餘價值只有兩種形式：**土地的租金和貨幣的租金**(利息)。」（第一分冊第381頁）地租是剩餘價值的一般形式，利息是由地租推出的派生形式。

（一）關於地租

1. 地租是剩餘價值的真正形式。馬克思引用了配第對地租的定義性的說明作為評判的出發點。配第說：「假定一個人用自己的雙手在一塊土地上種植穀物……並且假定他有播種這塊土地所需的**種子**。我認為，這個人**從他的收成中扣除自己的種子**……並扣除自己食用的部分以及為換取衣服和其他必需品而給別人的部分之後，**剩下的穀物**就是**當年自然的和真正的地租**。」（轉引自第一分冊第381頁）由此可見，在配第看來，地租等於農業總收穫物減去種子（實際上是生產時投入的全部生產資料），再減去勞動者必須用於衣食的部分——工資之後餘下的全部剩餘產品。配第認為穀物的價值由所費勞動時間決定，因而全部剩餘產品可歸結為全部剩餘勞動創造的全部剩餘價值。馬克思指出：配第把「**地租**，作為全部**農業剩餘價值**的表現，不是從土地，而是從勞動中引出來的，並且被說成勞動所創造的、超過勞動者維持生活所必需的東西的餘額」。（第一分冊第383頁）作為全部剩餘價值的表現，地租成為剩餘價值的真正的、一般的形式。

在農業的資本主義關係中，利潤是剩餘價值的一般形態，地租是補償預付資本和提供平均利潤以上的餘額。配第不知道利潤是剩餘價值的一般形式，更不知道資本主義地租是平均利潤以上的餘額。在配第的論述中，「地租包括利潤；利潤還沒有同地租分開。」（第一分冊第381頁）配第把地租歸結為剩餘價值是個歷史的進步，但還沒有真正理解資本主義性質的地租。馬克思指出：「配第……那些離封建時期比較近的著作家們，都把地租看成是一般剩餘價值的正常形式……他們是從下述狀態出發的：第一，農業人口還占國民的絕大部分，第二，土地所有者還是這樣的人，他憑對土地所有權的壟斷，能夠把直接生產者的剩餘勞動直接占為己有，土地所有權因此也還表現為生產的主要條件。因此對這些經濟學家來說，還不可能這樣提出問題，即反過來從資本主義生產方式的觀點去研究，土地所有權怎麼能把資本所生產的（也就是從直接生產者手裡奪取的）、並且已經由資本直接佔有的剩餘價值的一部分再從資本手裡奪走。」[1]

---

[1] 馬克思. 資本論：第3卷 [M] // 馬克思恩格斯全集：第25卷. 北京：人民出版社，1972：883.

再者，這一論述中配第所講的勞動者是自己擁有生產資料（種子）、自己從事勞動的獨立生產者。地租是他的總收穫物中補償預付生產資料和維持生活的費用之後的全部剩餘產品。馬克思指出：「他在敘述中不僅把租金（剩餘價值）說成是雇主抽取的超過必要勞動時間的餘額，並且把它說成是生產者本人超出他的工資和他自己的資本的補償額之上的剩餘勞動的餘額。」（第一分冊第381頁）這裡，他還沒有把土地所有權和勞動者的分離看成是地租存在的必要前提，進而把地租理解為土地所有權在經濟上的實現。

2. 土地的價值——資本化的地租。配第在確定了地租之後，又依據地租說明土地的價值，馬克思指出：「這又是很有天才的。」（第一分冊第382頁）配第說：「在我們發現了**地租或一年**usus-fructus①**的價值**之後，產生了一個問題：一塊可以自由買賣的土地的自然價值等於（用我們平常的說法）**多少年的年租**?」（轉引自第一分冊第382頁）這裡，他把土地的價值和一定年數的地租直接聯繫起來。配第首先把地租歸結為剩餘勞動，因而歸結為剩餘價值，進而把土地的價值歸結為一定年數的地租。這就在實際上把土地的價值看成不過是資本化的地租，即一定年數的地租總額。其天才之處正在於他不是由自然力引出土地的價值，而是從資本主義經濟關係說明土地的價值。換句話說，也就是在勞動價值論和剩餘價值論基礎上進行說明了。由此，馬克思指出：「配第如此深刻地看到問題的實質。」（第一分冊第384頁）

同時，馬克思也指出：就這個角度來認識地租及其資本化的地價也有缺點，這就是「從地租**購買者**(即土地購買者）的觀點來看，地租只表現為他用來購買地租的**他的資本的利息**」。（第一分冊第384頁）僅僅從這個意義上看不能表現出地租的特點，「地租已經變得完全無法辨認，並且表現為**資本利息**了」。（第一分冊第384頁）

資本主義制度下的土地價值，正是表現為地租的資本化，即用一定數量土地上的地租額和利息率相比較推算出來。馬克思指出：「假定1英畝土地每年帶來10鎊地租。如果利率等於5%，10鎊就代表200鎊資本的利息，又因為利率是5%時利息在20年內就補償了資本，所以，1英畝土地的價值等於200鎊（20×10鎊）。」（第一分冊第383頁）由以上計算可以看出，一個確定的利

---

① Ususfructus 指對別人財產（主要是地產）的使用權，這裡是指土地的純收入（《馬克思恩格斯全集》26卷第1冊，第382頁註①）。

息率是計算土地價值的前提條件,即「地租的資本化取決於利率的高低」。(第一分冊第383頁)配第把地租看作剩餘價值的真正形式,利息是由地租推出的派生形式,從而他不能把利息看成獨立於地租而存在的既定的東西。因此,他儘管想用地租推算出土地的價值,但是他不可能找到正確的方法。

如何確定形成土地的價值的年租的年數呢?配第想出了巧妙的方式使自己擺脫了困難。他假定一個人有興趣得到地租的年數,只是他為自己和自己最近的後代「操心」的年數。這就是祖、父、子三代通常可以共同生活的年數。他說:「我估計在英國這三代人可以同時生活21年,因而**土地的價值**也大約等於**21年的年租**。」(轉引自第一分冊第382頁)配第的這個推算方法是不科學的,從而也無助於問題的說明。

在配第的著作中,已初步論述到了級差地租問題。他已指出了形成級差地租的三種條件:①從土地位置不同,因而它們對市場的距離不同引出級差地租。他說:「例如,如果供應倫敦或某一支軍隊的穀物必須從40英里遠的地方運來,那麼,在離倫敦或這支軍隊駐地只有**1英里的地方種植的穀物,它的自然價格還要加上**把穀物運輸39英里的費用……由此產生的結果是,在靠近需要由廣大地區供應糧食的人口稠密地方的土地,由於這個原因,比距離遠而**土質相同的土地**,不僅提供**更多的地租**,並且所值的年租總額也更多。」(轉引自第一分冊第384~385頁)②從土地的不同肥力,以及由此而來的同等面積的土地上勞動的不同生產率而形成的級差地租。他說:「土地的好壞,或土地的價值,取決於人們**為利用土地而支付的產品的或大或小的部分對生產上述產品所花費的簡單勞動的比例**。」(轉引自第一分冊第385頁)③由於土地上追加投資,使勞動生產率提高,所創造的價值補償投資而有餘,從而引出級差地租。他說:「如果上述那些郡,用比現在更多的勞動(如用翻地代替犁田,用點種代替散播,用選種代替任意取種,用浸種代替事先不做準備,用鹽類代替腐草施肥,等等)能夠獲得更大的豐產,那麼,**增加的收入超過增加的勞動越多,地租**也上漲得越多。」(轉引自387頁)馬克思論述級差地租時,指出級差地租Ⅰ形成的條件是土地肥力不同和土地位置不同,級差地租Ⅱ形成的條件是追加投資勞動生產率不同,這三個方面配第實際上都論及了。

配第在論述級差地租時還指出:「對穀物的需求大也會提高**穀物的價格,從而提高種植穀物的土地的租金**。」(轉引自第一分冊第384頁)這就是說,

他認為穀物需求大，就不得不耕種遠地、肥力差的土地，從而使生產費用增加，因而提高穀物的價格，使近地、好地的地租提高。由此馬克思指出，配第實際上認為穀物的價格是地租提高的原因，而不是相反由於地租而使穀物價格提高。這裡表明配第對級差地租的論述和他的價值論聯繫起來了。

（二）關於利息

配第把利息稱作「貨幣的租金」，由地租引申出來。正如馬克思指出的：「因為配第是從作為包括利潤在內的剩餘價值一般形式的**地租**出發的，所以他不能把資本的利息作為既定的東西，反而必須把利息當作地租的**特殊形式**從地租中推出來。」（第一分冊第 383 頁）

配第是如何從地租推出利息呢？他認為每個貨幣所有者都是可能的土地所有者。如果他購買土地就能獲得地租，那麼出借貨幣也應獲得貨幣的租金——利息。並進一步推出利率高低也應和地租額相適應。他說：「至於**利息**，在保證沒有問題的地方，它至少要同**貸出的貨幣所能買到的那麼多土地的租金**相等。」（轉引自第一分冊第 384 頁）如果貸出貨幣要擔較大的風險，利息中還要增加適當的「保險費」，即可高於地租。

配第把地租看作剩餘價值的一般形式，把利息當作派生的形式從地租引出來，從他的思想來說是完全合乎邏輯的。但是他認為利息由地租決定是不正確的。在資本主義生產方式下，利潤是剩餘價值的一般形式。借貸資本從屬於職能資本，利息是利潤的一部分。利息不是從地租派生出來，而是從利潤派生出來。利息率的高低取決於貨幣資本的供求，也不是由地租量引出的。

此外，配第在論述利息時也還沒有把貨幣和貨幣資本區分開來，正如馬克思指出的：「配第……還抱著這樣的觀點，即認為利息率的高低取決於流通中的貨幣量，認為真正被拿來貸放的東西實際上是貨幣（而不是資本）。」（第一分冊第 400 頁）

配第從地租引出利息，論證利息的合理性，帶有為資產階級利益辯護和反封建的性質。封建制度下，把出租土地獲得地租看作是自然的合理的，但把貸出貨幣獲取利息譴責為「高利貸」、不自然的收入。配第正是針對這種觀念，論證利息和地租同樣是自然的合理的收入。他並以此觀點批評政府限制利息率的政策。

[(3) 配第、達德利·諾思爵士①、洛克②]

在這一節中,馬克思論述了配第與諾思、洛克之間在利息和貨幣理論上的繼承關係,並著重指出了諾思在利息認識上的新發展。本節有承上啓下的作用,可以看作 [(4)] ~ [(5)] 兩節分別論述洛克和諾思經濟思想的導論。

在《反杜林論》中,馬克思指出:「配第在政治經濟學的幾乎一切領域中所作的最初的勇敢嘗試,都一一為他的英國的後繼者所接受,並且作了進一步的研究。」③ 洛克和諾思就是配第的直接後繼者。在這一節中馬克思指出關於利息率降低的問題,關於國家提高和降低貨幣價值的問題,在把利息稱為貨幣的租金等問題上,諾思和洛克都是追隨配第的。

一、關於利息率降低問題。在對待利息率的態度上,配第力圖說明利息率的自然標準,強調利息率應由借貸雙方自由約定,反對政府限制利息率。他說:「我認為不論在什麼地方,什麼時候,要違背世俗的習慣,努力於限制利息,都是沒有理由的……制定違反自然法則的成文民法是徒勞無益的。」④ 諾思和洛克都追隨配第之後,反對國家強制限制利息率。諾思在《貿易論》中寫道:「應該考慮的問題是,政府是否有理由用法律禁止貸款的利息超過4%,還是應讓借方與貸方自行作成交易。」他的結論是:「在把所有的問題考慮以後,我們就會發現,對國家說來,最好是讓借貸雙方按他們的實際情況自行訂立契約」⑤ 洛克在《論降低利息和提高貨幣價值的後果》一書中也指出了類似的觀點。他說:「要在任何國家裡用法律來規定貨幣的利率,那要比用法律規定土地的地租更不可能。」「要想有效地用法律來降低利率是徒勞無益的。」⑥

二、關於國家提高或降低貨幣的價值的問題。17世紀,英國貨幣存在的主要問題之一是貨幣貶損問題。所謂國家提高或降低貨幣價值是指國家鑄造貨

---

① 達德利·諾恩(1641—1691),英國資產階級古典政治經濟學的初期代表人物之一,大商人。曾從事東方貿易和任英國下議院議員,主要經濟學著作有《貿易論》(1691年匿名出版)。

② 約翰·洛克(1632—1704),傑出的英國二元論哲學家,資產階級經濟學家。他出生在一個律師家庭裡,曾在牛津大學研究哲學、自然科學和醫學,畢業後留校任教。1667年他積極參加輝格黨的政治活動,因反對王室而受迫害,1683年逃往荷蘭。1688年資產階級「光榮革命」後,先後擔任法院院長、貿易和殖民事務大臣等職。他的主要著作有《論降低利息和提高貨幣價值的後果》(1691年出版)、《關於政府的兩篇論文》(1690年出版)、《人類理解力論》(1690年出版)。

③ 恩格斯. 反杜林論 [M] // 馬克思恩格斯全集:第20卷. 北京:人民出版社,1972:259.

④ 轉引自配第:《賦稅論》《獻給英明人士》《貨幣略論》,第49頁。

⑤ 轉引自配第:《賦稅論》《獻給英明人士》《貨幣略論》,第21頁。

⑥ 轉引自洛克:《論降低利息和提高貨幣價值的後果》第31頁、7頁。

幣時，在維持原貨幣名稱下，減少鑄幣的含金量，或降低貴金屬的純度。其結果是維持貨幣原有的名義價值，降低了貨幣的實際價值。配第站在資產階級立場上，堅決反對國家的這種做法。他強調貨幣的交換價值是有自然標準的，提高貨幣的名義價值並不會增加一國的財富，其結果只能是向人民進行掠奪。他說：「如果新鑄的先令縮小到它現在重量的 3/4，我們所擁有的貨幣是否因此會比現在多出 1/3，從而我們的財富也增加 1/3 呢？回答，你確實會比現在多得 1/3 的新命名的先令，但不會多得一盎司的白銀……儘管同先前相比，你擁有更多的新幣，你也買不到比先前更多的外國貨，甚至也買不到更多的本國貨。」① 在這個問題上諾思和洛克也完全承襲了配第的觀點。諾思指出：「剪損貨幣是一種弊害」「只要貨幣分量減輕了，或者成色減低了，效果會從生金銀價格上直接反應出來。因此，實際上，你只是改變了名稱，而沒有改變實物。」② 洛克對國家提高貨幣價值的做法進行了比較系統地評論。他指出：「中國或差不多所有其他地方都不用純銀來鑄幣，這件事與貨幣的價值毫無關係，所以在貨幣內，不管印記或名目如何，等量的白銀永遠具有相等的價值。」「在這種提高貨幣價值的神祕問題中，人們所能做的僅僅是改變它的名目，把過去根據法律規定只是一克朗的一部分的東西叫作一克朗。」「這的確是提高了這些鑄幣的價值；但其實只不過是鑄幣廠鑄造了剪損的貨幣；這種劣幣或輕幣對每一個收受它的人是一種欺騙。」③

三、關於地租和利息。前節已經指出配第只認識到地租和利息兩種剩餘價值形態，並且把地租看作基本形態，利息由地租引出，稱作貨幣的租金。在這一問題上諾思和洛克也是完全繼承了配第的觀點。他們都沒有超出配第的眼界，都不懂得利潤是剩餘價值的一般形態，利息是由利潤派生出來的。

在這一節中，馬克思還指出洛克和諾思在利息問題上，觀點是完全對立的。洛克把利息率的提高或降低與流通中的貨幣量聯繫起來。他指出一國中貨幣量不能滿足債務和貿易的需要，就會「使借款者多於可能放款的人，結果貨幣缺乏，利率提高」。④ 也就是說，他認為貨幣缺乏是高利率的原因。他還沒有認識到貨幣和貨幣資本的區別。諾思對利息的看法有了重大的進步。與洛

---

① 轉引自配第：《賦稅論》《獻給英明人士》《貨幣略論》第 131~132 頁。
② 轉引自諾思：《貿易論》第 35 頁、39 頁。
③ 轉引自洛克：《論降低利息和提高貨幣價值的後果》第 81 頁、83 頁。
④ 轉引自洛克：《論降低利息和提高貨幣價值的後果》第 7 頁。

克相反，他指出高利息率的原因不是貨幣缺乏，而是缺乏資本。他說：「所謂利息不過是資本的租金罷了。」① 在他的著作中第一次出現了「stock」的概念。他以此對貨幣和貨幣資本作了初步的區分，並進一步指出了利息率高低的原因不是由於貨幣的多少，而是取決於貨幣資本的供求，即認為利息不是貨幣的租金，而是使用貨幣資本的報酬。由此，馬克思指出：諾思提出了「關於利息的第一個正確的概念」。(第一分冊第 389 頁)

[(4) 洛克，從資產階級自然法理論觀點來解釋地租和利息]

洛克是 17 世紀英國著名的哲學家和資產階級經濟學家。在哲學觀點上他繼承培根和霍布斯的觀點，對英國、法國和義大利的政治經濟學有重要影響。在政治立場上，馬克思指出：「**約翰·洛克**是一切形式的新興資產階級的代表，他代表工廠主反對工人階級和貧民，代表商人反對舊式高利貸者，代表金融貴族反對作為債務人的國家，他在自己的一本著作中甚至證明資產階級的理智是人類的正常理智。」②

這一節的中心內容是，馬克思揭示了洛克從資產階級自然法理論觀點已認識到地租和利息的剝削性質。

馬克思指出：「如果我們把洛克關於勞動的一般觀點同他關於**利息**和**地租的起源**的觀點……對照一下，那麼，剩餘價值無非是土地和資本這些勞動條件使他們的所有者能夠去佔有別人的勞動，剩餘勞動。」(第一分冊第 390 頁) 洛克是如何從他對勞動的看法推論出對利息和地租的認識的呢？

第一，從價值的觀點來看，洛克沒有區分商品的使用價值和價值。他說：「商品的價值在於他們作為可攜帶和有用的東西，可以通過消費或交換而提供生活的必需品或享用品。」③ 又說：「假設在小麥和其他穀物非常缺乏的同時，卻有很多的燕麥，無疑人們將對小麥付出遠高於燕麥的價格，因為小麥是比燕

---

① 轉引自諾思：《貿易論》第 18 頁。
② 馬克思：政治經濟學批判 [M] // 馬克思恩格斯全集：第 13 卷. 北京：人民出版社，1972：67-68.
③ 轉引自洛克：《論降低利息和提高貨幣價值的後果》第 30 頁。

麥更有益健康，更好吃和更合宜的食物。」① 可見，在洛克看來商品的價值就是商品的使用價值。

由於洛克把價值和使用價值等同起來，決定了他不能區分生產價值的勞動和生產使用價值的勞動。洛克所說的勞動就是指生產使用價值的具體勞動。作為生產商品的具體勞動是勞動和一定的物質條件的結合。因此，他不能拋開生產中自然條件的作用，把商品的價值歸結為完全是由勞動創造的。但是，他又要證明商品的價值應完全歸於勞動者。於是他說：「實際上正是**勞動決定一切東西的價值的差別**……對人的生活有用的土地產品……有 99% 完全要記在勞動的帳上。」（轉引自第一分冊第 392 頁）這裡他強調生產商品的價值的勞動起了決定性的作用，但還不得不承認有極少的部分是自然的賜予。為了證明勞動者應對全部商品的價值有所有權，洛克又作了進一步的解釋。他指出根據自然法，土地等勞動條件應當屬於公共所有，自然賜予「都一視同仁地屬於自然的全體子女，人的勞動把這一切從自然手裡拿過來，從而把它們據為己有。」（轉引自第一分冊第 391 頁）他並進一步推論勞動者的「身體的勞動和他的雙手的創作，我們可以說，是理應屬於他的」。（轉引自第一分冊第 390 頁）這樣，洛克通過兩方面的說明，即一方面自然的賜予應平等地歸所有的人；另一方面自然的賜予只有通過勞動才能取得，證明自然賜予和勞動者對勞動產品的所有權是一致的。正如馬克思所指出的：「洛克想要證明的，不是除勞動之外還可以通過其他辦法獲得所有權。」（第一分冊第 391 頁）而是只有勞動才是商品的自然所有權的基礎。洛克的這一解釋為他進一步說明利息和地租的剝削性質打下了基礎。

第二，洛克進一步解釋了利息和地租是如何產生的，它的源泉是什麼？根據自然法的觀點，洛克認為只有勞動者佔有自己的勞動產品是合理的。他還給這種個人的自然的所有權規定了兩個界限：一個界限是個人勞動的界限，即一個人擁有對自己勞動的所有權，從而擁有個人勞動產品的所有權；另一個界限是一個人的儲存的東西不多於他能夠使用的東西。在這個限度內個人所有權是自然的，超過了這個限度的所有權是不自然的。

利息和地租正是超過了這種所有權界限的產物。洛克認為後一個界限由於

---

① 轉引自洛克：《論降低利息和提高貨幣價值的後果》第 29 頁。

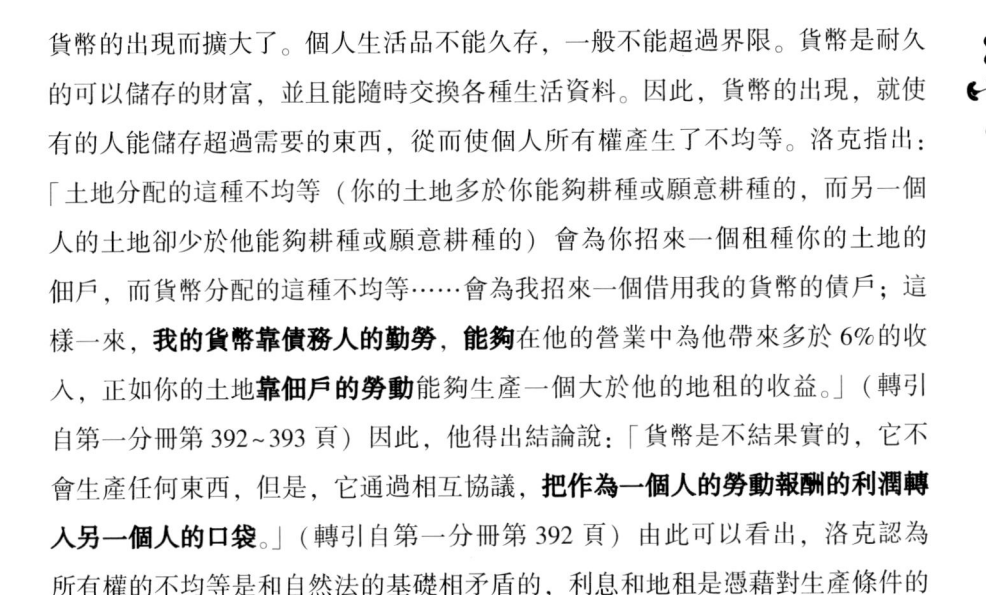

貨幣的出現而擴大了。個人生活品不能久存，一般不能超過界限。貨幣是耐久的可以儲存的財富，並且能隨時交換各種生活資料。因此，貨幣的出現，就使有的人能儲存超過需要的東西，從而使個人所有權產生了不均等。洛克指出：「土地分配的這種不均等（你的土地多於你能夠耕種或願意耕種的，而另一個人的土地卻少於他能夠耕種或願意耕種的）會為你招來一個租種你的土地的佃戶，而貨幣分配的這種不均等……會為我招來一個借用我的貨幣的債戶；這樣一來，**我的貨幣靠債務人的勤勞，能夠**在他的營業中為他帶來多於6%的收入，正如你的土地**靠佃戶的勞動**能夠生產一個大於他的地租的收益。」（轉引自第一分冊第392~393頁）因此，他得出結論說：「貨幣是不結果實的，它不會生產任何東西，但是，它通過相互協議，**把作為一個人的勞動報酬的利潤轉入另一個人的口袋**。」（轉引自第一分冊第392頁）由此可以看出，洛克認為所有權的不均等是和自然法的基礎相矛盾的，利息和地租是憑藉對生產條件的佔有而佔有別人的勞動成果。馬克思正是在這個意義上指出洛克已認識到了利息和地租的剩餘價值本質。

馬克思還指出，洛克對利息的論述反應了他代表資產階級與地主進行論戰的性質。封建社會地主的觀點認為，地租是自然的合理的收入，利息是不自然、不合理的收入。洛克的觀點與此相反，他說明利息和地租是同樣性質的收入。如果承認土地所有者的收入——地租，就應同樣承認貨幣所有者的收入——利息。

[（5）諾思，作為資本的貨幣。商業的發展是利率下降的原因]

諾思是英國資產階級古典經濟學初期的代表之一，著名的自由貿易論者。馬克思指出：「他不僅是一個第一流的英國商人，而且也是當時最著名的理論經濟學家之一。」[1] 他的主要著作《貿易論》中論述了自由貿易、貨幣和利息等問題。諾思處在17世紀下半葉，他代表資本主義經濟發展的利益，要求擺脫已經過時的重商主義的保護貿易政策，大力宣傳自由貿易。

---

[1] 馬克思. 資本論：第3卷 [M] // 馬克思恩格斯全集：第25卷. 北京：人民出版社，1972：691.

這一節的內容是集中評論諾思的經濟理論，涉及的問題比較多。馬克思著重指出了諾思已區分了貨幣和貨幣資本，因而第一個提出了對利息的正確認識。

一、1650—1750年貨幣所有者和土地所有者的鬥爭。馬克思指出：「從1650—1750年的整個世紀，除了少數例外，不斷發生貨幣所有者和土地所有者之間的鬥爭。」（第一分冊第394頁）英國這一時期出現了地租下降，地主不斷發出怨言的情況。「生活闊綽的貴族，看到高利貸者把他們抓在手裡，又看到自17世紀末建立了現代信用制度和國債制度以後，高利貸者在立法等方面占了他們的上風，心中十分不快。」（第一分冊第394~395頁）土地所有者還看到利息下降，土地的價值就會上升。因此，他們積極主張通過國家的法令強制地壓低利息率。雖然作為債務人的工業資本和商業資本或多或少的和地主站在一起支持壓低利息率，反對高利貸資本。但是借貸資本把土地所有者的一部分收入轉入自己的手中是資本累積的手段之一。就這個意義上說，這個時期肯定利息的合理性，反對政府強制壓低利息率，是反應了資本主義發展的利益和要求。配第、洛克和諾思都是維護借貸資本家利益反對地主壓低利息率的。他們的理論實質上表現了「**資本**起來反抗**土地所有權**的最初形式」。（第一分冊第395頁）

二、關於利息。馬克思指出：「諾思看來是第一個正確理解利息的人。」（第一分冊第395頁）這是指諾思第一次使用了stock（資財）這個詞，並把利息看作是stock的租金。諾思所用stock一詞，不僅指貨幣，而且指資本。他在論述利息時，實際上已認識到了借債人所借的不是一般的貨幣，而是貨幣資本，換句話說，即利息不是貨幣的租金而是貨幣資本的租金。雖然配第也把stock和貨幣作了區分，但沒有把利息和stock聯繫起來，他仍和洛克一樣把利息看作是貨幣的租金。

在利息的決定問題上，配第和洛克都認為「利息完全決定於流通中的貨幣量」。（第一分冊第396頁）諾思則進一步認為利息率的升降是由借貸資本的供求決定。他說：「如果放債人多於借債人，利息將下降。」（轉引自第一分冊第396頁）

從馬克思所引文句中可以看到，諾思還指出了，商業的繁榮是利息率下降的原因，「不是低利息促成貿易，而是貿易日益發展，增進了國民資本，使利

息下降」。①

三、關於貨幣和作為資本的貨幣。

第一，馬克思指出了諾思在對貨幣本質的認識上邁出了最初的步伐。貨幣是從普通商品中逐漸分離出來的特殊商品，它在交換中起一般等價物的作用。馬克思指出：關於對貨幣本質的認識，「在經濟思想方面邁出的最初的步伐之一，就是認為金銀在這裡只作為商品本身的**交換價值的存在形式**，作為**商品形態變化的一個因素**出現，而不作為金銀本身出現」。（第一分冊第 396 頁）諾思已把貨幣看作「是買和賣的普遍的尺度」。（轉引自第一分冊第 396 頁）並指出商品賣不出去不是因為缺少貨幣，而是因為缺少購買者。貨幣只是作為尺度在交換中起仲介的作用。他實際上已把貨幣看作商品交換中的等價物，表現出對貨幣的本質有了初步認識。

馬克思還指出，諾思認識到了金銀充當世界貨幣的作用和一國的貨幣流通量取決於商品交換的需要。如果超過需要量，它就會退出流通，只是被當作金銀條塊對待。

第二，馬克思指出諾恩認識了貨幣貯藏和貨幣自行增值之間的對立。貨幣貯藏只能保存原有的價值，資本則是自行增值的價值。就這個意義上說，諾思作為古典政治經濟學早期代表之一，已經認識到了貨幣和作為資本的貨幣的區別，初步認識到了資本的本質在於價值增值。

[（6）貝克萊②，論勤勞是財富的源泉]

馬克思在這一節中只從喬·貝克萊博士《提問者》一書中引了一段話。這段話強調了人民的勤勞形成財富，土地本身不是財富，土地和白銀也是由於人民的勤勞才變成了財富。

從書上註明的馬克思手稿的頁碼看，這一節和前後兩節並不銜接。編者把它放在這裡是有一定道理的。從時間看，把貝克萊放在洛克、諾思之後，休

---

① 轉引自諾思：《貿易論》第 19 頁。
② 喬治·貝克萊（1685—1753），英國著名的唯心主義哲學家。他生於愛爾蘭，1700 年到都柏林，在三一學院學習，後留校任教。後來，他周遊法國、義大利和到美洲傳教，1734—1752 年在愛爾蘭任主教。在政治經濟學上，他是重商主義的批評者，貨幣名目論的代表之一。主要著作有：《視覺新論》（1709 年出版）、《論人類知識原理》（1710 年出版）、《海拉和菲倫諾的三篇對話》（1713 年出版）、《提問者。幾個提交公眾討論的問題》（1737 年出版）。

謨、馬西之前是符合歷史發展順序的。從內容看貝克萊的勤勞是財富源泉的思想是追隨配第勞動價值論觀點的。

[（7）休謨①和馬西②]

休謨和馬西都是18世紀中葉的資產階級經濟學家。這一節中馬克思著重說明了馬西和休謨比17世紀的經濟學家配第、洛克、諾思在利息理論上的發展。

[（a）馬西和休謨著作中的利息問題]

英國從17世紀到18世紀經濟理論的發展和進步是以資本主義經濟的發展為基礎的。17世紀英國進行了資產階級革命，為資本主義經濟的發展開闢了道路，但這時畢竟還是離封建制度較近的時期，封建的經濟關係還在社會上佔有重要地位。到18世紀中葉，無論是在工業中還是在農業中，資本主義經濟關係都越來越占到了主要地位。如果說在17世紀中葉，高利貸資本還主要是從地主手中瓜分剩餘價值的話，到18世紀中葉，隨著產業資本的興起，則日益從屬於工商業資本。它已主要是從資本家那裡瓜分剩餘價值了。這種經濟關係的變化，決定了理論上的變化，即在17世紀的配第和洛克、諾思那裡，都把地租看作剩餘價值的一般形態，把利息看作地租的派生形態。配第和洛克都認為利息率的高低取決於流通中的貨幣量。在18世紀的馬西和休謨的理論中，都把利潤放到了重要地位，把利息率的變化和利潤率的變化聯繫起來。

馬西堅決認為利息只可能是利潤的一部分。這實際上已把利潤看作是剩餘價值的一般形態，利息是利潤的派生形態。這在經濟思想史上顯然是一個重要的歷史性的進步。

---

① 大衛·休謨（1711—1776），英國著名的唯心主義哲學家，資產階級歷史學家和經濟學家。他出生於蘇格蘭貴族家庭，12歲入讀愛丁堡大學，15歲離校學習法律。1734年曾到法國學習。1737年回英國後籌備出版他的《人性論》一書。1763年任英國駐法大使館秘書，後任參贊。在這期間他同巴黎思想界名流盧梭、魁奈和杜爾哥來往密切。1766年回倫敦，任副國務大臣。1769年離職在愛丁堡隱居。他的主要著作有：《人性論》《人類理解力研究》《英國史》《政治論叢》。

② 約瑟夫·馬西（？—1784），英國資產階級古典政治經濟學的代表人物之一，著名的經濟文獻搜集家。寫過經濟和社會問題的小冊子。他的主要經濟學著作有：《論決定自然利息率的原因》（1750年出版）。

休謨主要是證明貨幣的價值和利息率的高低沒有關係。利息率的高低是和利潤率的高低互相影響的，從而也把利息和利潤聯繫起來。

[（b）休謨，由於商業和工業增長而引起的利潤和利息的降低]

馬克思在這一部分中主要從兩方面評述了休謨對利息的看法。

第一，馬克思指出休謨已認識到利息率的高低本質上取決於利潤的高低。在休謨看來，首先「利息率的高低取決於借債人的需求和放債人的供給」（第一分冊第400頁），即反對洛克認為利息率的高低取決於貨幣數量，他把利息率和借貸資本的供求聯繫起來。繼而，他進一步認為利息率的高低本質上取決於利潤的高低。不過他並不認為利息只受利潤的影響，而是認為二者是互相影響的。他說：「在可以得到高利息的地方，沒有人會以低利潤為滿足，而在可以得到高利潤的地方，也沒有人會以低利息為滿足。」（轉引自第一分冊第401頁）

第二，馬克思評述了休謨從歷史發展的角度說明利息率的變化。休謨認為高利息和高利潤是商業和工業不發達的表現。他說：「在一個只有土地所有者……的國家，借債人必定多，利息必定高」。（轉引自第一分冊第401頁），實際上他講的是在資本主義以前的社會中，借貸資本表現為高利貸資本。相反，低利息和低利潤是商業和工業發達的標志。一個國家的商業和工業發展起來，由於競爭必然使利潤下降，低利潤影響利息，低利息和低利潤又互相影響。由此，休謨得出結論：「**利息是國家狀況的真正的晴雨表，低利息率**是人民興旺的幾乎屢試不爽的標志。」（轉引自第一分冊第402頁）實際上他認為資本主義工商的發展，必然使利息率下降。

[（c）馬西，利息是利潤的一部分。用利潤率說明利息的高低]

在這一部分中，馬克思從馬西《論決定自然利息率的原因》一書中摘錄了一些段落，加的評語不多。從引文中可以看出主要包含以下內容：

1. 自然利息率以利潤為基礎，利息是利潤的一部分。馬西作為18世紀的英國經濟學家，他從借貸資本已經從屬於工商業資本的情況出發，說明決定利息率的原因。馬西在這本書中詳細摘錄和考察了配第和洛克關於利息的觀點。他進一步指出自然利息率高低主要取決於借債人支付利息的能力。既然借債人為了經營工商業獲取利潤而借債，因此，「**自然利息率是以利潤為基礎**」「如

果他們用借來的貨幣能賺得 10% 的利潤，他們可以為所借貨幣付給放債人 5%，但是他們不會付給 10%」「既然**借債人**為所借貨幣**支付的利息**，是**所借貨幣能夠帶來的利潤的一部分**，那麼，這個**利息**總是要由這個利潤決定」，結論是「**自然利息率**是由**工商業企業的利潤**決定的」。（轉引自第一分冊第 403 頁）

馬西還指出了「利潤中，多大一部分歸借債人，多大一部分歸放債人才算合理呢？這一般地只有根據借貸雙方的意見來決定」。（轉引自第一分冊第 403 頁）

2. 馬西還進一步認為利息率的高低由利潤率的高低決定。「為什麼英國現在的利息率是 4%，而過去是 8%？因為那時候英國商人賺得的利潤比現在多一倍。」（第一分冊第 403 頁）「為什麼利息率在荷蘭是 3%，在法國、德國和葡萄牙是 5%~6%，在西印度和東印度是 9%，在土耳其是 12%？」「對於所有這些情況，只要總的答覆一下就夠了，就是說，這些國家的商業利潤和中國的商業利潤不同。」（第一分冊第 403~404 頁）

馬克思還指出，馬西認為利潤下降的原因是由於國內和國外的競爭。

[（d）結束語]

馬克思把本節中評論的休謨和馬西的觀點歸納為三個方面。①馬西和休謨都把利息和利潤聯繫起來，馬西比休謨更明確地指出利息是利潤的一部分。②他們兩人都認為利息率的下降是由利潤率下降決定的。利潤率下降是由於工商業發達、資本累積和競爭的發展造成的。③他們兩人都沒有進一步論述利潤的源泉。馬克思後來在《反杜林論》中進一步指出：「馬西和休謨兩個人對於在他們學說中起作用的『利潤』的本性，什麼都不知道，什麼也沒有說到。」①

[（8）對論重農學派的各章的補充]

[（a）對《經濟表》的補充意見。魁奈的錯誤前提]

馬克思在這裡引用的是魁奈《經濟表的分析》（1766 年）中所用的《〈經濟表〉算學範式》的圖式（見下圖）②（稍做簡化）。

---

① 恩格斯. 反杜林論［M］// 馬克思恩格斯全集：第 20 卷. 北京：人民出版社，1972：262.
② 參見魁奈. 魁奈《經濟表》及魁奈著作選［M］. 晏智杰，譯. 北京：華夏出版社，2006：355.

再生產總額：50億

生產階級年預付　　土地所有者、國王和　　不生產階級的預付
　　　　　　　　　什一稅獲得者的收入

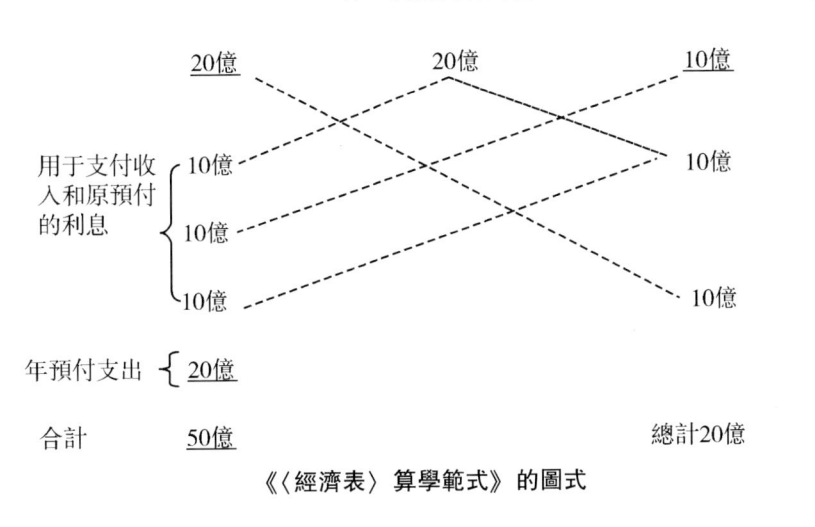

```
        20億            20億              10億
用于支付收  10億                            10億
入和原預付   10億
的利息       10億                            10億
```

年預付支出 { 20億

合計　　　50億　　　　　　　　　　　總計20億

《〈經濟表〉算學範式》的圖式

馬克思指出：「這是《經濟表》的最簡單的形式。」（第一分冊第405頁）這個形式經少許改動又出現在魁奈的《第一經濟問題》（1766年）和《第二經濟問題》（1767年）中。在這之前，《經濟表》的形式幾經變動。最初的《經濟表》採取的形式是曲折連接線的複雜圖式，見於魁奈的《經濟表》第一、二、三版（1758—1759年）和《人類之友》（1760）。[①] 後來，魁奈把這個複雜的曲折連接線式簡化為一個概要式（見魁奈的《農村哲學》，1763年）。馬克思這裡評述的上述《〈經濟表〉算學範式》則是概要式的進一步簡化，並成為《經濟表》的基本形式。

一、對《經濟表》的補充意見

馬克思以簡潔的語言表述了《經濟表》所顯示的商品和貨幣流通過程以及流通的結果。

假定貨幣流通每年只進行一次。

貨幣流通的出發點是土地所有者階級。

土地所有者用10億貨幣向生產階級購買，把後者所付地租中的10億貨幣

---

① 《經濟表》最初三版，可分別參見魁奈. 魁奈《經濟表》及魁奈著作選［M］. 晏智杰, 譯. 北京：華夏出版社，2006：215-216, 225-226, 233.

還給生產階級，從而實現了農產品的 1/5。

土地所有者用另一個 10 億貨幣向不生產階級購買，10 億貨幣流到後者手中，同時實現了工業品的 1/2。

不生產階級用這 10 億貨幣購買食物，於是又有 10 億貨幣流回生產階級手中，從而實現了農產品的另一個 1/5。

生產階級用這 10 億貨幣購買價值 10 億的工業品，以補償他們的年預付的半數，同時實現了工業品的另一個 1/2。

不生產階級用這 10 億貨幣購買原料，從而實現了農產品的另一個 1/5，同時，20 億貨幣流回生產階級手中，以備下年支付地租。

還剩下農產品的 2/5，如何消費呢？馬克思在此仍採用魁奈的說法，認為 1/5 以實物形式在生產階級內部消費，即支付工資，補償農業原料和肥料等，不進入各階級之間的流通。於是，馬克思接著就提出了另一個 1/5 農產品以什麼形式累積起來的問題。可是，如前面第六章所指出的，馬克思在後來（《反杜林論》）對魁奈《經濟表》所表述的農業經營資本的分析表明，不進入流通，供生產階級以實物形式消費的農產品不是 1/5，而是 2/5，這樣也就消除了上面的問題。

二、魁奈的錯誤前提

馬克思指出，即使從魁奈的觀點即把整個不生產階級看作是雇傭勞動者的觀點出發，也可以看出，《經濟表》的前提是錯誤的。這裡指以下兩點：①根本沒有提及不生產階級還應有「原預付」即固定資本。②沒有把 20 億工業品算進年總產品之內。

[（b）個別重農主義者局部地回到重商主義的觀點。重農主義者要求競爭自由]

馬克思接著上面的分析說，不生產階級有 20 億產品，其中一半是工業消費品，一半是生產資料（工具等），這些產品是由 10 億原料和 10 億食物組成的。《經濟表》顯示，不生產階級把這全部產品都出賣了，一半賣給土地所有者，另一半賣給生產階級，以便取得農業原料（補償他的「預付」）和農業生活資料。這樣一來，不生產階級就沒有留下一點工業品供自己消費，更不用說獲取利息和利潤了。

重農主義者勃多看到了這一點。他這樣解釋：不生產階級以高於產品的價值出賣產品。這樣解釋利潤、利息甚至生產階級本身所必需工業品的來源，實際上回到了重商主義的「讓渡利潤」的概念。

從這種觀念出發，勃多等人贊成工業家之間的自由競爭，這樣做之所以是必要的，一方面可以使工業家不至於過分欺騙農業家，另一方面可以促使農產品通過出口提高價格。

[（c） 關於價值不可能在交換中增值的最初提法]

魁奈等人沒有提出一個科學的勞動價值論作為分析的基礎，但從馬克思在這裡引用的魁奈等人的言論可以看出，他們已經提出了交換等價以及價值不可能在交換中增值的思想。這個思想集中體現在魁奈所提出的下述命題中：「每次買都是賣，每次賣都是買。」以及「買就是賣，賣就是買。」（轉引自第一分冊第407頁）

值得注意的是，上述命題是為反對重商主義觀念而提出的，具有歷史的合理性和積極性。但到後來，這個命題被庸俗經濟學家接過去，演化成了否認資本主義再生產矛盾和危機可能性的錯誤教條即「薩伊定律」。

[（9） 重農學派的追隨者畢阿伯爵對土地貴族的贊美]

畢阿·南塞伯爵（1731—1787），法國歷史學家和經濟學家，重農學派的追隨者，著有《政治要素，或社會經濟真正原則的研究》（六卷集），1773年出版。

馬克思稱他是「低能的廢話連篇的著作家」。（第一分冊第408頁）在這一節簡短的評述中，馬克思主要指出了畢阿著作中的兩個方面：

一方面，馬克思指出：畢阿「把重農主義的外觀看成重農主義的實質，竭力贊揚土地貴族」（第一分冊第408頁），而且，只有當重農主義符合這個目的時，他才接受重農主義。

另一方面，馬克思指出：在這裡所以提到他，是因為在「他的著作中有像後來李嘉圖的著作中那樣露骨地表現出來的粗俗的資產階級性質」。（第一分冊第408頁）這一性質和傾向，並不會由於他認為「純產品」只限於地租的錯誤看法而有絲毫改變。

畢阿著作的這種資產階級性質，從馬克思的扼要敘述來看，主要表現在，他像後來的阿瑟·楊格和李嘉圖一樣，坦率地把「純產品」即剩餘價值看作資本主義生產的目的。

李嘉圖在其主要著作《政治經濟學及賦稅原理》第二十六章中，集中發揮了下述思想：無論是對（資本家）個人，還是對（資產階級）國家的實際利益和強盛興旺來說，具有決定意義的都是純收入（純利潤和純地租），而不是包括工資在內的總收入，收入是由勞動創造的。所以，李嘉圖又認為，一國的實際利益，從而投資方式的選擇，等等，也都取決於生產純收入的那一部分勞動，即剩餘勞動，而不取決於總的勞動量。由此出發，李嘉圖不同意斯密以使用工人的多少來判斷資本的生產能力的大小，而認為應以所生產的純收入來判斷。他說，如果生產的純收入一樣，雇傭的工人是一百還是一千，商品售價是一萬鎊還是兩萬鎊，都無關緊要。馬克思說，畢阿所說的東西，就是李嘉圖的上述思想。在畢阿看來，工人的花費屬於那種不可缺少的非生產費用。工人之所以存在，只是為了使「純產品」所有者得以「組成社會」。他還把自由工人的地位看作改變了形式的奴隸制。

馬克思在這裡提到的阿瑟·楊格（1741—1820）是一位英國農學家和資產階級經濟學家。在經營了幾年農業之後，楊格便開始了長期的農業問題的著述活動，並寫了好幾本周遊英格蘭、愛爾蘭和法國的遊記。他創辦過《農業年鑒》（1783），還在英國新成立的農業局任過職。他的最著名的小冊子是《財產使沙變成金的魔力》，此外還有《農業家的日程表》（1771年）《政治算術》（1774年）等。他主張實行自由貿易並發展英國農業資本主義經營。

馬克思在這裡提到楊格，主要是說與畢阿同時代的楊格也把「純產品」即剩餘價值，說成生產的目的。馬克思在《資本論》第一卷第七章註（34）中，曾經指出，楊格是「一位剩餘產品的狂熱的崇拜者」，並從他的《政治算術》中引用了一段話作為證明。

馬克思在這裡除了引述畢阿反駁關於資本家總是冒風險的說法的一段話以外，沒有再摘錄他更多的論述，但作了一個名目索引，透過這個索引，我們多少可以覺察出畢阿著作中引起馬克思注意的一些問題，例如，關於哪一種資本的生產能力大、工人階級和奴隸制等。

[（10）從重農學派的觀點出發反駁土地貴族（英國的一個匿名作者）]

馬克思在這裡評述了英國的一個匿名作者於1797年在倫敦發表的《國民財富基本原理的說明。駁亞當·斯密博士等人的某些錯誤論點》一書。後來查明，這個作者是18世紀末英國資產階級著作家約翰·格雷，生卒年月不詳〔不是英國經濟學家、歐文主義者約翰·格雷（1798—1850）〕。

馬克思認為：「這是英國的一本可直接算在重農主義學說內的**唯一重要**著作。」（第一分冊第410頁）「該書首先包含著對重農主義學說的卓越而簡潔的概括。」（第一分冊第410頁）

馬克思對這本書的具體內容的評述，主要集中在以下各點：

一、約翰·格雷「正確地指出重農主義的觀點來源於**洛克**和**範德林特**的觀點」。（第一分冊第410頁）他認為重農學派著作家們雖不是完全正確地、但卻很有系統地闡明了自己的學說。

二、從格雷的概括中可以看出，先前斯密把「節約」，後來西尼耳把「節欲」當作資本形成基礎的理論，是直接從重農學派關於工業等不創造任何剩餘價值的見解產生的。格雷說，手工業者、製造業者、商人不能增加財富，「他們**只有通過節欲和節約**（西尼耳的節欲論和亞當·斯密的節約論）才能使總資本有所增加。」（轉引自第一分冊第411頁）

三、格雷正確地指出，重農學派研究的對象是收入（即剩餘價值）的生產和再生產，而收入的增加（即累積）只是間接的研究對象，屬於第二位的問題。

四、格雷把收入（剩餘價值）的生產同收入的轉手嚴格區分開來，他正確地指出，商業交易只是收入的轉手。如果交換對一方比對另一方更有利，也不會造成財富的增加，因為一方贏利總是另一方的虧損。而格雷又是堅持農業是唯一生產領域的重農主義見解的。照此說來，「不生產」的工業的利潤從何而來？格雷在此沿襲重農學派的觀念，把它歸結為來自對外貿易的「讓渡利潤」。馬克思說：「**他從重商主義的前提出發作出正確的重商主義的結論。**」（第一分冊第412頁）

五、「**作者很好地說明了荷蘭財富的原因**」（第一分冊第412頁），包括漁業，對東方香料的壟斷，海運業，向外國人貸款等。

六、格雷認為只有四個必要的階級：①土地耕種者即生產階級；②製造業

者即不生產階級；③國家保衛者；④教師階級。「因為任何市民社會都需要吃飯、穿衣、保衛和教育。」（轉引自第一分冊第 412 頁）

至於土地所有者階級，格雷認為不僅不是生產階級，而且也不是必要的階級，甚至是「社會上最不需要的、最麻煩的階級之一」。（轉引自第一分冊第 413 頁）

馬克思對格雷的這一看法給予充分肯定和高度贊揚，他說：「所有這些都很好，這種從重農學派觀點出發對地租所有者的反駁，**作為重農學派學說的完成是很重要的**。」（第一分冊第 413 頁）重農學派學說實質上代表著法國當時正在興起的資產階級的利益，但在表面上又披著一層厚厚的封建外衣，肯定土地所有者在國家經濟生活中的主宰地位，就是這種封建外觀的一種表現。格雷現在宣稱土地所有者是不必要的階級，這是從重農學派的學說所應當得出的必然結論，這個結論同時也就揭去了上述封建外衣。

在評述了以上各點之後，馬克思又指出了格雷著作中的重農主義的局限性。這種局限性表現在對分工缺乏理解。具體來說，格雷認為，製造業者必須靠出賣其產品才能致富，因為他們的利潤是「人為的利潤」，而土地耕種者不出賣任何東西就能生存和致富，因為他們的利潤是「自然的利潤」。他不理解，將產品售賣掉，不僅對製造業，而且對農業來說，都是至關緊要的事情；他也不理解土地耕種者如果不出賣任何東西便能發財致富，他們必須同時又是製造業者。也就是說，他既不理解生產與流通的分工，也不理解製造業和農業的分工。於是他不得不提出以直接消費為目的的生產來反對商品生產。然而，「這是同下面的情況非常矛盾的：對於重農學派來說，最主要的問題倒是**交換價值**」。（第一分冊第 414 頁）出於同樣的理論上的缺陷，格雷也反對阿瑟·楊格認為高價格對農業繁榮很重要的看法。「**但是這樣反對楊格同時也就是反駁重農主義**」。（第一分冊第 414 頁）我們知道，提高農產品價格，是魁奈等人所提出的振興法國農業和整個經濟的重要要求。格雷反對楊格的看法，表明他還沒有真正理解交換價值（價值）的增值而不是使用價值的增加，對資產階級生產方式的本質意義。所以，馬克思說：「格雷的看法，這是囿於資產階級前的**思考方式**的一種對事物的**資產階級**見解。」（第一分冊第 414 頁）

[（11）關於一切職業都具有生產性的辯護論見解]

這一節的內容可以看作是馬克思在《資本論》第四卷正文第四章中對資

產階級庸俗經濟學家為非生產勞動辯護的觀點進行批評的補充。

馬克思在第四章中指出了資產階級政治經濟學在生產勞動問題上的庸俗化過程。庸俗經濟學家放棄了古典政治經濟學對非生產勞動的批評態度，力圖把一切階級都說成是具有「生產性」的。「**無所事事**的人也好，他們的寄生者也好，都必須在這個最美好的世界中找到自己的地位。」（第一分冊第169頁）

在這一節中馬克思進一步用辛辣的語言諷刺和抨擊一切為非生產勞動進行辯護的謬論。什麼「哲學家生產觀念，詩人生產詩，牧師生產說教，教授生產講授提綱，等等」（第一分冊第415頁）都成為證明具有「生產性」的理由。

馬克思進一步指出，照這樣看來，罪犯也可以說是「生產的」，「罪犯不僅生產罪行，而且還生產刑法，因而還生產講授刑法的教授」（第一分冊第415頁）；不僅如此，還可以說「罪犯生產全體警察和全部刑事司法、偵探、法官、劊子手、陪審官，等等」（第一分冊第415頁），「罪犯生產印象，有時是道德上有教益的印象，有時是悲慘的印象」（第一分冊第415頁）；罪犯促進了生產力的發展，「如果沒有小偷，鎖是否能達到今天的完善程度？如果沒有偽造鈔票的人，銀行券的印製是否能像現在這樣完善？」（第一分冊第416頁）如此等等，罪犯的犯罪活動也成為「生產性」的，何等荒唐！

其實，庸俗經濟學家的這種荒謬觀點，早在1705年出版的孟德維爾的《蜜蜂的寓言》一書中就有了。[①] 他已經證明任何一種職業都具有生產性。該書的副標題就是「個人劣行即公共利益」。（第一分冊第475頁註147）孟德維爾書中所說的「個人劣行」或「惡」，主要指的是浪費。他認為浪費會導致社會繁榮，即所謂「公共利益」，因為強的消費有促進生產的作用。因而他說：「我們在這個世界上稱之為惡的東西……是毫無例外的**一切職業和事業**的牢固基礎，」（轉引自416頁）以之證明任何職業都是「生產性」的。馬克思諷刺地說：「只有孟德維爾才比充滿庸人精神的資產階級社會的辯護論者勇敢得多、誠實得多。」（第一分冊第417頁）

[（12）資本的生產性。生產勞動和非生產勞動]

這一節的主要內容是：在正文中對資產階級經濟學家關於生產勞動和非生產勞動觀點進行系統評判的基礎上，馬克思進一步詳細地、從各個不同的角度

---

① 貝爾納德·孟德維爾（1670—1733），英國作家和經濟學家。

正面闡述了資本主義生產勞動理論。

本節涉及的方面較多，包括十個問題：[(a)]論述了資本主義生產方式中，社會生產力的特殊性質，作為說明資本主義生產勞動的基礎；[(b)]～[(d)]集中闡述生產勞動的特性和定義；[(e)]考察提供服務的非生產勞動；[(f)]考察資本主義生產方式中，不屬於資本主義關係的手工業者和農民的勞動的生產性問題；[(g)]中提出了關於生產勞動的「補充定義」；最後三個問題[(h)]～[(k)]是在補充定義的基礎上，從物質生產的角度從不同方面作的進一步補充分析。[(h)]考察非物質生產領域中勞動的生產性問題。[(i)]從物質生產總過程的角度考察了生產勞動。[(k)]考察了運輸業中生產勞動的特點。

[(a) 資本的生產力是社會勞動生產力的資本主義表現]

這一部分的中心是說明在資本主義生產方式下，社會勞動生產力表現為資本的生產力，從而使資本具有神祕的拜物教性質。

馬克思首先說明了資本和資本主義生產方式的辯證關係。他指出：「一方面，資本改變著生產方式的形態，另一方面，生產方式的這種被改變了的形態和物質生產力的這種特殊發展階段，是資本本身的基礎和條件。」（第一分冊第418頁）這是認識社會勞動生產力的資本主義表現的前提。

馬克思進一步指出，在資本主義生產方式下，生產過程開始前，首先要進行活勞動和資本的交換，活勞動通過交換並入資本；因此，在生產過程中，活勞動是作為資本的活動，勞動的生產力表現為資本的生產力。馬克思還指出，這種情況和貨幣拜物教的情況一樣，表現為資本的拜物教。人的勞動的生產力表現為資本的生產力。這時，「**資本家**本身只是作為**資本的人格化**才是統治者」。（第一分冊第418頁）

「資本的**生產性**……首先在於**強迫進行剩餘勞動**。」（第一分冊第419頁）即使僅考察資本主義生產的一般形式，即勞動對資本純粹形式上的隸屬關係，已經表現為生產資料對工人的統治。也就是表現了工人和生產資料之間的顛倒的關係。對工人來說生產資料不表現為他們進行生產的手段，相反，對生產資料來說工人倒是一種手段。資本依靠這種手段，一方面保存自己的價值，另一方面使自己的價值增值。

資本主義生產方式進一步發展，使這種隸屬關係變得更加複雜，顯得更加

神祕。這是由於不僅物質的東西作為資本和工人相對立，就連勞動的形式——協作、工場手工業、工廠，都表現為資本的發展形式，甚至從這些社會勞動形式發展起來的勞動生產力，從而還有科學和自然力也表現為資本的生產力。

在資本主義生產方式下，工人的勞動從屬於資本，作為資本活動的一個組成部分，這種情況又進一步改變著勞動能力本身，一方面使工人的勞動越來越喪失獨立存在的能力，離開資本主義生產組織就無法進行活動；另一方面隨著機器發展，勞動條件在工藝方面也成為對工人統治的力量。因而使勞動對資本的隸屬關係越來越具有「實在的形式」。（第一分冊第 420 頁）

與工人的勞動並入資本相一致，用於生產中的各種自然力和科學技術也都並入資本，作為資本的力量和工人相對立。例如，機器和實現在機器上的科學不是表現為工人的勞動手段；而是表現為控制勞動的手段，佔有剩餘價值的手段。資本為了剝削勞動，必然使用這些手段，資本使用這些手段，只是為了剝削勞動。因此，勞動的社會生產力的一切發展，也都表現為資本的行為，表現為資本的生產力。

馬克思還進一步指出了資本拜物教的表現。本來，「資本（1）作為強迫進行剩餘勞動的力量，（2）作為吸收和佔有社會勞動生產力和一般生產力（如科學）的力量……它是生產的」。（第一分冊第 422 頁）但這一切表現為作為資本的商品具有二重性，一方面它具有交換價值，在這方面它是自行增值的價值，這種價值增值歸結為一定量物化勞動同較大量的活勞動的交換；另一方面它具有使用價值，在這裡是勞動資料把勞動以及勞動的社會結合形式、科學技術所形成的生產力都並入自身。這一切，使資本本身具有了增值價值的神祕性質。

[（b）資本主義生產體系中的生產勞動]

在這一部分中，馬克思通過對資本主義生產方式下工人勞動的社會性質的全面分析，闡述了資本主義生產勞動的特殊社會規定性。

馬克思批評資產階級經濟學家，由於他們的資產階級的狹隘眼界，總是把資本主義生產形式當作永恆的自然的形式，並把從資本主義觀點認識生產勞動的問題和生產勞動一般混為一談。他們自作聰明地說，凡是生產某種東西，取得某種結果的勞動，都是生產勞動，而不知道資本主義生產勞動的特殊社會規定性。

馬克思進一步從三個方面分析了資本主義生產勞動的特點。

第一，這種生產勞動是「**直接轉化為資本的勞動**」。（第一分冊第 422 頁）也就是說勞動自身並入資本，作為可變資本是一個可變量，可以使全部資本價值增值的勞動。

第二，勞動的社會的和一般的生產力表現為資本的生產力。這種生產力表現為資本的固有屬性，表現為資本的使用價值。在這種關係中，「同工人相對立的資本，代表勞動的社會生產力，而同資本相對立的工人的生產勞動，始終只代表**單個工人**的勞動」。（第一分冊第 424 頁）

第三，在資本主義生產關係中，既然勞動的社會生產力表現為資本的生產力，勞動生產剩餘價值表現為資本自行增值，表現為資本的「自然屬性」。那麼，勞動的生產性也好像不是資本主義生產勞動的特殊社會規定性，而是勞動的「自然屬性」了。

在對資本主義生產勞動的特點說明以後，馬克思又從貨幣轉化為資本的運動過程說明生產勞動的性質。

首先，「資本的生產性在於資本同作為雇傭勞動的勞動相對立」。（第一分冊第 424 頁）然後，通過交換，使貨幣資本的一部分轉化為勞動資料，另一部分購買勞動力。這種購買把勞動能力並入資本，或者說成為資本本身的一部分。但這一交換本身還不是直接把貨幣轉化為資本，只是貨幣轉化為資本的先決條件，

貨幣轉化為資本實際上是在生產過程中實現的。在生產過程中，活勞動一方面把工資再生產出來，另一方面又創造一個剩餘價值。正是由於這個過程，預付貨幣轉化為資本。儘管只有可變資本增值價值，但是並不妨礙它表現為全部資本增大自己的價值。由於可變資本的增值，要以貨幣資本的另一部分轉化為勞動資料為條件，也使人們看來好像是全部資本的價值增值。

通過以上分析，馬克思得出了資本主義生產勞動的定義。「只有使那種同勞動能力相對立的、獨立化了的**物化**勞動的價值保存並增值的勞動，才是生產勞動。生產勞動不過是對勞動能力出現在資本主義生產過程中所具有的整個關係和方式的簡稱。」（第一分冊第 426 頁）

由此，馬克思特別強調，「在資本主義生產體系中，**生產勞動**是給使用勞動的人生產**剩餘價值**的勞動，或者說，是把客觀勞動條件轉化為資本、把客觀勞動條件的所有者轉化為資本家的勞動」。（第一分冊第 426 頁）生產勞動和

非生產勞動的劃分，以是否體現資本主義生產關係，也就是以其社會規定性為標準的。

[（c）在資本同勞動的交換中兩個本質上不同的環節]

這一部分的內容是對上一部分［（b）］中關於生產勞動特性分析的進一步補充和深化。馬克思著重闡明了資本同勞動的交換中，應該區別兩個互相制約但本質上不同的環節。生產勞動的定義應當包括以下兩個環節：

第一，勞動同資本的最初交換，是一個「**形式上的過程**」。在這個交換過程中，資本作為貨幣出現，勞動力作為商品出現。勞動力的出賣，是觀念上或法律上的出賣。這裡直接出賣的不是包含物化勞動的商品，而是勞動力本身的使用。勞動力的使用就是勞動，實際上出賣的是勞動本身。這就是說，這種交換不是通過商品同商品的交換而完成的勞動同勞動的交換，而是作為貨幣的物化勞動同還只是作為勞動能力存在的勞動的交換。可見，在這裡勞動者出賣的商品的價值不是勞動的價值，而是勞動力的價值，但是被買賣的對象卻是勞動力的使用，也就是勞動本身。因此，工資是勞動力的價值，但表現為勞動的價值或價格。

第一個環節的特點是，工人和資本家的關係表現為商品的賣者和買者的關係，互相作為商品所有者彼此對立。貨幣同商品的交換，是等價物的交換。勞動者出賣勞動力，資本家支付勞動力的價值，這個交易是按照商品交換的一般規律來進行的。勞動力被購買，進入生產過程後，會創造出比勞動力的價值更大的價值來。

第二，資本同勞動交換的第二個環節的特點是根本不發生任何交換。因為貨幣所有者不再是商品的買者，而工人也不是商品的賣者。貨幣所有者現在是執行資本家的職能，在生產過程中消費他所購買的商品，也就是讓工人進行生產勞動。而工人的勞動力的消費就是勞動本身。通過前一個交換，工人的勞動是屬於資本家的，是在資本家的直接監督和管理之下進行的。經過生產過程，工人的活勞動物化的產品，是資本的新的表現形式。因此，勞動通過第一個交換已經在形式上被並入資本以後，在第二個交換中就直接物化為資本，直接轉化為資本，而且物化為資本的勞動量要比購買勞動力的資本量大。這樣，一定量的無償勞動被佔有了，只是因為這個緣故，貨幣才在事實上轉化為資本。

這裡實際上沒有發生交換，可是把兩個環節結合在一起，整個過程的結果

表現為：物化在產品中的勞動，大於物化在勞動力中的勞動，因而大於作為工資支付給工人的物化勞動。也就是說，資本家不僅收回了他花在工資上的那部分資本，而且得到一個完全是無償佔有的剩餘價值。所以，勞動同資本的直接交換的意思是：①勞動直接轉化為資本，變成資本的一個組成部分；②一定量的物化勞動同等量活勞動加一個不經過交換而佔有的活勞動的追加量相交換。

在分析了資本同勞動相交換的兩個環節之後，馬克思進一步具體地解釋了關於生產勞動是直接同資本相交換的勞動這個定義，指出：生產勞動是直接同資本相交換的勞動，包括上述兩個環節。也就是在「這裡發生了**勞動和資本之間的雙重的交換**。第一種交換只表示對勞動能力的購買，……第二種交換是活勞動直接轉化為資本」。（第一分冊第 430 頁）

[（d）生產勞動對資本的特殊使用價值]

這一部分著重從對資本主義生產性質的分析，說明勞動的生產性在於它對資本的特殊使用價值，即創造剩餘價值，而不在於勞動的特殊效用。

馬克思首先分析了資本主義生產過程，指出：資本主義生產過程的結果，既不是具有使用價值的產品，像在自然經濟條件下生產的單純的產品，以供自己使用，也不是一般商品，像簡單商品生產條件下生產的商品，具有一定交換價值的使用價值，而是要為資本創造剩餘價值。因此，資本主義生產過程的直接目的和任務，既不是生產直接供自己消費的使用價值，也不是生產用來轉化為貨幣再轉化為使用價值的商品，而是「發財致富」、價值增值，是對雇傭工人無償勞動的吸收和佔有。資本只有在同勞動交換之後，才能在生產過程中生產出剩餘價值這種特殊產品，因而這種勞動才被稱為生產勞動。

資本主義生產的結果和目的，決定了在資本主義生產體系中生產勞動的特殊性質，決定了生產勞動對資本的特殊使用價值。生產商品的勞動首先必須是有用勞動，生產某種使用價值，所以只有表現為某種使用價值的勞動，才是與資本相交換的勞動，這是首要前提。但是並不是勞動的這種具體性質，不是勞動的使用價值本身，構成勞動對資本的特殊使用價值，也不是勞動的具體性質使勞動在資本主義體系中打上「生產勞動」的印記。也就是說，勞動對資本的特殊使用價值，不是勞動的一定的有用性質，也不是勞動借以物化的產品的特殊有用性質決定的，而是由這種勞動固有的抽象勞動的性質決定的。而且對資本來說，問題還不在於勞動代表著一勞動的一定量，而在於勞動代表的抽象

勞動量比勞動力價值所包含的抽象勞動量要大，也就是必須提供一個餘額，即剩餘價值。這才是勞動對資本的特殊使用價值。

因此，馬克思指出：「只有那種在同物化勞動交換時能使物化勞動表現為一個增大了的物化勞動量的勞動，才是**生產勞動**。」（第一分冊第 432 頁）這個定義同勞動的具體內容、勞動的特殊效用、勞動所借以表現的特殊使用價值，絕對沒有直接關係。

根據以上生產勞動的定義，馬克思進一步指出：同一種具體勞動，處在資本主義生產關係中，為資本帶來剩餘價值時，是生產勞動，不處在資本主義生產關係中，不帶來剩餘價值，就不是生產勞動。例如，某個作家創作的作品，可以賣錢，但他是非生產勞動者。相反，為書商提供勞動的作家，則是生產勞動者，因為後者創作的作品從一開始就從屬於資本，並且為資本增加了價值。同樣的道理，一個自行賣唱的歌女是非生產勞動者；而同一個歌女，被劇院老闆雇傭，她就是生產勞動者，因為她為資本家生產資本。

[（e）非生產勞動是提供服務的勞動。資本主義條件下對服務的購買。把資本和勞動的關係看成服務的交換的庸俗觀點]

這一部分中，馬克思集中分析了為消費提供服務的非生產勞動。

馬克思首先以請裁縫到家裡做褲子的例子，分析這種服務勞動的非生產性質和特點。在這裡，購買裁縫勞動的目的在於做供直接消費的褲子，購買裁縫勞動的貨幣只是單純的作為流通手段。這種交換同到商店中買褲子一樣，是把貨幣轉化為一定的使用價值。這裡的貨幣只是執行流通手段的職能，而不是執行資本的職能。裁縫的勞動雖然生產產品——褲子，而且通過出賣獲得勞動的報酬。但是對購買者來說花出的是用於消費的一筆支出，這筆支出通過對裁縫勞動的購買得到供消費的使用價值——褲子。購買者不會因為對裁縫勞動的購買和使用而增加價值，也就是說它「不是發財致富的手段」。（第一分冊第 433 頁）馬克思由此指出：「貨幣和勞動之間的單純的、**直接**的交換，既不會使貨幣轉化為資本，也不會使勞動轉化為生產勞動。」（第一分冊第 434 頁）

馬克思進一步從消費者購買裁縫的勞動和資本家購買裁縫勞動的不同性質說明非生產勞動和生產勞動的區別。前一種購買的特點是：一方面「這裡**貨幣是作為貨幣**」（第一分冊第 434 頁）在交換中轉化為使用價值、生活資料、個人消費品。一旦轉化為消費品它就不再作為交換價值而存在，另一方面這裡

的勞動也在於它的使用價值，即把布做成褲子，依靠它的特殊效用為購買者提供服務。

相反，資本家購買裁縫的勞動，目的不在於讓他把布做成褲子，不在於這種勞動的特殊效用。目的是在生產過程中使物化在褲子中的勞動量大於工資包含的勞動量，即為資本家提供剩餘勞動，剩餘價值。資本家是要把褲子再轉化為貨幣，但這時已是一個增大了的貨幣量。

前者購買裁縫的勞動是為「**需要**服務」，不產生剩餘價值，是非生產性的。後者購買裁縫的勞動，「純粹是一個用較少勞動交換較多勞動的手段」（第一分冊第 435 頁），生產剩餘價值，是生產性的。

在以上分析的基礎上，馬克思指出非生產勞動的特點是作為「服務」被購買的。「服務」這個概念是指這種勞動所提供的特殊使用價值，就像其他一切商品提供自己的使用價值一樣。但是，這種勞動的特殊使用價值在這裡取得了「服務」這個特殊名稱。因為在這裡勞動不是作為物，而是作為活動提供服務的。

工人自己可以購買服務性勞動，這和購買其他消費品沒有什麼不同。例如購買醫生的服務、牧師的服務和購買麵包、燒酒一樣，都是為了滿足生活的需要。由此，馬克思指出：「勞動的**內容**、它的具體性質，它的特殊效用……也是無關緊要的。」「同一個裁縫的同樣的勞動，在一種情況下表現為生產勞動，在另一種情況下卻表現為非生產勞動。」（第一分冊第 436 頁）

服務勞動的具體情況可以是各不相同的，有的生產產品，如裁縫做成褲子，有的不生產產品，如歌唱家的演唱、醫生治病等。有的勞動也可能是強加於人的，如官吏的服務，等等。不管這些服務勞動的特殊使用價值如何，其為消費需要服務的性質是共同的，正因為如此決定了非生產勞動的性質。

在這一部分中馬克思還對庸俗經濟學家薩伊、巴師夏的有關觀點進行了批判。馬克思指出，對服務的購買，表現為我給了為你做，我做為了你給，這裡不包含勞動和資本的特殊關係。因此，「對服務的購買，自然成為薩伊和巴師夏之流最喜歡用來表現**資本和勞動之間的關係**的形式」。（第一分冊第 435 頁）資本主義的生產過程不僅是商品生產的過程，而且是剩餘價值的生產過程。資本和勞動之間的最初的、形式上的交換行為，僅僅提供了佔有別人勞動的可能性，實際的佔有是在生產過程中完成的。因此，「一切庸俗經濟學家，例如巴師夏，都只停留在這個最初的、形式上的交易上，其目的正是要用欺騙手法擺

脫特殊的資本主義關係」。（第一分冊第438頁）

[（f） 資本主義社會中手工業者和農民的勞動]

這一部分馬克思是闡述如何認識在資本主義生產方式下，不屬於資本主義生產關係的手工業者和農民的勞動的生產性問題。

馬克思首先指出，獨立的手工業者和農民是商品生產者。他們出賣商品，而不是直接出賣勞動。或者說他們是以商品出賣者的身分，而不是以勞動力的出賣者的身分，同貨幣所有者發生關係。這種關係同資本和勞動之間的交換毫無共同之處。因此，在這裡也就用不上生產勞動和非生產勞動的區分。因為劃分生產勞動和非生產勞動的基礎，是勞動同作為貨幣的貨幣相交換，還是同作為資本的貨幣相交換。所以，馬克思說：「農民和手工業者雖然也是商品生產者，既不屬於生產勞動者的範疇，又不屬於非生產勞動者的範疇。」（第一分冊第439頁）

但是在資本主義社會中，由於資本主義生產關係占統治地位，不屬於資本主義關係的獨立手工業者和農民也受到資本主義生產方式的影響和制約。如像在封建社會中，封建主義生產方式占支配地位，連那些同封建主義的實質相距很遠的關係，也具有封建的外貌一樣。在資本主義生產方式下，獨立手工業者和農民，好像也可分為兩重身分：一方面，作為生產資料的所有者，是資本家；另一方面，作為勞動者，又是自己的雇傭工人。作為資本家，他給自己支付工資，佔有自己創造的剩餘價值，也就是自己剝削自己。從這個意義上講，獨立的手工業者和農民，當他的勞動不僅給自己生產出相當於「勞動力的價值」，而且還生產出一個相當於剩餘價值的價值的時候，他們的勞動也就帶有了資本主義生產勞動的外貌。

獨立的手工業者和農民分裂為兩重身分，這種「表現方式」，初看起來雖然很不合理，可是從一定意義上講，實際上還是表現了某種正確的東西。在我們考察的場合，手工業者和農民作為勞動者，他們不僅創造自己勞動力的價值，而且創造一個餘額，即剩餘價值。這個餘額之所以沒有被第三者即老闆所佔有，而歸自己所有，正是因為他們自己又是生產資料的所有者，而且僅僅因為他們是生產資料的所有者。

在資本主義社會中，分離表現為正常的關係，結合表現為某種偶然的東西。因此，在實際上沒有分離的地方，也假定有分離，在一定意義上是正確

的。資本家本身是資本的職能，工人本身是勞動能力的職能，這是一條規律。並且，在資本主義經濟發展過程中，獨立的手工業者和農民，不是逐漸變成剝削別人勞動的小資本家，就是喪失自己的生產資料，變成雇傭工人。最常見的是後一種情況。這是資本主義生產方式占支配地位的社會中的發展趨勢。

[(g) 關於生產勞動的補充定義：生產勞動是物化在物質財富中的勞動]

緊接前一部分[(f)]中指出的，資本主義社會發展的總趨勢是其中存在的獨立手工業者和農民不斷分化，資本主義生產關係越來越占領各個物質生產領域。由此，在這一部分中馬克思指出：在考察資本主義生產的本質關係時，可以假定整個商品世界，物質財富生產的一切領域，無論在形式上或者實際上都從屬於資本主義生產方式。假定一切從事商品生產的工人都是雇傭工人，而生產資料在所有物質生產領域中，都作為資本同勞動相對立。

馬克思進一步指出，在以上假定的前提條件下，生產勞動除了反應資本主義生產關係的，與勞動內容無關的，具有決定意義的定義之外，可以得出一個與以上定義特徵不同的補充定義。這個定義可以表述為：「**生產工人**即生產資本的工人的特點，是他們的勞動物化在**商品**中，物化在物質財富中。」（第一分冊第 442 頁）也就是說，馬克思認為在肯定資本主義生產關係的前提下，可以給生產勞動加上一個「補充定義」，或「第二個定義」，即生產勞動是物化在商品或物質財富中的勞動。

後面三部分[(h)]、[(i)]、[(k)]，可以看作是在本部分提出的關於生產勞動的補充定義基礎上，側重從物質生產的觀點，對生產勞動不同方面的表現作的進一步補充分析。

[(h) 非物質生產領域中的資本主義表現]

在這部分中，馬克思說明了在資本主義生產方式下，在非物質生產部門中也存在著資本主義生產勞動的表現。

這種表現有兩種情況：

（1）生產的結果是商品，是使用價值，具有獨立存在的商品形式。如書、畫以及其他藝術作品等。在這類生產中，資本主義關係還是很有限的，而且其

中的大多數都還限於向資本主義生產過渡的形式。例如，一個作家在編一部集體著作時，把其他作家當作助手來剝削。甚至作家為書商的資本而勞動，也還是沒有實際上隸屬於真正的資本主義生產方式。

（2）產品同生產行為不能分離。如一切表演藝術家、演說家、演員、教員、醫生、牧師等。他們的勞動所提供的服務同他本身的活動是分不開的。藝術家演出、教員講課，一經停止，他所提供的服務也即結束。在這裡資本主義生產方式也只是在很小的範圍內應用。例如學校老板雇傭教師，這些教師對學生來說是不生產的，但對老板來說是生產的，老板用自己的資本交換教師的勞動能力，並以此達到發財致富。

馬克思指出，資本主義生產勞動在非物質生產領域中的表現，同全部資本主義生產比起來是微不足道的，因而可以完全置之不理。

[（i）從物質生產總過程的角度看生產勞動問題]

在這一部分中，馬克思論述了在資本主義生產方式下，參加同一商品生產總過程的各種勞動者作為一個總體，都屬於生產勞動。

馬克思指出資本主義生產的特點，恰恰在於把各種不同的勞動，也把腦力勞動和體力勞動分離開來，分配給不同的人。因而在資本主義生產中，常常是許多工人共同生產同一個產品。各種勞動者同生產對象的關係也是各種各樣的，有的直接生產產品，有的不直接生產產品，但是所有這些勞動者作為勞動者總體進行生產的結果表現為同一商品或同一物質產品。或者說這些勞動者的勞動共同體現在同一商品或物質產品中。

並且，從整個生產過程來看，所有這些勞動者作為一個整體，不僅直接從事物質財富的生產，用自己的勞動同作為資本的貨幣相交換。因而不僅把自己的工資再生產出來，還為資本家創造剩餘價值。或者說，他們的勞動是由有償勞動和無償的剩餘勞動組成的。

在這種情況下，物質產品是所有這些人的共同產品，這些人中的每一個人對資本的關係是雇傭勞動者的關係，因而，所有這些勞動者的勞動都是生產勞動。

[（j）運輸業是一個物質生產領域。運輸業中的生產勞動]

馬克思指出，在資本主義生產方式下，運輸業，包括貨運和客運，是屬於

物質生產領域。它是除採掘工業、農業和加工工業以外的「第四個物質生產領域」。（第一分冊第444頁）

從歷史發展看，運輸業和其他物質生產領域一樣，經歷了手工業生產階段、工場手工業生產階段、機器生產階段。從生產關係看，這裡存在著雇傭工人和資本家的關係。從勞動過程來看，通過運輸，勞動對象發生了某種物質變化，即空間的、位置的變化。當然客運的這種位置的變化，只不過是向乘客提供的服務。

就勞動對象作為商品來考察，運輸業的生產過程，使它的使用價值發生了變化，即位置改變了。商品的交換價值增加了。商品的價值量中不僅包含著消耗的不變資本的價值，也包含著活勞動新創造的價值——工資加剩餘價值。或者說，運輸業的生產過程和其他物質生產過程一樣是價值增值的過程。

在運輸業中，雖然商品一到達目的地，它的使用價值所發生的這個變化就消失了。這時它在商品的使用價值上並不留下任何可見的痕跡。但勞動已經體現在商品中，表現為商品的交換價值提高了。這種情況並不妨礙運輸業屬於物質生產領域，也不影響運輸業中生產勞動的性質。

最後，馬克思指出：這裡對生產勞動研究的範圍還只限於生產資本。就是說只是用於直接生產過程中的資本，還未涉及流通過程中的資本。

[（13）《資本論》第一部分和第三部分的計劃草稿]

這些計劃草稿寫於1863年1月（見第十八本筆記）。在該筆記本中，它們插在論舍爾比利埃和理查·瓊斯的兩章之中。其中第一篇和第三篇的計劃草稿實際位於《剩餘價值理論》（《馬克思恩格斯全集》第26卷）第三冊第474頁，第三篇第二章的計劃草稿則位於第三冊第415頁。對於這些計劃草稿，至少可以注意到以下幾點：

第一，這些計劃草稿應被看作《資本論》有關部分的最初寫作提綱。緒論已經指出，馬克思準備把自己的經濟學說以《資本論·政治經濟學批判》的書名出版的想法，是在寫作《1861—1863年手稿》接近完結的時候形成的。1862年12月28日馬克思在給庫格曼的信中首次表露了這一想法。他在信中談及自己的《政治經濟學批判》時說：「第二部分終於已經脫稿，只剩下謄清和付排前的最後潤色了。這部分大約有三十印張。它是第一冊的續篇，將以

《**資本論**》為標題單獨出版，而《政治經濟學批判》這個名稱只作為副標題。其實，它只包括本來應構成第一篇第三章的內容，即《資本一般》。」① 在這以前，馬克思的《1857—1858年手稿》及隨後（1859年）出版的那部有名的著作，標題都是《政治經濟學批判》，甚至對《1861—1863年手稿》，馬克思起初加的總標題還是《政治經濟學批判》，副標題是《第三章·資本一般》。現在我們看到的這些計劃草稿，正是在馬克思剛開始準備以《資本論》為標題出版自己的經濟學著作之後不久起草的。而且，這些計劃草稿的理論內容和結構，同《資本論》的第一卷和第三卷又大體吻合。因此，應該把它們看作《資本論》的最初計劃草稿。

第二，這些計劃草稿起草的時間離上面引述的信件雖然相隔不久（最多一個多月），但將兩者略加比較便可看出，在這短短一段時間裡，馬克思對自己未來的著作又有了新的設想。這個新的設想，就是把《資本論》作為獨立、完整的，同1859年出版的《政治經濟學批判》相平行而不是相銜接的著作。後者的內容在計劃草稿中只被列為第一篇（即後來的第一卷）的導言。而在1862年12月28日的信中，馬克思還打算把《資本論》作為自己理論著作的「第二部分」，明確指出「它是第一冊的續篇」。這裡所說的「第一冊」，指的就是1859年出版的《政治經濟學批判》；有時又被稱為「第一部分」。不過，還應指出，馬克思在信中所說的「第二部分」，看來指的只是《1861—1863年手稿》中由第Ⅰ-Ⅴ本筆記構成的內容（分析資本的生產過程），還沒有包括後來《資本論》所涉及的全部範圍。可是，計劃草稿已經顯示出了未來的《資本論》的大體輪廓，尤其是顯示出了第一卷和第三卷的框架。這說明，計劃草稿把不久前在通信中初次表述的想法更具體更擴大了。

第三，計劃草稿只涉及第一篇（卷）《資本的生產過程》和第三篇（卷）《資本和利潤》，沒有涉及第二篇（卷），儘管馬克思對於這一部分的內容已經作了許多分析。這一篇的計劃草稿缺少的原因不得而知，但其篇名和範圍，可以大致推測為《資本的流通過程》，研究個別資本的循環與週轉，社會資本的再生產和流通。

第四，從計劃草稿可以看出，歷史批判材料仍然同以往的做法和想法一樣，被分別地安排在理論的有關篇章。例如，「剩餘價值理論」和「關於生產

---

① 參見馬克思：《致路·庫格曼（1862年12月28日）》，《馬克思恩格斯〈資本論〉書信集》，第170頁。

勞動和非生產勞動的理論」是第一篇（卷）中的兩部分，而關於利潤、地租及利息等問題的理論史則屬於第三篇。但這樣的安排設想不久又改變了。前已指出，從1863年3月起，馬克思閱讀了有關政治經濟學文獻的歷史，並作了摘錄。在此基礎上，馬克思又在《1861—1863年手稿》正文之外，加進了一些歷史的批判性評述，並終於明確了把理論史作為單獨一卷出版的想法。

第五，馬克思在擬訂《資本和利潤》這一部分的第二章（論述一般利潤率的形成）的計劃以前，已寫成了這個部分的第一章的草稿。這個草稿題為《剩餘價值和利潤》（見1861—1863年手稿的第XVI本筆記），未被編者收入《剩餘價值理論》之中。馬克思的這部分草稿，著重闡述了利潤這種剩餘價值的特殊形式。他指出，利潤從實體來看，不過是剩餘價值本身，但它完全掩蓋了剩餘價值起源於雇傭工人的無償勞動，即掩蓋了資本主義剝削的秘密。他指出，在資本主義條件下，資本成了生產資料所有者發財致富的「獨立要素」和「自動機」，勞動的生產力變成資本的生產力。過去的物化勞動支配著活勞動。勞動力成為商品。馬克思還指出，在資產階級代言人的頭腦中，剩餘價值必然要採取利潤的形式，並且把上述的社會經濟形式看作是一種自然的和永恆的現象，而雇傭工人所處的地位則必然促使他們反對這些資本主義形式以及與其相適應的思想代表、思想方式和概念，反對資本對勞動的統治。

國家圖書館出版品預行編目（CIP）資料

剩餘價值理論導讀 / 北京大學經濟系<<資本論>>研究組 編著. -- 第一版.
-- 臺北市：財經錢線文化, 2019.05
　　面；　公分

ISBN 978-957-680-349-9(上冊：平裝).

1.馬克斯經濟學 2.剩餘價值

550.1861　　　108007774

書　　名：剩餘價值理論導讀上冊
作　　者：北京大學經濟系《資本論》研究組 編著
發 行 人：黃振庭
出 版 者：財經錢線文化事業有限公司
發 行 者：財經錢線文化事業有限公司
E-mail：sonbookservice@gmail.com
粉 絲 頁：　　　　　　網　址：
地　　址：台北市中正區重慶南路一段六十一號八樓 815 室
8F.-815, No.61, Sec. 1, Chongqing S. Rd., Zhongzheng Dist., Taipei City 100, Taiwan (R.O.C.)
電　　話：(02)2370-3310 傳　真：(02) 2370-3210
總 經 銷：紅螞蟻圖書有限公司
地　　址：台北市內湖區舊宗路二段 121 巷 19 號
電　　話：02-2795-3656 傳真:02-2795-4100　　網址：
印　　刷：京峯彩色印刷有限公司（京峰數位）

　　本書版權為西南財經大學出版社所有授權崧博出版事業股份有限公司獨家發行電子書及繁體書繁體字版。若有其他相關權利及授權需求請與本公司聯繫。

定　　價：350元
發行日期：2019 年 05 月第一版
◎ 本書以 POD 印製發行